主編 賀聖遂 錢振民

學術顧問 陳先行

上海歷代著述總目·清代中前期卷

下

杜怡順 著

復旦大學出版社

青浦縣

本籍

田茂遇

小傳見本卷《善本經眼録》。

水西近詠十卷紅鶴軒詩草二卷水西高逸詠一卷南帆唱和詩一卷

清順治十七年刻本　八行行十九字白口四周雙邊無魚尾（善本書目）

國圖　上圖　浙江　天津　四川

田佛淵詩四種十四卷

清彙印本（別集總目）

中科院

燕臺文選初集八卷補遺一卷

清順治十三年松筠山房刻本（善本書目）

國圖　上圖　南圖

十五國風高言集□□卷

清順治十六年刻本（善本書目）

上圖

渌水詞一卷

名家詞鈔本（叢書綜録）

清平初選後集不分卷　清張淵懿、田茂遇輯

清康熙間刻本（古籍總目）

國圖　上圖

畢大生

字雨稼，貢生。詩在石湖、放翁間。書學李北海、蘇靈芝。工詞，所作《帆影》《簾影》諸闋，盛爲時賢推許。客山左卒。見嘉慶《松江府志》卷五十七。

蘭秋介雅堂詩略一卷

輦下和鳴集本（古籍總目）

張安茂

小傳見本卷《善本經眼録》。

頖宫禮樂全書十六卷

清順治十三年刻本　九行二十字小字雙行同白口四周單邊無魚尾（善本書目）

中科院　故宫　上圖　吉林社科院　福建

諸嗣郢（一六二四—一六八二）

字乾一。其先由琴村遷縣城。順治十八年（一六六一）成進士，未殿試，逋糧案起，被斥，乃搜沼架壑九峰間，各有營建，自號九峰主人。嘗與殳丹山撰《九峰志》，未成。修邑志，復爲他人所亂，非其志也。傳見光緒《青浦縣志》卷十九。

康熙青浦縣志四十卷　清魏球修　清諸嗣郢等纂

清康熙八年刻本（古籍總目）

國圖　中科院　上圖　復旦　天津

黄朱芾

字奕藻。居崧村。曾祖廷瑞撫之成人，由縣學生入貢，考授光禄寺典簿，選廣西梧州府通判。嘗助孫鋐編纂《皇清詩選》。見光緒《青浦縣志》卷十八。

崧村詩稿一卷

清康熙三十二年刻本（上圖古籍目録）

上圖

王喆生

字醇叔，居珠街鎮。師事崑山朱用純，讀性理書，憬然有悟，因置日記以自省察。康熙十六年（一六七七）舉順天鄉試第一，越五年成進士，授編修。二十四年（一六八五）充會試同考官。傳見光緒《青浦縣志》卷十八。

懿言日録不分卷

清光緒八年廣仁堂刻本（上圖古籍目録）

上圖

周　篆（一六四二—一七〇六）

小傳見本卷《善本經眼録》。

杜工部詩集集解四十卷年譜一卷附録一卷　唐杜甫撰　清周篆集解

清抄本　八行二十二字小字雙行同（善本書目）

國圖（清惠棟跋）

草亭先生文集二卷詩集四卷補遺一卷

清嘉慶二十五年晚香堂刻本（古籍總目）

國圖　上圖　南圖　中科院　南開

唐士恂

字子恂，號嵩少山人，静之子，錦玄孫。徐乾學家居時延至賓館，康熙十七年（一六七八）辭應博學鴻詞科，二十二年（一六八三）纂《上海縣志》。卒年五十九。傳見光緒《青浦縣志》卷十九。

嵩少山人集二卷

清道光十五年羹墻書塾刻本（古籍總目）

上圖　廣東

沈道暎

字彦澈，號近岑。夏允彝從孫甥。好遊歷燕、齊及越，晚歲又至武岡彭開祐署。見光緒《青浦縣志》

卷十九。

沈彦澈詩一卷

百名家詩本（叢書綜録）

孫　鋐

小傳見本卷《善本經眼録》。

鳳嘯軒詩集一卷

清康熙十三年刻本（上圖古籍目録）

上圖

民國十三年掃葉山房石印本（上圖古籍目録）

上圖

素心集不分卷（輯）

清康熙三十二年王世紀孫鋐刻本　九行十九字小字雙行同白口四周雙邊單魚尾（國圖古籍目録）

國圖

無題唱和詩十五卷（輯）

民國十三年掃葉山房石印本（上圖古籍目録）

上圖

皇清詩選三十卷首一卷（輯）

清康熙二十七年鳳嘯軒刻本　九行行十九字小字雙行同白口四周雙邊單魚尾（善本書目）

中科院　上圖　天津　南圖　復旦

張德純

小傳見本卷《善本經眼録》。

孔門易緒十六卷

稿本　九行二十七字小字雙行同白口四周雙邊單魚尾（善本書目）

江西

清乾隆五十六年刻清餘堂藏版印本　九行二十七字小字雙行同白口四周雙邊單魚尾（古籍總目）

國圖　美國哈佛燕京

離騷節解一卷離騷本韻一卷離騷正音一卷離騷節指一卷

清康熙間讀書松桂林刻本　九行十九字小字雙行同白口左右雙邊單魚尾（善本書目）

國圖　中科院　南圖

清乾隆五十年梓州郡署刻套印本（古籍總目）

國圖　北大　山東

王　原（一六四六—一七二九）

小傳見本卷《善本經眼録》。

明食貨志十二卷

學庵類稿本（叢書綜録）

茂名公牘七卷附録一卷

學庵類稿本（叢書綜録）

銅仁公牘六卷附録一卷

學庵類稿本（叢書綜録）

歷代宗廟圖考二卷

學庵類稿本（叢書綜録）

摘抄學庵文集不分卷

清抄本　十一行十九字（國圖古籍目録）

國圖

學庵類稿

清抄本（國圖古籍目録）

國圖（存二卷）
清康熙刻本（古籍總目）
國圖（存十七卷）　上圖（存四十八卷）　復旦（存二十五卷）

西亭文鈔十二卷附録一卷

清光緒十七年劉汝錫不遠復齋刻本（別集總目）
上圖　南圖　江西　人大　南開
民國二十二年補刻本（別集總目）
國圖　南圖　日本國會

于野集七卷（輯）

清康熙六十年遂安堂刻本　十行十九字黑口四周單邊單魚尾（善本書目）
國圖　上圖　復旦　福建　湖北
清康熙學稼村莊刻本（南圖書目）
南圖

喜雨詩不分卷　清王原等撰

清雍正二年知天草堂刻本（上圖古籍目録）

上圖

屠文漪

字漣水，旭子，家珠谿。平易清約，束修自好。善算術，著《九章録要》，人稱其簡括。見光緒《青浦縣志》卷十九。

九章録要十二卷

四庫全書本（古籍總目）

清王氏十萬卷樓抄本（古籍總目）

南圖

清抄本（古籍總目）

國圖

倪蜕（一六六八—？）

本名鵬，一名羽，字振九，以慕劉蜕之爲人，易名蜕，晚年自號蜕翁，又號契皋老人。康熙間從甘國璧赴雲南，議叙知縣。後買山於昆明，總督張允隨題其居曰蜕翁草堂。早年作詩，規摹古人，不屑凡近。入滇後，詩境一變，多雄豪奇麗之作。見光緒《青浦縣志》卷十九。

蜕翁詩詞稿不分卷

著雍六編本（清抄）（古籍總目）

雲南

蜕翁草堂全集八卷

民國三年雲南省圖書館刻本（古籍總目）

北大

楊陸榮（一六六九—一七五五）

小傳見本卷《善本經眼録》。

一、現存著述簡目

易互六卷

楊潭西先生遺書本（叢書綜録）

禹貢臆參二卷

楊潭西先生遺書本（叢書綜録）

經學臆參二卷

楊潭西先生遺書本（叢書綜録）

五代史志疑四卷

清康熙五十九年刻本　九行十九字白口四周雙邊單魚尾（善本書目）

南圖

楊潭西先生遺書本（叢書綜録）

遼金正史綱目三十卷

清光緒間潘氏笏盦齋抄本（復旦書目）

復旦（清潘志萬校並跋）

三藩紀事本末四卷

清康熙五十六年刻本　九行二十字白口左右雙邊單魚尾（古籍總目）

國圖　北大　北師大　人大　復旦

清抄本（國圖古籍目録）

國圖

借月山房彙鈔本（叢書綜録）

指海本（叢書綜録）

澤古齋重鈔本（叢書綜録）

式古居彙鈔本（叢書綜録）

三藩紀事本末二十二卷

歷朝紀事本末本（叢書綜録）

殷頑録六卷

抄本（國圖古籍目録）

國圖

清康熙刻本　十行十九字白口左右雙邊（善本書目）

國圖　北大　南圖　復旦

楊潭西先生遺書本（叢書綜録）

書鈔閣叢書本（叢書綜録）

甲申野史紀事彙鈔本（叢書綜録）

潭西詩集十六卷

清雍正間刻本　九行二十一字小字雙行三十二字白口左右雙邊單魚尾（善本書目）

國圖

吕　棫

字開藩，康熙三十八年（一六九九）舉人，官陝西盩厔知縣，年已六十餘，有善政。旋以老乞歸，家居二十載，吟咏自得。卒年九十一。見光緒《青浦縣志》卷十九。

環溪詩集二卷

清乾隆初刻本（古籍總目）

諸暨

陶爾穟

小傳見本卷《善本經眼録》。

丙寅集一卷伊想集一卷

清康熙間刻本　十行二十一字小字雙行同黑口左右雙邊單魚尾（善本書目）

國圖

張　梁（一六八三——一七五六）

小傳見本卷《善本經眼録》。

澹吟樓詩鈔八卷

乾隆二十一年子夢鰲刻本（上圖古籍目録）

上圖

澹吟樓詩鈔十六卷

清乾隆二十二年張夢鰲等刻本　十行十九字小字雙行同白口左右雙邊單魚尾（古籍總目）

國圖　中科院

幻花庵詞鈔八卷

清乾隆二十四年刻本（善本書目）

國圖　上圖　北大　民族大學　黑龍江

清刻本（古籍總目）

國圖

澹吟樓詞一卷

琴書樓詞鈔本（叢書綜録）

胡鳴玉（一六八五—一七六七後）

小傳見本卷《善本經眼録》。

訂譌雜録十卷

清康熙五十八年青浦查氏刻本　十行二十字小字雙行同黑口四周單邊單魚尾（善本書目）
　國圖　上圖　北大　吉林　西華師大

清乾隆二十三年刻本　十行二十字小字雙行同黑口四周單邊單魚尾（善本書目）
　南圖　大連（清畢裕曾批注並跋）　復旦（施維藩臨陳鱣校，莫棠跋）

清乾隆戬箴書屋刻本（古籍總目）
　國圖　北大　中科院（清曹群玉題記）

清乾隆間刻本（古籍總目）
　青海民族

四庫全書本（古籍總目）

湖海樓叢書本（叢書綜録）

申報館叢書本（叢書綜録）

訂譌雜録一卷

昭代叢書本（道光刻）（叢書綜録）

周士彬

字介文，號山舟，又號愛蓮居士。康熙三十五年（一六九六）副榜貢生。家富藏書，年七十八歿。見光緒《青浦縣志》卷十九。

增訂韻瑞不分卷

稿本（上圖古籍目録）

上圖

山舟學詩草十二卷

清乾隆四年刻本（古籍總目）

南圖　日本愛知大學

寶善堂詩選不分卷

抄本（古籍總目）

首都

張　宿

字天來，號樵雪，又號榛苓山人，康熙間在世。

榛苓山人草一卷

稿本（上圖古籍目録）

上圖

張鳳孫（一七〇六—一七八三）

字少儀，號息圃，德純孫。弱冠時，其父之頊緣事被逮，鳳孫走京師，刺血書請代，時有「孝子、君子、才子」三子之目。雍正十年（一七三二）中順天副貢，乾隆元年（一七三六）舉博學鴻詞。充正黄旗教習，授直隸州州判。歷任福建邵武府知府，擢雲南糧儲道，還四川永寧道。以年老補刑部郎中。見光緒《青浦縣志》卷十八。

柏香書屋詩鈔二十四卷

清道光二十二年廣州刻本　十行二十一字小字雙行同黑口左右雙邊單魚尾（古籍總目）

國圖　中科院　復旦

柏香書屋詩鈔二十卷

清刻本（別集總目）

山東

葉　本

字敷南，號固安。雍正七年（一七二九）以監生保舉河工，授當涂、盱眙知縣。乾隆二年（一七三七）升泗州知州，授鳳陽府知府，調河南衛輝。以失察屬員虧空，降山安河務同知，卒年五十四。見光緒《青浦縣志》卷十八。

固庵詩鈔一卷

清咸豐元年刻本（古籍總目）

社科院文學所

邵玘（一七一〇—一七九三）

字楠亭，一作玨亭，又字以先，號西樵。肄業紫陽書院，王峻、沈德潛極譽之。乾隆九年（一七四四）貢生，遊河南，商丘陳履平聘教其子。同邑張宏燧任桂揚州，延修州志。見光緒《青浦縣志》卷十九。

西樵詩稿五卷文鈔一卷

清刻本（古籍總目）

蘇州

寶樹堂雜集不分卷（輯）

清乾隆二十五年澂懷閣刻本（上圖古籍目録）

上圖

清乾隆三十七年刻本　七行十六字小字雙行同白口左右雙邊單魚尾（國圖古籍目録）

國圖

懷舊集不分卷（輯）

清乾隆五十六年刻本　十行二十字小字雙行同白口左右雙邊單魚尾（國圖古籍目録）

國圖

清刻本（上圖古籍目録）

上圖

國朝四大家詩鈔　清邵玘、屠德輯

清乾隆三十一年玉映堂刻本（上圖古籍目録）

上圖

花韻館詞八卷

清乾隆四十五年刻本（上圖古籍目録）

上圖

辛丑詞稿一卷

清乾隆四十六年刻本（上圖古籍目録）

上圖

王之勳

字步香。乾隆間增貢生，工詩善畫，好蒔花木。所居北楊莊爲元楊維楨别業，因自號守鐵山人。見民國《青浦縣續志》卷十六。

楊莊詩草一卷　清沈其光輯

民國三十一年青浦朱雲樊鉛印鳳溪二王先生詩存本（古籍總目）

上圖

廖景文（一七一三—？）

小傳見本卷《善本經眼録》。

古檀吟香不分卷

清乾隆二十九年聽吟軒刻本（上圖古籍目録）

上圖

廖古檀詩不分卷

懷舊集本（古籍總目）

國圖

罨畫樓詩話八卷

清乾隆三十六年刻本　八行二十字小字雙行同上白口下黑口左右雙邊單魚（善本書目）

國圖　上圖　南圖　清華

遺真記一卷六摺

清乾隆間愜心堂刻本　八行十九字白口左右雙邊（古籍總目）

國圖　復旦

徐　恕（？—一七七九）

字心如，號芳圃，葵子。乾隆十六年（一七五一）進士，授浙江海寧知縣，調平陽，乾隆二十五年（一七六〇）修成《平陽縣志》二十卷。升宗人府主事，充任河南、廣東主考。轉員外郎，外任湖州府知府，官至山東布政使。乾隆四十四年（一七七九），署中起火，恕入内取印，被焦灼而卒。傳見光緒《青浦縣志》

卷十八。

補桐小草不分卷

民國八年鉛印本（詩文集總目提要）

首都

陳　韶

字九儀，號花南，乾隆間貢生。以四庫館議叙，授台州同知，改署紹興府同知。卒年五十五。年少時嘗以《花南詩》得名。善畫山水，曾自繪《歷游名勝圖册》百幅。傳見光緒《青浦縣志》卷十八。

花南詩集二卷

清乾隆四十七年刻本（古籍總目）

南匯

陳　逵

字東橋，諸生，同知韶弟。爲人高曠絶俗，善寫蘭，兼竹石。其畫蘭，一花一葉皆有天趣，夜或息燈火爲之，能使花葉不亂。見光緒《松江府續志》卷二十六。

墨蘭譜不分卷（繪）

清嘉慶三年刻本（古籍總目）

國圖　北大　上圖　南圖　香港中大

清咸豐八年刻本（古籍總目）

國圖

清刻本（古籍總目）

國圖

釋覺銘

字慧照，住園津禪院，受具金山，傳法於静慈。工書，與梁同書、錢大昕交往。傳見光緒《青浦縣志》卷二十九。

静遠小草八卷

清嘉慶二十年刻本（古籍總目）

首都

王　昶（一七二四—一八〇六）

小傳見本卷《善本經眼録》。

後蜀毛詩石經殘本一卷

石經彙函本（叢書綜録）

蜀徼紀聞一卷

春融堂集本（叢書綜録）
昭代叢書本（道光本）（叢書綜録）
昭代叢書新編本（叢書綜録）
申報館叢書本（叢書綜録）
小方壺齋輿地叢鈔本（叢書綜録）
古今説部叢書本（叢書綜録）

征緬紀略一卷

清抄本　十行二十一字（國圖古籍目録）

國圖

春融堂集本（叢書綜録）

昭代叢書本（道光本）（叢書綜録）

申報館叢書本（叢書綜録）

小方壺齋輿地叢鈔本（叢書綜録）

古今説部叢書本（叢書綜録）

征緬紀聞一卷

春融堂集本（叢書綜録）

申報館叢書本（叢書綜録）

小方壺齋輿地叢鈔本（叢書綜録）

古今説部叢書本（叢書綜録）

孔子暨七十二子贊（輯）

光緒九年樂道齋刻本（古籍總目）

國圖

湖海詩人小傳四十六卷

清滕堂抄本（古籍總目）

南圖

湖海詩傳小傳六卷

清光緒六年上海淞隱閣鉛印本（古籍總目）

國圖　上圖

秦雲擷英小譜一卷

抄本（國圖古籍總目）

國圖

昭代叢書本（道光刻）（叢書綜録）
雙楳景闇叢書本（叢書綜録）

阿文成公行狀一卷

嘉慶四年那彦成寫本（古籍總目）
北大
嘉慶間刻本（阿文成公行述）（古籍總目）
國圖　上圖

［四川洪雅］王氏族譜不分卷（纂修）

清道光十四年刻本（書名據版心題，清佚名墨筆增補）（古籍總目）
四川

木耳占記一卷

小方壺齋輿地叢鈔本（叢書綜録）

遊珍珠泉記一卷

小方壺齋輿地叢鈔本（叢書綜録）

遊龍泉記一卷

小方壺齋輿地叢鈔本（叢書綜録）

滇行日録一卷

春融堂集本（叢書綜録）

申報館叢書本（叢書綜録）

小方壺齋輿地叢鈔本（叢書綜録）

古今説部叢書本（叢書綜録）

雅州道中小記一卷

小方壺齋輿地叢鈔本（叢書綜録）

商洛行程記一卷

春融堂集本（叢書綜録）
申報館叢書本（叢書綜録）
小方壺齋輿地叢鈔本（叢書綜録）

雪鴻再録一卷

春融堂集本（叢書綜録）
申報館叢書本（叢書綜録）
小方壺齋輿地叢鈔本（叢書綜録）
古今説部叢書本（叢書綜録）
古今遊記叢鈔本（叢書綜録）

使楚叢譚一卷

春融堂集本（叢書綜録）
申報館叢書本（叢書綜録）
小方壺齋輿地叢鈔本（叢書綜録）

古今説部叢書本（叢書綜録）

臺懷隨筆一卷

春融堂集本（叢書綜録）
申報館叢書本（叢書綜録）
小方壺齋叢鈔本（叢書綜録）
小方壺齋輿地叢鈔本（叢書綜録）
古今説部叢書本（叢書綜録）

乾隆青浦縣志四十卷　清楊卓、孫鳳鳴修　清王昶纂

清乾隆五十三年刻本（古籍總目）
國圖　北大　上圖　天津　南圖
抄本（古籍總目）
南京地理所

嘉慶直隸太倉州志六十五卷　清王昶纂修

清嘉慶七年刻本（古籍總目）

北大　上圖　天津　浙江

金石萃編一百六十卷（輯）

清嘉慶十年刻本　十行二十一字黑口小字雙行同左右雙邊單魚尾（古籍總目）

國圖（龔橙校注、李慈銘校注）　上圖　南圖　浙江　湖南（周壽昌批校）

清嘉慶十年刻同治十一年補刻本（古籍總目）

國圖　上圖　天津　浙江

清光緒十九年上海醉六堂石印本（古籍總目）

國圖　上圖　天津　吉林　南圖

清光緒十九年上海寶善書局石印本（古籍總目）

國圖　遼寧　山東　南圖

民國八年上海掃葉山房石印本（古籍總目）

上圖　遼寧　南圖

金石萃編未刻稿不分卷（輯）

稿本（古籍總目）

遼寧　浙江

嘉草軒叢書本（叢書綜録）

金石萃編目録一卷（輯）

抄本（上圖古籍目録）

上圖

皇清誥封中憲大夫長清縣知縣勉旃朱公墓表不分卷（撰并書）

稿本（古籍總目）

天津

春融堂雜記八種八卷

申報館叢書本（叢書綜録）

春融堂集六十八卷附年譜二卷

清嘉慶十二年王氏塾南書舍刻本　十二行二十三字小字雙行同黑口左右雙邊單魚尾（古籍總目）

國圖（清李慈銘批校並跋）　上圖（清吴騫跋）　湖南　無錫　大連
清光緒十八年錢怡甫補刻本
首都　上圖　復旦　四川　湖南

履二齋集二卷　清沈德潛輯

七子詩選本（叢書綜録）

述庵詩鈔十二卷　清錢世錫編校

清乾隆五十五年經訓堂刻本　十二行二十三字小字雙行三十四字黑口四周左右雙邊雙魚尾（古籍總目）
國圖　上圖　復旦　天津　南圖

履二齋尺牘八卷

清抄本（古籍總目）
南開

王昶信札不分卷

稿本（古籍總目）

柳州

唐詩録不分卷（輯）

清抄本（善本書目）

北大（清張之洞跋）

湖海詩傳六十四卷（輯）

清嘉慶八年青浦王氏三泖漁莊刻本（古籍總目）

國圖　南圖（清李慈銘批注並跋）　上圖

清同治四年蘇州緑蔭堂刻本（古籍總目）

國圖　上圖　復旦　南圖

清同治四年亦西齋刻本（古籍總目）

上圖　南圖

湖海文傳七十五卷（輯）

清道光十九年經訓堂刻本（國圖古籍目録、上圖古籍目録）

國圖　上圖

清同治五年重修本（上圖古籍目録）

上圖

青浦詩傳三十二卷附詞一卷（輯）

清乾隆五十九年經訓堂刻本（古籍總目）

國圖　上圖　復旦

同音集八卷　清王昶、許寶善輯　石嘉吉編次

清乾隆間刻本（善本書目、古籍總目）

復旦　黑龍江大學

清刻本（古籍總目）

國圖

蒲褐山房詩話不分卷

稿本（古籍總目）

臺圖

蒲褐山房詩話一卷

清道光元年鄭喬遷抄本（上圖古籍目録）

上圖

蒲褐山房詩話二卷

清抄本（古籍總目）

北大

練川五家詞（選）

清嘉慶刻本（上圖古籍目録）

上圖

琴畫樓詞鈔二十五卷（編）

清乾隆間三泖漁莊刻本（古籍總目）

南圖

清乾隆四十三年刻本　十行二十一字白口左右雙邊單魚尾（古籍總目）

上圖　清華

明詞綜十二卷（輯）

清嘉慶七年三泖漁莊刻本（古籍總目）

國圖　南圖　北師大

清同治四年亦西齋刻本（與詞綜合刻）（古籍總目）

國圖　北大

清刻本（古籍總目）

國圖

清光緒二十八年金匱浦氏刻歷朝詞綜本（古籍總目）

國圖　北大

國朝詞綜四十八卷國朝詞綜二集八卷（輯）

清嘉慶七年三泖漁莊刻本　十行二十一字小字雙行同黑口左右雙邊單魚尾（古籍總目）

國圖（清戈載批）　北大　遼寧　北師大

清刻本（國圖古籍目録）

國圖

西崦山人詞話二卷

稿本（上圖古籍目録）

上圖（清馮登府跋）

許寶善（一七三二——一八〇三）

字斆虞，號穆堂。乾隆二十五年（一七六〇）進士，授户部主事，歷官員外郎中，擢福建道監察御史。乾隆三十四年（一七六九）、四十二年（一七七七）充順天鄉試同考官。晚年主講鯤池、玉峰、敬業書院。早歲以詞章鳴，晚年學益進，五經、四書，俱做揭要以導人。傳見許宗彦《鑑止水齋集》卷十八墓誌銘、光緒《青浦縣志》卷十九。

五經揭要二十五卷（編）

清乾隆五十三年刻本（古籍總目）

北大　湖北　山東

清惜蔭軒刻本（古籍總目）

山東

清梁溪浦氏刻本（古籍總目）

山東

清光緒二年重刻本（古籍總目）

國圖

清抄本（復旦書目）

復旦

周易揭要三卷

書經揭要六卷

詩經揭要四卷

禮記揭要六卷

春秋揭要十卷

詩經揭要四卷

清刻本（古籍總目）

復旦

禮記揭要□卷

清刻本（古籍總目）

南圖　復旦（存二卷）

乾隆二十一年丙子科江南鄉試硃卷一卷

清乾隆間刻本（上圖古籍目録）

上圖

南史演義三十二卷　清杜綱撰　清許寶善批評

清乾隆六十年刻本（古籍總目）

國圖　北大　上圖　遼寧　大連

清道光五年書業堂刻本

哈爾濱（古籍總目）

清同治四年文德堂刻本（古籍總目）

國圖

清刻本（古籍總目）

北大

杜詩注釋二十四卷首一卷（輯）

清嘉慶八年自怡軒刻本（古籍總目）

國圖

清光緒三年吴縣朱氏刻本（古籍總目）

國圖　山東　湖北

自怡軒樂府四卷

清乾隆五十八年刻本（古籍總目）

湖北

白怡軒詩十二卷詩續集二卷

清乾隆五十四年刻本　九行十九字白口四周雙邊單魚尾（國圖古籍目録）

國圖

自怡軒詠子詩一卷

清嘉慶元年刻本（上圖古籍目録）

上圖

自怡軒古文選十卷

清乾隆五十六年刻本（上圖古籍目録）

上圖

清光緒三年吴縣朱氏補刻本（古籍總目）

南圖

清光緒二十四年校經堂刻本（上圖古籍目録）

上圖

自怡軒詞五卷

清乾隆五十八年刻本（國圖古籍目録）

國圖

自怡軒詞譜六卷

清乾隆三十七年刻朱墨套印本（善本書目）

首都　北大　吉大　湖北

自怡軒曲譜

清抄本（國圖古籍目録）

國圖

張佛繡（約一七三三—一七六六）

小傳見本卷《善本經眼録》。

職思居詩鈔二卷

清乾隆三十二年刻本（善本書目）

上圖　復旦

職思居詩鈔一卷

國朝閨閣詩鈔本（叢書綜録）

徐薌坡（？—一七七九）

字澤農，一字蒼林。乾隆三十年（一七六五）南巡召試入二等，命武英殿纂書處行走。後主清暉、瑞林兩書院。見光緒《青浦縣志》卷十九。

徐薌坡詩選二卷　清王鳴盛選

江左十子詩鈔本（古籍總目）

南圖

何王模

字鐵山，奉賢庠生。世居青龍，王模還居辝山，遂著籍。工詩，不欲以方伎名家。年八十一，無疾卒。見光緒《青浦縣志》卷二十二。

萍香詩鈔二卷

清嘉慶三年簳山草堂刻本（古籍總目）

社科院文學所

陸伯焜（一七四二—一八〇二）

字重輝，一字重暉，又作仲暉，號璞堂。乾隆四十五年（一七八〇）進士，改庶吉士，授編修，升仕讀學士，改吏部員外郎，充鄉會試同考官。累遷鴻臚寺少卿，嘉慶二年（一七九七）官浙江按察使，旋引疾歸。伯焜少以詞賦稱，及入直軍機，留意朝章典故，于敏中倚重之。傳見光緒《青浦縣志》卷十九。

玉笥山房詩鈔四卷補遺一卷　清陸元琦輯

清嘉慶間刻本（南圖書目）

南圖

廖雲錦

字蕊珠，一字織雲，號錦堂居士。合肥知縣景文女，泗涇馬某之妻。早寡，歸小檀園，掩關鍵户，一意於詩，偶繪禽魚花竹，下筆即工。見光緒《青浦縣志》卷二十三。

廖織雲女士蛺蝶花草册不分卷（繪）

民國十三年有正書局影印本（古籍總目）

上圖

仙霞閣詩草一卷　清張應時編

書三味樓叢書本（叢書綜録）

陳　琮

字應坤，謨五世孫。諸生。與同里諸聯結苔岑社，從錢大昕、王昶遊。博覽群籍，晚年專事著述。藏書數千卷，丹黄寒暑不輟。見光緒《青浦縣志》卷十九。

歷代帝王圖不分卷

乾隆間刻本　八行六字小字雙行十一字（國圖古籍目録）

國圖

烟草譜八卷首一卷末一卷（輯）

清嘉慶間刻本（古籍總目）

南圖　餘杭

清刻本（古籍總目）

吉林＊

烟草譜四卷（輯）

清嘉慶間刻本（古籍總目）

國圖　南圖

墨稼堂稿十二卷

清道光六年繡雪山房刻本（上圖古籍目録）

上圖

王鴻逵

字用儀，諸生，汝霖之甥。王昶、莊師洛偕汝霖輯陳子龍詩文，鴻逵襄助甚力。昶赴修《西湖志》，鴻逵手録夏節愍集，盡心校勘。見光緒《青浦縣志》卷十九。

曹學士（仁虎）年譜一卷

清嘉慶間次歐山館抄本（國圖古籍目録）

國圖

諸　聯

字星如，號晦香。工聲律，爲青溪三子之一。邑中有苔岑詩社，分韻賦詩，十年三舉，聯皆與焉。見光緒《青浦縣志》卷十九。

明齋小識十二卷

清嘉慶十九年刻本（古籍總目）

吉林

清道光十四年奎韻樓刻本（古籍總目）

國圖　北大　上圖　天津

清道光十四年亦西齋刻本（古籍總目）

南圖　大連　香港大學　遼大

清道光間刻本（古籍總目）

國圖

清同治四年亦西齋刻本（古籍總目）

國圖　上圖　遼寧　吉林　吉大

清同治間刻本（古籍總目）

南圖

晦香詩鈔八卷

清末上海掃葉山房石印本（古籍總目）

首都　廣東

俞玉海

字承天，諸生。性行峻潔，不諧世俗，時稱「俞怪」。與董衍大、利達綬、方玉臺、陸重暉爲師友。傳見光緒《青浦縣志》卷十九。

村塾紀年詩四卷附詩餘一卷

清嘉慶間刻本（南圖書目）

南圖

王有光

字觀國，諸生。從唐鼻、戴駿麗、薛鼎銘游。性穎悟，通經史。能以古事參處今事。居北楊莊，楊維禎别墅也，有梅數百本，吟哦其下，人稱曰北莊先生。傳見光緒《青浦縣志》卷十九。

吴下諺聯四卷

清嘉慶間刻本（古籍總目）

遼寧

清同治十二年老鐵山莊刻本（古籍總目）

北大　上圖

民國二十四年補刻本（復旦書目）

復旦

金鴻書

字寶函，本姓尹，育於金，遂從其姓。諸生，王昶重其人，招往江西布政使署，歸主大庾書院。博綜群籍，尤工吟咏。邑中詩學，自王昶振興，後鴻書實後來之傑。傳見光緒《青浦縣志》卷十九。

清省堂詩稿五卷

清嘉慶二十三年刻本（上圖古籍目録）

上圖

顧初昱

顧元龍子，諸生。父子並贊助莊師洛輯陳、夏詩集。見光緒《青浦縣志》卷十九。

課暇吟二卷

清道光四年刻松壑間合刻詩鈔本（上圖古籍目録）

上圖

松壑間合刻詩鈔四卷（輯）

清道光四年刻本（上圖古籍目録）

上圖

胡家萱

字蔆洲，顧初昱妻。見民國《青浦續縣志》卷二十四。

織餘草二卷附十國宫詞一卷

清道光四年刻松壑間合刻詩鈔本（上圖古籍目録）

上圖

王　浚

字賓竹，從陳畹受業。見光緒《青浦縣志》卷十九。

賓竹居初稿不分卷

稿本（上圖古籍目録）

上圖

琴言館詩稿六卷

清王氏家刻本（上圖古籍目録）

上圖

琴言館詩稿一卷　**清王德鍾輯**

民國四年上海國光書局鉛印青箱集本（古籍總目）

國圖　首都

唐　埜

生平不詳。

墨華齋稿五卷

清道光十二年刻本（古籍總目）

蘇州

周　鼎

字東暝。

池蛙詩草不分卷

清道光間木活字印本（古籍總目）

南圖

味菘書屋詩鈔不分卷聽雨樓詞鈔一卷

清道光七年刻本（古籍總目）

日本静嘉堂

東溟文集六卷外集四卷

清道光十三年刻本（古籍總目）

日本静嘉堂

何其偉（一七七四—一八三七）

字韋人。又字書田，世仁子。師事婁縣莊師洛、同邑王昶，詩效陸務觀，主清澈自見。嘉慶初，奉賢陳廷慶建陳（子龍）、夏（完淳）祠堂，其偉與其事，又設陳子龍像於家，歲祀不懈。王昶倡議輯印陳、夏詩文，其偉助理其事。又以醫名於世，林則徐、姚椿皆深重之。傳見光緒《青浦縣志》卷十九。

瘟疫編要（輯）

清抄本（古籍總目）

上海中醫大

温疫編訣（輯）　清嚴鈺峰注

抄本（古籍總目）

上海中醫大

雜症總訣二卷

清光緒二十三年陳晉泰抄本（古籍總目）

山西

何氏雜証

抄本（古籍總目）

蘇州中醫院

救迷良方一卷附一枝軒經驗方（輯）

清光緒十三年重古廬何氏刻本（古籍總目）

中醫科學院　陝西中醫

救迷良方（輯）

陳修園醫書十六種本（古籍總目）

陳修園醫書三十種本（古籍總目）

陳修園醫書三十二本（古籍總目）

陳修園醫書二十八種本（古籍總目）

陳修園醫書四十八種本（古籍總目）

陳修園醫書五十種本（古籍總目）
陳修園醫書七十種本（古籍總目）

世濟堂醫案
清抄本（古籍總目）
國圖　中科院　中醫科學院
朱繼璋抄本（古籍總目）
上海中醫大

醫學妙諦三卷
清光緒十九年柏香書屋刻本（上圖古籍目録）
上圖
三三醫書本（叢書綜録）

書田近稿一卷粹山草堂續稿一卷三稿一卷
稿本（上圖古籍目録）
上圖（清趙逢源批校）

穎山草堂小稿四卷

清嘉慶二十一年刻本（古籍總目）

中科院

清道光間刻本（古籍總目）

國圖

穎山草堂續稿二卷

清道光六年刻本（上圖古籍目録）

上圖

穎山草堂小稿不分卷

抄本（上圖古籍目録）

上圖

何其章

字耀文，其偉弟，諸生。質性厚重，内行純備，好學深思。詩筆醇茂，兼工詞。早卒。見光緒《青浦縣志》卷十九。

七榆草堂詞一卷

清道光八年刻本（上圖古籍目録）

上圖

清刻本（南圖書目）

南圖

吴廣成

號西齋，諸生。淹通群史，好爲古文辭。見光緒《青浦縣志》卷十九。

西夏書事四十二卷

清道光五年小峴山房刻本　九行二十字小字雙行同白口左右雙邊單魚尾（古籍總目）

國圖　北大　上圖　南圖

清道光六年刻本（古籍總目）

天津（清周星詒跋）

清抄本（古籍總目）

國圖

民國二十四年北平文奎堂影印道光五年小峴山房刻本（古籍總目）

上圖　南圖

釋覺銘

字慧照，清圓澤禪寺住持。

圓津禪院小志六卷續一卷（輯）

清嘉慶七年刻本（古籍總目）

上圖

清嘉慶七年刻光緒二十二年住持能證補刻本（古籍總目）

上圖　南圖

周郁濱

字仁望，諸生。性嚴毅，風裁整峻，雖盛暑不袒。讀書目數行下，博覽九經、十七史，嫻吟詠，從曹錫寶、錢粲遊，俱器之，詩文並有名。因宅邊栽十柳，又自稱十柳山人。見光緒《青浦縣志》卷十九。

嘉慶珠里小志十八卷首一卷（纂）

清嘉慶二十年刻本（古籍總目）

國圖　南京博

抄本（古籍總目）

上海博

舊雨集八卷（輯）

清道光二年澄江館刻本（古籍總目、上圖古籍目録）

國圖　南圖　上圖

舊雨集補編三卷（輯）

清道光間刻本（古籍總目、上圖古籍目録）

國圖　上圖

孫峻

字耕遠，監生，孫家圩人。世業農，修築本圩塘岸，務盡心力。嘉慶九年水災，民多病餓死，峻目擊傷之，爰著《圩岸圖説》，言甚切近，爲農家不可少之書。傳見光緒《青浦縣志》卷十九。

築圩圖説一卷（撰並繪）

清光緒間刻本（古籍總目）

國圖　首都　南圖　雲南　瀋陽

俞瑛

玉海女，年十九，未嫁而卒。見光緒《青浦縣志》卷二十三。

詩史樓詩一卷

清嘉慶十九年刻村塾紀年詩本附（古籍總目）

南圖

邵　堂（一七八七—一八三四）

字無斁，一字尊如，號子山。少受知於王昶，肄業吴氏紫陽書院。年二十餘居吴門，從張問陶、王芑孫、吴慈鶴遊。嘉慶二十二年（一八一七）成進士，官河南汜水縣知縣。詩豔冶新雋，類張承吉、陸龜蒙。嗜古文奇字，其所論著，皆蝌文魚篆駱驛行間。見光緒《青浦縣志》卷十八。

嘉慶二十二年丁丑科會試硃卷一卷

清嘉慶間刻本（古籍總目）

上圖

大小雅堂詩鈔十卷文鈔二卷　清鄒鳴鶴輯

清道光七年鄒鳴鶴浚儀官署刻本（古籍總目）

中科院

清道光十年鄒鳴鶴浚儀官署刻本（古籍總目）

國圖　復旦（存詩鈔）

陸我嵩（一七八九—一八三八）

字芳玖，號萊莊，一字萊臧，又號玉屏山人，企照子。道光二年（一八二二）進士，補福建壽寧知縣。權興化通判，擢雲霄同知，補福州海防同知，歷署汀州、延平、邵武府。在閩十三年，以興修水利爲急。傳見光緒《青浦縣志》卷十八。

道光二年壬午恩科會試硃卷一卷

道光間刻本（上圖古籍目録）

上圖

無成録一卷（編）

清道光二十八年潯州郡署刻本（古籍總目）

國圖

玉屏山人稿不分卷

清稿本（古籍總目）

臺圖

崧浦草堂詩集六卷

清咸豐元年刻本（古籍總目）

上圖

湯運泰

字黼良，號虞樽，道光初僑居崑山。歲貢生。篤嗜經史，覃精《周易》。中年後致力於史學。見光緒《青浦縣志》卷十九。

南唐書注　宋陸游撰　清湯運泰注

清道光二年湯氏緑篏山房刻本（上圖古籍目録）

上圖

金源紀事詩八卷　清湯顯業、清湯顯幹注

清嘉慶十八年緑篏山房刻本（古籍總目）

中科院　南圖　遼寧　天津
清同治十二年淮南書局刻本（古籍總目）
湖南　廣東

高培源

字師厚，增生，王昶弟子。幼失怙，母席氏以節孝聞，培源事之盡歡。敏而好學，嘗與修《松江府志》，侍郎莫晉稱之爲良史才。通達時務，嘗謂會通一河，時有淤塞，海運不可廢也。著《海運備采》一書，道光時兩遇河塞，議由海運，不外培源所著條論。又修邑城，浚吴淞，行荒政，當事皆用其籌畫。見光緒《青浦縣志》卷十九。

海運備采十四卷

清嘉慶十五年寫本（古籍總目）
中科院
清嘉慶十五年二酉書屋刻本（古籍總目）
上圖（存卷六至九）

蔡自申

字時升。道光十二年舉人。性雅淡，讀書外無他好。與談經史，終日娓娓，至寢食俱忘。治三禮，得其原委。見光緒《青浦縣志》卷十八。

道光金澤小志六卷首一卷　清周鳳池纂　清蔡自申續纂

清乾隆嘉慶間纂道光十一年續纂抄本（古籍總目）

上圖　上海博

王楫

字巨川。天資穎悟，尤喜作詩。父浚，子炳華，皆能詩。見民國《青浦縣續志》卷十六。

吟香館剩稿一卷　王德鍾輯

民國四年上海國光書局鉛印青箱集本（古籍總目）

國圖　首都

方祖範

字養餘，貢生。精研經史，嘗至杭州假閲文瀾閣《四庫全書》，於四書類尤篤嗜。見光緒《青浦縣志》卷十八。

四書解瑣言四卷補編一卷

清道光元年陳經堂刻本　九行二十四字白口左右雙邊單魚尾（古籍總目）

湖北

洪　樸

字鳳章，晚稱二知翁。例補縣佐，棄官不就選，肆力爲詩，深於擬古，五言尤渾勁。善畫牡丹，旁及篆刻、音律，功皆精到。見光緒《青浦縣志》卷十九。

五芙蓉館詩鈔二卷

清道光間刻本（上圖古籍目録）

上圖

流　寓

章有謨（一六四八—？）

字載謀，生於永州，隱居佘山。篤志好學，博通經史，與兄有功並以詩文鳴。康熙八年（一六六九），之湖南，從衡陽王夫之學，著《禮記説》十卷。見光緒《青浦縣志》卷二十一。

景船齋雜記二卷

申報館叢書本（叢書綜録）

清末上海中華圖書館石印本（古籍總目）

國圖

清抄本（古籍總目）

上圖

魏　容

字約庵，浙江嘉興籍，其先世貿遷來青浦，遂僑居邑東之岑涇。與陳瓏交最厚。善畫墨竹。見光緒

《青浦縣志》卷二十二。

清逸山房畫媵六卷

清嘉慶十七年陳瓏刻本（國圖書目）

國圖

金山縣

本 籍

王廣心（一六一二—？）

小傳見本卷《善本經眼録》。

雲間王農山先生批評史測十四卷　清施鴻撰　施綸注　王廣心評

清康熙四十三年金閶雅言堂刻本（上圖古籍目録）

上圖

蘭雪堂詩稿七卷

清康熙三十一年刻本（善本書目）

南開

清道光二十七年五世孫王承淮重刻本（別集總目）

上圖　南圖　復旦　湖南師大

王廣心集一卷

清抄本（別集總目）

北大

蘭雪堂詩稿不分卷

清抄本（別集總目）

上圖

清寫刻本（別集總目）

上圖　南開　杭大

清光緒二十七年雲間王氏成都重刻杜翰藩校本（別集總目）

四川

蘭雪堂詩稿二卷

清道光十五年王承懷刻本（别集總目）

國圖

蘭雪堂稿注釋不分卷　清蘧園老人注釋

清同治元年緯文堂刻本（别集總目）

上圖

王伊人稿一卷

清嘉慶江都秦氏石研齋刻國初十六家精選本（别集總目）

北大

蘭雪堂文稿三種不分卷

清道光二十八年富春堂重刻本（上圖古籍目録）

上圖

王農山稿一卷

清光緒三年四明茹古齋鉛印本（別集總目）

南圖

王廣心稿

清光緒二十年印本（別集總目）

湖南

曹偉謨

字次典，號南陔，居干巷，浙江平湖籍。生於明季，有聲幾社。康熙中入國子監。其學長於《春秋》内外傳，尤熟《史記》《漢書》，詩宗温、李。傳見光緒《金山縣志》卷二十一。

南陔詩稿不分卷

清嘉慶刻本（古籍總目）

日本内閣

抄本（古籍總目）

社科院文學所

王項齡（一六四二—一七二五）

小傳見本卷《善本經眼録》。

欽定書經傳説彙纂二十一卷卷首二卷書序一卷（纂）

御纂七經本（叢書綜録）

四庫全書薈要本（古籍總目）

四庫全書本（古籍總目）

欽定書經傳説彙纂二十一卷卷首二卷書序一卷（纂）

日本刻本（古籍總目）

南圖

世恩堂詩集三十卷詞集二卷經進集三卷

清康熙刻本　十行十九字小字雙行同黑口左右雙邊雙魚尾（善本書目）

國圖　復旦

華黍樓詩稿一卷索笑檐詩稿一卷紫芝山館詩稿一卷賜詩樓詩稿一卷清峙堂詩稿一卷

清康熙刻本　十一行二十字小字雙行同黑口四周雙邊雙魚尾（善本書目）

上圖

畫舫齋詩十集存十二卷

清康熙刻本　十行十九字黑口四周單邊單魚尾（善本書目）

國圖　上圖

清峙堂詩稿五卷

清康熙九年刻本（上圖古籍目録）

上圖

清康熙三十四年刻本（上圖古籍目録）
上圖

清峙堂詩稿不分卷

清雍正刻本（上圖古籍目録）
上圖

王瑁湖詩五卷

清康熙刻本（上圖古籍目録）
上圖

世恩堂經進集三卷

清乾隆刻本（上圖古籍目録）
上圖

螺舟綺語一卷

百名家詞鈔本（叢書綜録）

王九齡（？—一七〇九）

小傳見本卷《善本經眼録》。

蓴香堂詩稿八卷

清康熙四十年刻本　十行二十字白口四周單邊雙魚尾（善本書目）

國圖　南圖

聖武北征功成詩一卷

清康熙刻本　十行十九字白口四周單邊（善本書目）

國圖

松溪詩餘一卷

百名家詞鈔本（叢書綜録）

王鴻緒（一六四五—一七二三）

小傳見本卷《善本經眼録》。

欽定詩經傳説匯纂二十一卷首二卷詩序二卷（纂）

御纂七經本（雍正刻）（古籍總目）

國圖（陳介祺批注并跋）　清華　故宫　上圖　復旦

御纂七經本（叢書綜録）

四庫全書薈要本（古籍總目）

四庫全書本（古籍總目）

清光緒四年廣州翰墨園刻本（古籍總目）

遼寧（存卷一至十七、十九至二十一）

清四川總督蘇廷五刻本（古籍總目）

遼寧

清刻尊經閣藏版印本（古籍總目）

國圖　湖北

日本刻本（古籍總目）

南圖

明史列傳稿二百八卷目録三卷

清康熙間敬慎堂刻本（善本書目）

上圖（卷一百六十一至一百六十五配清抄本）　北大　湖北　貴州

明史列傳稿一百六十二卷

清清慎敬堂抄本（國圖古籍目録）

國圖

明史列傳稿二十卷

清康熙間敬慎堂刻本（南圖書目）

南圖

明史列傳稿不分卷

張氏約園抄本（古籍總目）

上圖　南圖

明史稿三百十卷目録三卷

清雍正間敬慎堂刻本（古籍總目）

上圖（清姚椿批並録杭世駿批）　天津

明史稿藝文志四卷

清雍正間敬慎堂刻本（古籍總目）

國圖

史例議二卷

清道光間敬慎堂刻本（上圖古籍目録）

上圖

重訂癥脈治辨二卷

抄本（上圖古籍目録）

上圖

王儼齋遊西山詩稿一卷

稿本（上圖古籍目録）

上圖

山暉稿八卷

清康熙十年刻本　九行十八字白口四周單邊單魚尾（善本書目）

上圖

横雲山人集十二卷

清康熙刻本（古籍總目）

國圖

橫雲山人集二十一卷附詩四卷

清康熙間刻本（古籍總目）

國圖

橫雲山人集二十七卷

清康熙五十八年刻本（古籍總目）

中科院

清光緒四年刻本（古籍總目）

華東師大　日本大阪

橫雲山人集三十卷

清康熙間刻增修本（古籍總目）

中科院

橫雲山人集三十一卷

清康熙刻本（善本書目）

上圖　中科院（鄧之誠跋）　華南師大　上海師大

橫雲山人集三十二卷

清康熙間增修本　十行十九字黑口左右雙邊雙魚尾（善本書目）

南圖　中科院　人大　重慶　復旦

還朝集一卷

清康熙刻本　八行十八字小字雙行同白口左右雙邊單魚尾（上圖古籍目録）

上圖

儼齋集一卷

百名家詩鈔本（叢書綜録）

皇清文穎六十卷總目二卷　清王鴻緒、陳廷敬纂

清康熙五十一年内府抄本（古籍總目）

大連

橫雲詞一卷

百名家詞鈔本（叢書綜録）

吴昌祺

小傳見本卷《善本經眼録》。

删訂唐詩解二十四卷　明唐汝詢輯　清吴昌祺評

清康熙四十年誦懿堂刻本（善本書目）

國圖　北大　上圖　南圖　湖北

楊　瑄

字玉符，枝起子。康熙十五年（一六七六）進士，授編修。以撰文誤用事實戍尚陽堡，赦還，起原官，歷陞内閣學士。雍正元年（一七二三），以擅入乾清門再戍黑龍江，卒於貶所。傳見光緒《金山縣志》卷二十一。

抱質堂易説四卷

書三味樓叢書本（叢書綜録）

張　慧

字迪吉，濬遠子。歲貢生，師事清初理學家陸隴其。選任安徽繁昌訓導，年七十四卒，學者稱胥浦先生。傳見光緒《金山縣志》卷二十。

胥浦草堂詩文稿二卷

民國十一年既翕堂鉛印張氏二先生集本（别集總目）

南圖　蘇州

民國十二年排印本（别集總目）

復旦　南開　鎮江

曹鑑冰

字葦堅，號月娥，曹重女，婁縣張曰瑚妻。工書畫，長於戲曲。家貧，授徒自給。見光緒《松江府續志》卷三十六。

清閨吟稿二卷詩餘一卷

抄本（上圖古籍目録）

上圖

姚廷瓚（一六五八—？）

小傳見本卷《善本經眼録》。

嬾迂詩稿十五卷

清乾隆間刻本　十行二十字小字雙行同白口左右雙邊單魚尾（善本書目）

上圖

姚弘緒

小傳見本卷《善本經眼録》。

寶善堂集七卷

清乾隆十年刻本（上圖古籍目録）

上圖

松風餘韻五十卷末一卷（輯）

清乾隆八年寶善堂刻本（善本書目）

國圖　南圖

清乾隆八年寶善堂刻嘉慶三年胥浦姚氏重印本（國圖古籍目録）

國圖

清嘉慶十年刻本（古籍總目）

上圖　南圖

焦袁熹（一六六一——一七三六）

小傳見本卷《善本經眼録》。

此木軒春秋闕如編八卷

四庫全書本（古籍總目）

清嘉慶十二年金山錢熙彦世春堂刻本　十行二十字白口左右雙邊單魚尾（古籍總目）

國圖（清李慈銘題識）　北大　上圖　湖北　臺大

清丁氏竹書堂抄本（古籍總目）

南圖

春秋闕如編八卷續編四卷　清焦晉續

清抄本（古籍總目）

國圖

此木軒讀春秋一卷

清抄本（古籍總目）

國圖

此木軒四書説九卷

清乾隆五年刻本（古籍總目）

北大　中科院　南圖

清乾隆九年刻本（古籍總目）

上圖
清道光二十四年守山閣重刻本（古籍總目）
上圖　遼寧
四庫全書本（古籍總目）

讀四書注疏八卷

書三味樓叢書本（叢書綜録）

此木軒讀四書注疏殘一卷

此木軒全集本（叢書綜録）

小國春秋一卷

藝海珠塵本（叢書綜録）

儒林譜一卷

藝海珠塵本（叢書綜録）

此木軒泉下録一卷

此木軒全集本（叢書綜録）

此木軒史評彙編二卷

清抄本（上圖古籍目録）

上圖

此木軒枝葉録三卷

此木軒全集本（叢書綜録）

此木軒尚志録二卷

此木軒全集本（叢書綜録）

太玄解一卷

藝海珠塵本（叢書綜録）

潛虚解一卷

藝海珠塵本（叢書綜録）

此木軒雜録彙編一卷

此木軒全集本（叢書綜録）

此木軒雜著五卷

此木軒全集本（稿本，存卷一至二）（叢書綜録）

此木軒雜著八卷

清嘉慶九年此木軒刻本（古籍總目）

國圖　上圖　遼寧　吉林　南圖

清光緒八年掃葉山房席氏刻本（古籍總目）

國圖　北大　上圖　南圖　大連

此木軒贅語五卷

此木軒全集本（叢書綜録）

此木軒經史彙編八卷

清抄本（善本書目）

上圖

此木軒木食一卷

此木軒全集本（叢書綜録）

此木軒昌黎文選一卷　唐韓愈撰　清焦袁熹選

此木軒全集本（叢書綜録）

此木軒柳州文選一卷　唐柳宗元撰　清焦袁熹選

此木軒全集本（叢書綜録）

此木軒廬陵文選一卷　宋歐陽修撰　清焦袁熹選

此木軒全集本（叢書綜録）

此木軒詩鈔八卷

清嘉慶十年大中堂刻本（上圖古籍目録）　上圖

清嘉慶十九年錢樹堂等刻本（南圖書目）　南圖

此木軒詩十六卷（存一卷）

此木軒全集本（叢書綜録）

此木軒歷科詩經文（殘）

此木軒全集本（叢書綜録）

此木軒自訂義存二卷

此木軒全集本（叢書綜録）

此木軒歷科程墨（殘）

此木軒全集本（叢書綜録）

此木軒自訂文存二卷

此木軒全集本（叢書綜録）

焦氏文集不分卷

民國二十三年北京圖書館抄故宫博物院藏抄本（國圖古籍目録）

國圖

此木軒删後録三卷

稿本（上圖古籍目録）

上圖

此木軒選四六文二卷（存卷上）（輯）

此木軒全集本（叢書綜録）

此木軒五言七言律詩選讀本二卷（輯）

此木軒全集本（叢書綜録）

此木軒論詩彙編八卷　清徐逵照輯

稿本（上圖古籍目録）

上圖

此木軒論詩八卷（存卷一至三）

此木軒全集本（叢書綜録）

此木軒論韓文説略一卷

清咸豐九年韓應陛抄本（善本書目）

上圖

此木軒論制義彙編一卷（存卷三）

稿本（上圖古籍目録）

上圖

此木軒全集本（叢書綜録）

此木軒直寄詞

清乾隆十七年澹竹軒刻本（上圖古籍目録）

上圖

此木軒全集二十七種

清抄本（叢書綜録）

上圖

王圖炳

字麟照，號澄川，頊齡子。康熙五十一年（一七一二）進士，官至詹事府詹事。年七十一卒。傳見乾隆《金山縣志》卷十二。

王圖炳詩選一卷　清宋犖選

江左十五子詩選本（叢書綜録）

張起麟（？—一七二三）

字趾肇，號承齋，一鶚子。康熙四十八年（一七〇九）進士，選庶常，授編修。五十二年（一七一三）充武英殿纂修官。五十六年（一七一七）典試雲南。明年，掛察典罷官歸，卒於家。天質穎拔，穿穴經史，旁羅百家。弱冠工詩及古今文，與焦袁熹稱文章知己。在館著述俱敷實用，不爲空言。傳見乾隆《金山縣志》卷十二。

梟葵草堂詩稿一卷

清康熙間刻本（上圖古籍目録）

上圖

姚培和（一六八一—一七四一）

小傳見本卷《善本經眼録》。

敦信堂詩集（調圩集）九卷

清乾隆二十七年刻本　十行十九字細黑口左右雙邊雙魚尾（善本書目）

國圖　上圖

姚培謙（一六九三—一七八〇）

小傳見本卷《善本經眼録》。

周禮節訓六卷　清黄叔琳原本　清姚培謙重訂　王永祺參閲

清雍正十年古音堂刻本（古籍總目）

國圖　華東師大　上圖　湖北

清乾隆間刻本　九行十九字小字雙行二十七字白口左右雙邊單魚尾（古籍總目）

復旦　清華　中山大學
清嘉慶十七年書業堂刻本（古籍總目）
錦州
清道光十年刻金閶步月樓藏版印本（古籍總目）
國圖
清道光十五年刻本（古籍總目）
遼寧
清道光二十二年桐石山房刻本（古籍總目）
遼寧
清同治七年重刻本（古籍總目）
南圖
清光緒十二年蘇州掃葉山房刻本（古籍總目）
遼寧　湖北
清光緒十三年善成堂刻本（古籍總目）
南圖
清光緒十四年東昌書叢德刻本（古籍總目）

南圖
清光緒三十四年雨儀堂重刻本（古籍總目）
上圖（存卷一至三）
清南京李光明莊刻本（古籍總目）
南圖
清抄本（古籍總目）
河南

春秋左傳杜注三十卷

清乾隆十一年吴郡陸氏小鬱林刻本　九行十九字小字雙行行二十八至三十字不等左右雙邊白口單魚尾（善本書目）
國圖　清華　上圖（清徐振聲校）　復旦　南開
清嘉慶元年金閶書業堂刻本（古籍總目）
上圖　哈爾濱師大　濟南
清道光七年洪都潄經堂刻朱墨套印本（古籍總目）
上圖　遼寧　遼大　吉林　南圖

十三經讀本本（叢書綜録）
清同治八年崇文書局刻本（古籍總目）
　吉林市　吉大
清同治十一年湖南尊經閣刻本（古籍總目）
　國圖　北大
清同治十三年湖南書局刻本（古籍總目）
　湖北
清光緒九年江南書局刻本（古籍總目）
　國圖　北大　上圖　天津　遼寧
清光緒十五年户部刻本（古籍總目）
　南圖　遼寧
清光緒十六年思賢講舍刻本
　遼寧　瀋陽　吉林市
清光緒十六年務本書局刻本（古籍總目）
　吉林
清光緒十九年浙江書局刻本（古籍總目）

遼大　吉大　吉林社科院

清光緒二十二年新化三味堂刻本（古籍總目）

北大

清光緒三十年寶慶勸學書舍刻本（古籍總目）

北大　湖北

清末李光明莊刻本（古籍總目）

黑龍江

春秋古今地名考一卷

稿本（善本書目）

上圖

通鑑擥要前編二卷正編十九卷續編八卷　清張景星輯録

清乾隆二十六年飛鴻堂刻本（古籍總目）

北大　上圖　南圖　吉林　哈爾濱師大

清乾隆六十年刻本（古籍總目）

國圖
清道光三十年刻本（古籍總目）
上圖
清同治十二年刻本（古籍總目）
南圖

二十四史纂要三十八卷　清姚培謙、張景星輯録

光緒二十八年上海書局石印本（古籍總目）
上圖

明史擥要八卷　清張景星輯録

清乾隆二十六年飛鴻堂刻本（古籍總目）
上圖
清乾隆六十年刻本（古籍總目）
國圖
清同治十二年刻本（古籍總目）

國圖
清光緒二年刻本（古籍總目）
撫順
清刻本（古籍總目）
南圖

周甲録一卷甲餘録一卷

清乾隆間刻本　十行十九字黑口左右雙邊雙魚尾（古籍總目）
國圖　上圖
抄本（古籍總目）
上圖

清妙軒類腋五十五卷（編）

清乾隆七年緑蔭堂刻本（古籍總目）
南圖
抄本（古籍總目）

北大

韻海大全角山樓增補類腋不分卷（輯）　清趙克宜增輯

清咸豐七年趙克宜印本（古籍總目）

南圖

民國間上海文瑞樓石印本（古籍總目）

上圖　遼寧　黑龍江　哈爾濱　哈爾濱師大

角山樓增補類腋六十七卷（輯）　清趙克宜增輯

清咸豐七年刻本（古籍總目）

哈爾濱師大

清咸豐九年角山樓刻本（古籍總目）

國圖

清咸豐十年趙克宜角山樓刻本（古籍總目）

南圖　吉林　香港中山

清咸豐間刻本（古籍總目）

上圖
清光緒十二年石印本（古籍總目）
國圖　上圖　天津　南圖　吉大

類腋五十五卷補遺一卷（輯）　清張隆孫補輯

清乾隆間瞻雲閣刻本（古籍總目）
香港中山
清嘉慶九年姑蘇博古堂刻本（古籍總目）
天津
清刻本（古籍總目）
南圖

類腋五十五卷（輯）

清乾隆七年緑蔭堂刻本（古籍總目）
國圖　吉林
清乾隆二十八年檢香齋刻本（古籍總目）

上圖
清乾隆清妙軒刻本（古籍總目）
上圖
清嘉慶九年姑蘇博古堂刻本（古籍總目）
天津
清道光二十四年瞻雲閣刻本（古籍總目）
北大　上圖
清光華堂重刻本（古籍總目）
上圖

類腋附補遺（輯）　清張翰純輯

清寶寧堂刻本（古籍總目）
長春

楚辭節注六卷附楚辭叶音一卷

清乾隆六年刻本　八行十八字小字雙行行二十八字黑口左右雙邊雙魚尾（古籍總目）

國圖　北大　上圖　天津　山東

楚辭六卷（注）

清乾隆五十七年博期堂刻本（上圖古籍目録）

上圖

李義山七律會意四卷　唐李商隱撰　清姚培謙注

清雍正五年刻本　十行十九字小字雙行行二十九字黑口左右雙邊雙魚尾（古籍總目）

清華　上圖

清乾隆四年松桂讀書堂刻本（上圖古籍目録）

上圖

李義山詩集十六卷　唐李商隱撰　清姚培謙箋

清乾隆五年姚氏松桂讀書堂刻本　十行二十一字小字雙行三十一字至三十二字不等白口左右雙邊單魚尾（古籍總目）

上圖（清管庭芬校；清馬泰榮録諸家批）　山東（清李兆洛録明胡震亨、清何焯等批校）　南圖

（佚名録清錢陸燦、清何焯批）　社科院歷史所（佚名録清朱彜尊批）　中央黨校（清鄭珍批）

東坡文選十八卷　宋蘇軾撰　清姚培謙輯

清康熙間刻本（上圖古籍目録）

上圖

東坡詩鈔十八卷　宋蘇軾撰　清姚培謙輯

清康熙六十年姚氏卧雲草堂刻本（上圖古籍目録）

上圖

後村居士詩二十卷　宋劉克莊撰　清姚培謙輯

清康熙五十九年遂安堂刻本　十行十九字黑口四周單邊單魚尾（上圖古籍目録）

上圖

御制樂善堂集　清高宗弘曆撰　清姚培謙注

清乾隆六年刻本（古籍總目）

清華

自知集二卷

清雍正間刻本　十行十九字線黑口左右雙邊單魚尾（復旦書目）

復旦

松桂讀書堂集八卷

清乾隆五年刻本　十行十九字黑口左右雙邊雙魚尾（別集總目）

國圖　上圖　廣東　常熟　旅大

松桂讀書堂集十七卷

清乾隆五年刻本（國圖古籍目録）

國圖

陶謝詩集（編）

清乾隆二十九年姚培謙刻本（國圖古籍目録）

國圖（清翁同龢批注跋並臨清何焯校）
清乾隆三十二年清妙軒刻本（陶謝四家詩集）（國圖古籍目録）
國圖
清抄本（陶謝四家詩）（上圖古籍目録）
上圖

唐宋八家詩（編）

清雍正六年遂安堂刻本（古籍總目）
國圖　北大　上圖　遼寧　南圖

向青門讀詩類抄六卷（輯）

清乾隆二十七年刻本（上圖古籍目録）
上圖

如蘭集二卷（輯）

清乾隆四年刻本（上圖古籍目録）

上圖

古文斲前集十六卷後集十八卷（輯）

清康熙六十一年至雍正元年遂安堂刻本（善本書目）

北大　福建

清乾隆間刻本（古籍總目）

國圖（存前集卷一至十六卷）

重訂古文斲二十卷（輯）

清雍正十三年蒹葭書屋刻本（上圖古籍目録）

上圖

宋詩百一鈔八卷　清張景星、姚培謙、王永祺輯

清乾隆二十六年誦芬樓刻本（古籍總目）

上圖　北大

清乾隆二十八年刻本（宋詩別裁）（古籍總目）

國圖
清乾隆元聚堂刻巾箱本（宋詩別裁集）（古籍總目）
西南大學
清道光十三年刻本（古籍總目）
南圖
清刻小西山房藏版印本（宋詩別裁集）（古籍總目）
國圖
清三讓堂刻本（宋詩別裁）（古籍總目）
南圖
宋詩別裁集本（務本堂刻）（古籍總目）
南圖

元詩自攜七言律詩十六卷七音絶句五卷（輯）
清康熙六十一年姚氏遂安堂刻雍正四年續刻本（古籍總目）
國圖　北大　清華　上圖　復旦
日本安政五年刻本（上圖古籍目録）

上圖

元詩百一鈔八卷　清張景星、姚培謙、王永祺輯

清乾隆二十九年然藜閣刻本（上圖古籍目録）

上圖

硯北偶鈔十一種附一種　清姚培謙、張景星輯

清乾隆二十七年草草巢刻本　六行十五字小字雙行同白口左右雙邊單魚尾（古籍總目）

國圖　北大

楊錫觀

字禺若，瑄從子。好古博學，精篆隸書，由隸遡篆，下及於楷。積三十年，成《六書辨通》等書凡八種。

傳見光緒《金山縣志》卷二十。

楊顒若小學二種十卷

清雍正乾隆間遞刻彙印本（古籍總目）

湖北　浙江

清乾隆五十一年嘉禾瑞石軒刻本（古籍總目）

國圖

篆學三書三種三卷

六書例解一卷

六書雜説一卷

八分書辨一卷

六書辨通五卷辨通補一卷辨通續補一卷

楊顥若小學二種十一卷

清乾隆八年嘉禾瑞石軒刻本（上圖古籍目録）

上圖

篆學四書四種四卷

六書例解一卷

六書雜説一卷

漢隸偏旁點考題詞一卷

八分書辨一卷
六書辨通五卷辨通補一卷辨通續補一卷

篆學三書三種三卷

楊顒若小學二種本（古籍總目）
清乾隆間刻蘭祕齋藏版印本（古籍總目）
國圖
清朐陽書院抄本（古籍總目）
湖北

焦以恕（一六九七—一七七九）

小傳見本卷《善本經眼録》。

儀禮彙説十七卷

清乾隆三十七年研雨齋刻本　十行二十三字綫黑口左右雙邊單魚尾（善本書目）
上圖　中科院　湖北

清道光二十五年守山閣刻本（古籍總目）
上圖　北大　天津

焦以敬

字悝持，袁熹子。康熙五十六年（一七一七）舉人，雍正十一年（一七三三）欽賜進士，選庶吉士。乾隆四年（一七三九）改授山西洪洞縣知縣。三載，改屯留。以病乞歸，卒。生平研究性理，鉤探祕奥，詩古文宗尚廬陵。傳見嘉慶《松江府志》卷五十九。

乾隆金山衛志二十卷卷首一卷　清常琬修　清焦以敬等纂

清乾隆十八年刻本（古籍總目）
國圖　上圖　遼寧　南圖
民國十八年影印乾隆十八年刻本（古籍總目）
國圖　中科院　北大　上圖　復旦
抄本（古籍總目）
中科院　上圖

焦南浦先生年譜二卷附録一卷　清焦以敬、焦以恕撰

清乾隆五十六年奕芳堂刻本　十行二十二字白口左右雙邊單魚尾（古籍總目）

國圖　上圖

清光緒二十三年木活字印本（古籍總目）

國圖　上圖

周宗濂

小傳見本書《善本經眼録》。

朱子綱目輯略四卷（輯）

清乾隆十五年竹友草堂刻本（上圖古籍目録）

上圖

清嘉慶十八年刻本（復旦書目）

復旦

文獻通考節貫十卷

清乾隆間竹友草堂刻本　十行二十三字白口左右雙邊單魚尾（古籍總目）

上圖　南圖　湖北

清光緒間石印本（三通通考節貫）（古籍總目）

上圖

文獻通考正續彙纂十二卷　清楊守仁重編

清道光二年華亭楊氏研緣齋刻本（古籍總目）

國圖　上圖

日省録一卷

書三味樓叢書本（叢書綜録）

王祖庚（一七〇二—一七六五）

字孫同，一字雨汀，號礪齋。雍正五年（一七二七）進士，首山西興縣知縣。乾隆元年（一七三六）薦舉博學鴻詞，充武英殿經史館校書。出任直隸保定府知府，終安徽寧國府知府。傳見嘉慶《松江府志》

卷五十九。

王勵齋詩稿四卷

稿本（上圖古籍目録）

上圖

楊履基（一七一三—一七七五）

原名開基，字履德，更名後字惕齋，號鐵齋。乾隆二十一年（一七五六）優貢，從陸奎勳遊，得爲學指要。傳見光緒《金山縣志》卷二十。

中庸講語一卷

清乾隆四十年刻本（上圖古籍目録）

上圖

書三味樓叢書本（叢書綜録）

楊鐵齋小學劄記一卷

書三味樓叢書本（叢書綜録）

陸清獻公年譜原本一卷（編）

書三味樓叢書本（叢書綜録）

峰泖詩鈔一卷　清張應時輯

書三味樓叢書本（叢書綜録）

臺宕遊草一卷　清張應時輯

書三味樓叢書本（叢書綜録）

王嘉曾（一七二九—一七八一）

初名廷商，改名楷曾，後改嘉曾，字寧甫，又字漢儀，號史亭。乾隆三十一年（一七六六）進士，授翰林院編修。三十八年（一七七三）入四庫館，任編校。典試山西，以疾歸。傳見嘉慶《松江府志》卷六十。

聞音室詩集四卷遺文附刻一卷

清嘉慶二十一年王元善等刻本（古籍總目）

中科院

曹鑑仁

字馭先，號穀山，以監生考授州同知。不樂仕進，以文自娱。見光緒《金山縣志》卷二十一。

田家雜詠一卷

清嘉慶二十一年刻本（古籍總目）

上圖　日本内閣

姚念曾（一七三八—？）

字季方，號友硯，弘緒孫。乾隆三十年（一七六五）拔貢，歷任湖北孝感、應山、鄖縣知縣。擢德安府同知，被劾歸，年未四十。傳見光緒《金山縣志》卷十九。

賜墨齋詩集二卷附詞一卷

清光緒間金山程氏補讀書齋刻本（古籍總目、上圖古籍目録）

國圖　上圖

王顯曾

字周謨，瑱齡曾孫。乾隆二十五年（一七六〇）進士，由庶常改主事，薦擢湖廣道監察御史，晉禮科掌印給事中。巡視南漕及巡臺灣，前後並多建白。移疾歸。晚年修華亭志成，又自輯家譜。年七十卒。傳見嘉慶《松江府志》卷六十。

乾隆華亭縣志十六卷　清馮鼎高修　清王顯曾等纂

清乾隆五十六年刻本（古籍總目）

國圖　北大　上海博　南圖　浙江

抄本（古籍總目）

南圖

西山柿三卷（輯）

清嘉慶七年枕書樓刻本（古籍總目）

國圖　北大

王嘉璧

字瑶峰，張堰人。諸生。與顯曾同修華亭縣志，以簡覈爲宗。創爲「府志宜詳縣志宜略」之論，識者韙之。年八十六卒。傳見光緒《金山縣志》卷二十一。

西山泉二卷（輯）

清嘉慶七年枕書樓刻本（古籍總目）

國圖　北大

金夢熊（一七四六—一八〇三）

字占一，歲貢生，文行爲鄉黨所推重。見光緒《金山縣志》卷二十一。

蒓鄉詩鈔四卷

清刻本（古籍總目）

浙江

蒓鄉詩遺鈔三卷附四柳唱和詩一卷

清嘉慶二十二年刻本（古籍總目）

安徽師大

朱　楝（一七四六—？）

小傳見本卷《善本經眼録》。

讀書求甚解二卷

懷舊樓抄本（上圖古籍目録）

上圖

讀書求甚解四卷

清嘉慶十五年刻本（上圖古籍目録）

上圖

嘉慶干巷志六卷卷首一卷（纂）

清嘉慶六年柘湖丁氏種松山房刻本（古籍總目）

國圖　中科院　北大　上圖　復旦

清光緒二十九年重印嘉慶六年柘湖丁氏種松山房刻本（古籍總目）

上圖　南京地理所

民國二十二年重印嘉慶六年柘湖丁氏種松山房刻本（古籍總目）

國圖　上圖　天津

嘉慶朱涇志十卷（纂）

清嘉慶九年纂民國五年鉛印本（古籍總目）

中科院　北大　上圖　復旦　天津

抄本（古籍總目）

上圖

硯小史四卷

清嘉慶五年樓外樓刻本　八行十七字小字雙行同白口左右雙邊單魚尾（古籍總目、上圖古籍目録）

國圖　上圖　黑龍江＊　南圖

清嘉慶五年樓外樓刻民國二十四年高氏寒隱草堂補刻本（古籍總目、上圖古籍目録）

上圖　吉林　長春　吉大　黑龍江

民國間抄本（上圖古籍目録）

上圖

湖山到處吟二卷

清乾隆五十七年十三硯齋刻本　八行十七字小字雙行同白口左右雙邊單魚尾（復旦書目）

復旦

清嘉慶間刻本（古籍總目）

社科院文學所

二垞詩稿四卷附詞稿一卷

清嘉慶十一年踵息山莊刻本（古籍總目、别集總目）

首都　上圖　南圖　復旦

汪夢雷

字雨田，一字蓼湑。廩貢生，工詩，與同邑程運、盧祖潢、莊映台、金嘉遇、曹相川等結文社。爲文力追唐宋，詩出入漢魏。晚年學愈醇，從遊日廣。見光緒《松江府續志》卷二十五、姚光《金山藝文志》卷四。

寄園吟草六卷　清張應時輯

書三味樓叢書本（叢書綜録）

莫之璘

字元暉，號陶哉。

陶哉遺稿十八卷

清刻本（南圖書目）

南圖

丁繁滋

字耘莊。

楚辭音韻三卷（考訂）

清嘉慶五年春暉閣刻本（古籍總目）

上圖

耘莊詩稿二卷詞稿一卷題畫稿四卷

清嘉慶十六至二十一年春暉閣刻本（古籍總目）

日本内閣

鄰水莊詩話二卷（輯）

清嘉慶二十一年刻本（上圖古籍目録）

上圖

周藹聯（一七五七—一八二八）

初名愛蓮，字肖濂。少有文名，乾隆五十四年（一七八九）舉人。時廓爾喀與西藏構兵，孫士毅攝川督，隨辦軍務，奏授内閣中書。事平，陞主事。調赴滇黔軍營，陞雲南蒙化廳同知，檄赴緬寧邊外猛猛土司地方幫辦夷務，陞貴州思州府知府，調興義府，累遷四川永寧道。道光八年（一八二八），以病乞假歸，卒年七十二。傳見光緒《金山縣志》卷十九。

頌詩堂詩稿不分卷

清光緒間成都刻本（古籍總目）

四川

竺國紀遊四卷

清嘉慶間刻本（别集總目）

南圖

民國二年江安傅氏鉛印本（别集總目）

南圖

西藏紀遊四卷

民國二十四年石印本（古籍總目）

南圖

焦妙蓮

華亭陸允恭妻。

日餘詩鈔二卷附詞一卷

清嘉慶陸鵬海刻本（古籍總目）

上圖

宋　蓮

字清遠，號大憨。諸生，工詩，尤精於畫。見光緒《松江府續志》卷二十四。

大憨詩鈔一卷　清張應時輯

書三味樓叢書本（叢書綜録）

王步蟾

字寒香。王孫耀子，傳其畫法。見光緒《金山縣志》卷二十六。

小蘭雪堂詩集十一卷

清光緒二十七年石印本（古籍總目）

國圖

丁繁培（一七八〇—？）

字霽堂，號溉餘，官同知。

丁母吴太宜人榮哀録不分卷（輯）

清道光間刻本（古籍總目）

上圖

溉餘集二卷

清嘉慶十七年養蘭居刻本（古籍總目）

上圖

溉餘吟草十六卷

清道光八年養蘭居刻本（古籍總目）

中科院

溉餘吟草□□卷

清道光五年刻本（古籍總目）

上圖（存卷三十一至三十六）

呂紹元

號玉峰。性沉静，苦力志學，精幼科，踵門求治者日不暇接。見光緒《金山縣志》卷二十六。

四診集成八卷

清道光二十一年雙遂堂刻本（古籍總目）

上海中醫大

許瑞雲

字四娟，唐天溥妻，唐模之母。見姚光《金山藝文志》卷四。

誦詩樓詩鈔一卷

清道光二十二年刻本（古籍總目）

上圖

程秉格

字襟蘭，嘉慶間在世。

益神智室詩二卷

清光緒七年金山程氏補讀書齋刻本（古籍總目）

中科院

清光緒九年程國嘉刻本（古籍總目）

社科院文學所

翁　純

字質民。廩生，助錢熙祚建大觀書院。見光緒《金山縣志》卷二十四。

金山衛廟學紀略一卷

清嘉慶間刻本（上圖古籍目録）

上圖

金山衛廟學紀略附補金山明清科舉表一卷

清光緒九年灑掃局刻本（古籍總目）

上圖　南圖（無附）

流寓

蕭詩（一六〇七—？）

小傳見本卷《善本經眼録》。

釋柯集一卷近草一卷藥房近草一卷釋柯餘集一卷附南山集一卷

清康熙刻本　九行十九字白口左右雙邊單魚尾（別集總目）

國圖

釋柯集一卷餘集一卷補遺一卷

清康熙二十五年刻本（上圖古籍目録）

上圖（補遺配清抄本）

奉賢縣

宋　際

字莪修，弼弟。從吴騏遊，討論詩學，所造益進。與弟慶長遊山東，推選廟職，同纂《闕里廣志》。以築石塘功，與莊徵麒、曹家駒並祀漴闕報功祠。傳見光緒《重修奉賢縣志》卷十一。

闕里廣志二十卷

清康熙十三年刻本（上圖古籍目録）

上圖

青霞詩稿不分卷

清道光間刻本（上圖古籍目録）

上圖

何孟春

字朗珠，居志賢里。以名諸生貢太學，閎覽博聞，以著述自娛。乾隆十八年（一七五三），邑令李治灝以析縣歷三十載，尚闕志乘，屬以編纂，就家開局，延常熟王應奎、同邑宋禹颺襄其事，明年十月告成。傳見光緒《重修奉賢縣志》卷十一。

乾隆奉賢縣志十卷首一卷　清李治灝等修　清王應奎、何孟春等纂

清乾隆二十三年刻本（古籍總目）

國圖　北大　上圖　復旦　天津

王玉如

小傳見本卷《善本經眼録》。

澄懷堂印譜四卷（篆刻）　清葉錦輯

清乾隆十一年鈐印本（古籍總目）

上圖　上海博

澄懷堂印剩不分卷（篆刻）　清陳筱春輯

清光緒間鈐印本（古籍總目）

國圖

研山印草一卷（篆刻）

清乾隆間刻鈐印本（古籍總目）

上圖　南圖

鞠履厚（一七二三—？）

小傳見本卷《善本經眼録》。

印文考略一卷印文考略補一卷附漢隸辨異歌一卷

清乾隆二十一年刻本　十行二十四字小字雙行同黑口四周雙邊（古籍總目）

國圖　天津*　南圖

印文考略一卷

清乾隆三十九年留耕堂刻本（古籍總目）

上圖

昭代叢書本（道光本）（叢書綜録）

篆法點畫辨訣一卷

民國二十五年上海中國印書社石印本（古籍總目）

吉大

印人姓氏一卷

清乾隆二十二年刻本（古籍總目）

南圖

研山印草一卷附印人姓氏一卷　清王玉如篆刻　（印人姓氏）清鞠履厚輯

清乾隆二十二年鈐印本（古籍總目）

南圖

坤皋鐵筆不分卷　清巖煜釋文

清乾隆二十一年刻鈐印本（古籍總目）

天津

清乾隆二十八年鈐印本（古籍總目）

國圖

坤皋鐵筆二卷餘集一卷研山印草一卷補遺一卷　清鞠履厚篆刻　（研山印草）清王玉如篆刻　（補遺）清鞠履厚撰

清乾隆間刻鈐印本（善本書目）

上圖

坤皋鐵筆二卷餘集一卷研山印草一卷（篆刻）　（研山印草）清王玉如篆刻

清乾隆間刻鈐印嘉慶二年重修本（古籍總目）

南圖

韓昭松

字雪亭，歲貢生，家貧力學，屢試不遇。見嘉慶《松江府志》卷六十。

易義闡四卷

清乾隆五十四年刻本（古籍總目）

國圖　上圖　南圖

馬光裘（？—一七九四）

字少波。侍郎謝墉欽其品學，延至家爲子授經。嘗北遊燕、趙、齊、魯，南歷吴、越，所過山川名勝皆見於詩。傳見光緒《重修奉賢縣志》卷十一。

長笛書樓集九卷

清嘉慶十八年馬祖泰等刻本（古籍總目）

中科院

莊　燾

字磐山，婁縣訓導徐祖鎏妻。工詩，善小楷。見光緒《重修奉賢縣志》卷十六。

煎水山房詩鈔初編一卷附詩餘一卷　清王文治選訂

清乾隆五十年刻本（别集總目）

國圖　上圖　華東師大

楊學淵

字説研，號小厓，嘉慶元年（一七九六）貢生。

嘉慶寒圩小志不分卷（纂）

清嘉慶間纂道光間增補稿本（古籍總目）

上圖

抄本（古籍總目）

松江

葉桐

字愚峰。

愚峰詩鈔一卷　清葉照輯

清咸豐元年刻南津草閣詩集本（上圖書目）

上圖

陳廷慶（一七五四—一八一三）

字兆同，號古華，一號桂堂。乾隆四十六年（一七八一）進士，改庶吉士，授户部廣西司主事。五十四年（一七八九）充山東鄉試副考官，選員外郎，出爲湖南長洲知府。傳見嘉慶《松江府志》卷六十。

乾隆四十二年丁酉刻江南選拔貢卷一卷

清乾隆刻本（古籍總目）

上圖

前遊桃花源記一卷

小方壺齋輿地叢鈔本（叢書綜録）

後遊桃花源記一卷

小方壺齋輿地叢鈔本（叢書綜録）

謙受堂全集三十卷

清道光十至十二年一丘園刻本　十行二十一字小字雙行同白口左右雙邊單魚尾（古籍總目）

國圖　中科院

桂堂吟稿（古華詩鈔）六卷試體詩二卷集詠一卷

清二酉山房刻本（古籍總目）

北大　中科院

詩饞不分卷

清嘉慶七年刻本（上圖古籍目録）

上圖

古華時文不分卷

清刻本（古籍總目）

中科院

夏際唐

字觀堯，號綸園。嘉慶二十二年（一八一七）進士，授河南涉縣知縣，道光八年（一八二八）改沙陽知縣，充鄉試同考官。卒年六十八。傳見光緒《重修奉賢縣志》卷十。

此君書樓詩鈔九卷

清道光間刻本（古籍總目）

中科院　復旦

朱鴻儒

字黼山，嘉道間貢生。以孝友聞，好吟詠。見光緒《重修奉賢縣志》卷十二。

愛吾廬詩鈔二卷

民國八年奉賢朱氏排印本（上圖古籍目録）

上圖

朱　恒（？—一八四九）

字半畦。道光二十一年（一八四一）進士，候選知縣。司訓廬州二十年，誨人不倦，生徒滿廡下，與李鴻章尤所深契。以二子皆早世，常鬱鬱，卒於官。傳見光緒《重修奉賢縣志》卷十二。

求己山房詩草一卷

雲間詩草本（叢書綜録）

姚有慶

字東巖，葉家行人。父耕心早世，事母孝，母病，篤刲左肱和藥進，病忽愈，事著學使，給額獎勵。傳見光緒《重修奉賢縣志》卷十二。

含香書屋集稿一卷

稿本（上圖古籍目録）

上圖

秦士醇

字静甫，後號退莽。道光二十年（一八四〇）舉人。爲文取法名大家，根柢經義，嘗與青浦胡履吉、華亭蔣樹本爲畏友。性友愛，課弟子如己出。善屬文。本邑完地丁銀交錢者折作九成，士醇請於官，得除之。見光緒《松江府續志》卷二十四、光緒《重修奉賢縣志》卷十一。

鯨鶴館詩鈔一卷

雲間詩草本（叢書綜録）

何炫

字令昭，號自宗。例貢生。醫承世業，起疾如神，志在濟世，未嘗計利。卒年六十一。見光緒《重修奉賢縣志》卷十三。

何氏傷寒纂要

抄本（古籍總目）

中科院　上海中醫大　蘇州　蘇州大學醫學院　蘇州中醫院

何氏心傳一卷

清光緒二年梅華盧抄本（古籍總目）

蘇州

清光緒十五年吳縣朱氏行素草堂刻本（古籍總目）

中醫科學院　上海中醫大　福建

槐廬叢書本（叢書綜録）

中國醫學大成本（叢書綜録）

抄本（古籍總目）

臺圖

何嗣宗醫案

民國十四年夏福康抄本（古籍總目）

上海中醫大

南匯縣

蔡　湘（一六四七—一六七二）

小傳見本卷《善本經眼録》。

濟陽詩鈔不分卷

清抄本（復旦書目）

復旦

濟陽詩鈔（濟陽詩稿）二卷

清乾隆五十七年蔡陛曠遠堂刻本（古籍總目）

社科院文學所

竹濤先生遺稿四卷

清乾隆五十七年刻本　九行十九字白口左右雙邊單魚尾（復旦書目）

復旦

杜世祺

生平不詳。

雲間杜氏詩選七卷

清康熙十五年自刻本（國圖古籍目録）

國圖

閔　峻

字山紆，號筠庵。其先由烏程遷居新場。峻幼孤，事母至孝。博通經史，與王光承兄弟契交。順治十一年（一六五四），以選貢令盧龍縣，廉明仁愛。康熙九年（一六七〇），擢職方主事。十年，督稅嶺南，乞假歸。卒年六十七，祀盧龍名宦。傳見光緒《南匯縣志》卷十四。

歷代兵法觀略二十卷（編注）

抄本（上圖古籍目録）

上圖

唐聲傳

字廷一。歲貢生，研窮理學，當湖陸隴其重之。見嘉慶《松江府志》卷五十八。

廷一問十二卷詩問一卷

清康熙間刻本（古籍總目）

華東師大

秦之楨

字皇士，裕伯裔孫。得從祖昌遇真傳，撰述甚富。見光緒《南匯縣志》卷十四。

傷寒大白四卷

清康熙五十三年陳懋寬其順堂刻本　十行二十字白口左右雙邊單魚尾（古籍總目）

國圖　首都　北京中醫大　中科院　中國醫科院
清康熙五十三年博古堂刻本（古籍總目）
國圖　上圖　上海中醫大　山東中醫大　吉林（佚名批）
清光緒九年刻本（古籍總目）
陝西中醫藥研究院
清光緒九年上海味蘭書屋刻本（古籍總目）
天津中醫大　南圖
清光緒十年還讀樓刻本（古籍總目）
中科院　中醫科學院　上圖　天津中醫大
清光緒十年刻後印本（古籍總目）
上圖

女科切要□卷（輯）

清康熙十六年抄本（古籍總目）
上圖（存卷上）

顧成天（一六七一—一七五二）

小傳見本卷《善本經眼録》。

歸田贈言録一卷附梓一卷

清乾隆二年刻本（古籍總目）

中科院　上圖

雍正南匯縣志分目原稿一卷

清雍正十二年刻本（古籍總目）

國圖

清乾隆四年刻本（古籍總目）

上圖

雍正分建南匯縣志十六卷卷首一卷　清欽璉修　清顧成天、顧昌纂

清雍正十三年刻本（古籍總目）

國圖　北大　上圖　南圖　湖北

清抄本（古籍總目）

上海博

[上海南匯] 顧小厓世系不分卷

清雍正十三年刻本（古籍總目）

上圖

離騷解一卷楚辭九歌解一卷讀騷列論一卷

清康熙雍正間刻東浦草堂各刻本（國圖古籍目録）

國圖

清乾隆六年刻本　九行二十一字小字雙行同黑口左右雙邊雙魚尾（上圖古籍目録）

上圖

燕京賦一卷

清雍正二年刻本（上圖古籍目録）

上圖

金管集一卷

清雍正七年刻本（上圖古籍目録）

上圖

東浦草堂詩二卷

清雍正七年聞子紹刻本（上圖古籍目録）

上圖

東浦草堂詩集二卷附録九卷

清乾隆間抄本（古籍總目）

臺圖

花語山房詩文小鈔一卷

清雍正九年刻本　十行二十一字小字雙行同白口左右雙邊單魚尾（古籍總目）

國圖　上圖

三重賦一卷

清雍正七年聞子紹刻本（上圖古籍目録）

上圖

東浦草堂課餘文集十二卷後集二卷闕餘别集四卷

清抄本（上圖古籍目録）

上圖（王士培題識）

鏡容册題詞一卷觀梅圖題詞一卷（輯）

清乾隆三年刻本（上圖古籍目録）

上圖

華昌朝

字灝亭，雍正八年（一七三〇）衛學歲貢。見光緒《南匯縣志》卷十一。

鐫篆法辯一卷（輯）

清乾隆華鍾元刻鈐印本（南圖書目）

南圖

印圖正宗不分卷附鐫篆法辯一卷（輯）　**清王睿章篆刻**

清乾隆華鍾元刻鈐印本（南圖書目）

南圖

馮履端（一七〇三——一七三二）

字正則，馮慕孺女，丁峒瞻妻。見光緒《南匯縣志》卷十七。

繡閒草一卷

周浦二馮詩草本（古籍總目）

國圖　南圖

馮履瑩（一七〇九—一七三四）

字守璞，馮慕孺第四女，丁峒瞻妻。見光緒《南匯縣志》卷十七。

團香吟一卷

周浦二馮詩草本（古籍總目）

國圖　南圖

葉魚魚

字湑兮，葉鳳毛女，顧世望妻。夫病，刺指血書疏，焚禱請以身代。夫没，撫子德言成立。年四十卒。見光緒《重修華亭縣志》卷十八。

鼓瑟樓詩偶存一卷

清嘉慶八年刻本（古籍總目）

上圖

葉抱崧

字方宣，號書農，承子，諸生。性孝友，天資穎異，總角能文。專意古學，於《易》尤有心得。説詩斟酌古今，一洗諸家穿鑿之弊，爲沈德潛高第弟子。清高宗南巡，獻詩稱旨，賜宫綺等物。旋以勞瘁卒。傳見光緒《南匯縣志》卷十四。

説叩一卷（輯）

藝海珠塵本（叢書綜録）

昭代叢書本（道光刻）（叢書綜録）

輔化壇鸞鳴録十八卷卷首一卷（纂）

清光緒二十四年輔化壇鉛印本（古籍總目）

上圖

葉抱崧詩選二卷

清幽蘭居刻江左十子抄本（古籍總目）

南圖

本朝館閣賦前集十二卷　清葉抱崧、清程洵等輯

清乾隆二十九年刻本（古籍總目）

上圖　南圖

張熙純（一七二五—一七八七）

字策時，號少華。乾隆二十七年（一七六二）舉人。三十年（一七六五）召試，賜内閣中書，充方略館纂修官。少與趙文哲同學齊名，文如泉湧，詩更清麗拔俗，尤長樂府。傳見光緒《南匯縣志》卷十四。

華海堂詩八卷

清乾隆三十七年刻本　十行十九字小字雙行同白口四周雙邊單魚尾（古籍總目）

首都　中科院　社科院文學所

清嘉慶間刻本（古籍總目）

復旦

曇華閣詞一卷

琴書樓詞鈔本（叢書綜録）

蘇毓輝

生平不詳。

便農占鏡三卷

稿本（善本書目）

天津

姚　碧

小傳見本卷《善本經眼録》。

荒政輯要八卷

清乾隆三十三年刻本（上圖古籍目録）

上圖

吴省欽（一七二九—一八〇三）

字沖之，號白華。乾隆二十八年（一七六三）進士，改庶吉士，授編修。任四川、湖北等省學政，歷官工、吏部侍郎，晚官左都御史。依附和珅，嘉慶四年（一七九九）罷歸。傳見嘉慶《松江府志》卷六十。

官韻考異一卷

清乾隆四十二年刻本（上圖古籍目録）

上圖

清劉氏皺均居抄本（古籍總目）

福建

藝海珠塵本（叢書綜録）

官韻考異二卷

咸豐六年況氏抄本（古籍總目）

桂林

吴省欽年譜一卷　清吴敬樞續

抄本（上圖古籍目録）

上圖

乾隆南匯縣新志十五卷卷首一卷　清胡志熊修　清吴省欽等纂

清乾隆五十八年刻本（古籍總目）

國圖　中科院　上圖　遼寧　南圖

白華前稿六十卷

清乾隆四十八年湖北使署自刻本（古籍總目）

中科院　天津　復旦

白華前稿六十卷白華後稿四十卷年譜一卷

清乾隆四十八年刻嘉慶十五年石經堂增刻本　十行二十一字白口左右雙邊單魚尾（古籍總目）

國圖　首都（藏後稿）　復旦

白華入蜀文鈔五卷詩鈔十三卷

清嘉慶間刻本（古籍總目）

國圖（存詩鈔）　南圖（存文鈔）　中科院（存詩鈔）

白華詩鈔六卷

清刻本（古籍總目）

南圖

白華詩鈔四卷

清道光間成都學署刻本（古籍總目）

四川

白華詩鈔不分卷

清光緒間刻本（别集總目）

上圖

吴省蘭

字泉之，省欽弟。乾隆二十七年（一七六二）舉人，官國子監助教。四十三年（一七七八）會試，欽賜進士，改庶吉士，授編修。大考一等，陞詹事府正詹事。歷官工部左侍郎，降補侍講，陞侍讀學士。視學湖南。性强記，與兄省欽齊名。傳見嘉慶《松江府志》卷六十。

文字辨譌一卷

清乾隆間刻本　七行二十四字小字雙行同白口四周單邊單魚尾（國圖古籍目録）

國圖

書三味樓叢書本（叢書綜録）

急就章姓氏補注一卷

聽彝堂全集本（古籍總目）

北大

續通志謚略三卷

清聽彝堂刻本（上圖古籍目録）

上圖

奏御稿存一卷

清抄本（上圖古籍目録）

上圖

奏御存稿不分卷

清乾隆間刻本（古籍總目）

南圖

楚南小紀一卷

藝海珠塵本（叢書綜録）

楚峒志略一卷

藝海珠塵本（叢書綜録）

河源紀略承修稿六卷

藝海珠塵本（叢書綜録）

小方壺齋輿地叢鈔本（叢書綜録）

五代宫詞一卷　清范重棨注

藝海珠塵本（叢書綜録）

五代宫詞一卷　清諸嘉樂注

清刻本（上圖古籍目録）

上圖

十國宫詞一卷

清同治十二年淮南書局刻本　十一行二十一字小字雙行二十七字白口左右雙邊單魚尾（古籍總目）

上圖　復旦

藝海珠塵本（叢書綜録）

昭代叢書本（道光本）（叢書綜録）

十國宫詞一卷　清范重棨注

清乾隆五十八年刻本（上圖古籍目録）

上圖

欽定重刻淳化閣帖十卷

清乾隆三十八年刻本（上圖古籍目録）

上圖

清刻本（上圖古籍目録）

上圖

皇上七旬萬壽千字文

借月山房彙鈔（嘉慶本、道光本）第三集千字文萃本（叢書綜録）

聽彝堂偶存稿二十一卷

清嘉慶四年刻本（古籍總目）

國圖　湖南

聽彝堂偶存稿九種

清乾隆嘉慶間南滙吴氏刻本（古籍總目）

京都大學

鶴沙吴氏試體詩賦合刻四種　清吴省欽、吴省蘭撰

清刻本（國圖古籍目録）

國圖

藝海珠塵一百六十卷（輯）

清嘉慶中南滙吴氏聽彝堂刊本（叢書綜録）

國圖　首都　北大　上圖　復旦

姚蘭泉（？—一七七九）

字栽亭，號秋塘，埧裔孫。善詩，工小楷，吴省欽視學四川，邀與俱，詩益進。赴北闈場，後遽卒。傳見光緒《南滙縣志》卷十四。

秋塘蜀道詩二卷

民國二十六年萬卷圖書齋排印本（古籍總目）

首都

馮金伯

號墨香，周浦人。廪貢生，選用句容訓導。學優品飭，性耽風雅，工詩，兼善書畫，收藏頗富。乾隆五十八年（一七九三）重修邑志，金伯實主其事。見光緒《南滙縣志》卷十五。

國朝畫識六卷

清乾隆間刻本（上圖古籍目録）

上圖

國朝畫識十七卷墨香居畫識十卷

清乾隆嘉慶間墨香居刻本　九行二十字黑口左右雙邊（古籍總目）

國圖

清乾隆間刻道光十一年增修本（古籍總目）

國圖　北大（存國朝畫識）　上圖　天津　南圖

墨香居畫識十卷

清道光間刻本（上圖古籍目録）

上圖

清刻本（古籍總目）

國圖　北大

海曲詩鈔十六卷補編一卷二集六卷（輯）

清嘉慶十三年刻本（上圖古籍目録）

上圖

民國七年國光書局鉛印本（上圖古籍目録）

上圖

熙朝詠物雅詞十二卷（輯）

清嘉慶十三年馮氏墨香居刻本　十行二十一字黑口左右雙邊單魚尾（古籍總目）

國圖　青海

詞苑萃編二十四卷（輯）

清嘉慶間刻本　九行二十字小字雙行同白口左右雙邊單魚尾（古籍總目）

國圖　南圖

詞話叢編本（叢書綜録）

唐祖樾（一七四六—一八一五）

字蔭夫，號述山。乾隆四十二年（一七七七）舉人，歷官雲南南州知州、平彝知縣。見光緒《南匯縣志》卷十五。

述山詩鈔四卷續鈔四卷

清道光二年刻本（古籍總目）

上圖

王　誠

字伯城，號四峰，又號西林瑛子。歲貢生，事親忳篤，爲人排難解紛，身任勞怨。性尤風雅，能詩工書，嘗助馮金伯選《海曲詩鈔》。見光緒《南匯縣志》卷十五。

松齋憶存草（松齋詩鈔）不分卷

清光緒十二年刻本（古籍總目）

首都

清劉履芬抄本（古籍總目）

國圖

香雪園詩話六卷

稿本（上圖古籍目録）

上圖

姚伯驥

原名之照，號泰莽，居周浦。嘉慶十二年（一八〇七）舉人，就職直隸州。州同力崇正學，座右徧書格言以自警。見光緒《南匯縣志》卷十五。

毛詩札記一卷

民國間金山高氏食古書庫傳抄本（古籍總目）

復旦

五經劄記五卷

清嘉慶十八年刻本　九行十九字小字雙行同白口四周雙邊單魚尾（古籍總目）

國圖

黄大昕

字碧塘，號香谷，知彰子。廩貢生。工詩詞，與馮金伯、王誠、張大經輩稱海曲七子。見光緒《南匯縣志》卷十五。

煙霞閣詩鈔八卷

清嘉慶二十三年刻本(古籍總目)

浙江

張大經

字文海,號秋山,瓦雪墩人,監生。工詩,性端穆。慨族譜失修,扁舟訪輯,不避寒暑,更數載而成。見光緒《南匯縣志》卷十五。

秋水村莊詩鈔六卷

清嘉慶十五年刻本(古籍總目、上圖古籍目録)

社科院文學所　上圖

略存草一卷

抄本(古籍總目)

上圖

祝悦霖

號碧崖，候選縣丞。積學工詩，歷游燕、趙，與諸名人唱和。見光緒《南匯縣志》卷十四。

玉蘭山館吟草三卷

清嘉慶二十五年劉貢九刻本（古籍總目）

中科院

玉蘭山館吟草六卷

清嘉慶二十五年刻本（古籍總目）

南圖

徐鏞

字叶壎，號玉臺，居城南。諸生，博學精醫，僑居郡城，所交多知名士。嘉慶十九年（一八一四）《松江府志》修成，嘗糾其誤，撰《餘議》四卷。晚著《玉堂小志》十卷，皆載南沙軼事。遭亂稿失。見光緒

《南匯縣志》卷十九。

醫學舉要六卷

稿本（古籍總目）

上海交大醫學院

清張聲馳抄本（古籍總目）

上圖

清光緒十七年鉛印本（古籍總目）

南圖　南京中醫大

儒門游藝歌訣三卷

清道光九年學圃山莊刻本（古籍總目）

上海中醫大

清光緒元年上海翼化堂刻本（古籍總目）

中國醫科院　中醫科學院　上圖　蘇州

醫宗便讀六卷

抄本（古籍總目）

上圖

朱　庚（一七八一—？）

字愛秋，蔡鋼妻。夫婦賡唱如友朋。

養浩樓詩鈔四卷　**清朱太忙編**

民國十六年鉛印本（古籍總目）

中科院　復旦　社科院近代史所

楊光輔

字心香，二十保二十六啚人，歲貢生。勤攻書史，手不釋卷，品以學養，著述頗多，惜早散佚。見光緒《南匯縣志》卷十五。

淞南樂府一卷

藝海珠塵本（叢書綜録）

上海掌故叢書第一集本（叢書綜録）

閔世倩

字山農，新場人，諸生。績學工文，幼有至性，嘗割股肉以療母疾。見光緒《南匯縣志》卷十五。

雲間志略不分卷（纂）

清抄本（古籍總目）

復旦

抄本（松江府志抄）（古籍總目）

上圖

程曰壽

生平不詳。

鴻雪村居吟稿不分卷

清道光七年刻本（古籍總目）

南圖

清道光二十四年承裕堂刻本（古籍總目）

社科院文學所

奚樹珊

生平不詳。

靈華館選稿不分卷

清咸豐四年刻本（古籍總目）

社科院文學所

華孟玉

字約漁，廩貢生。

百花草堂集一卷

稿本（古籍總目）

南圖

嘉定縣

本　籍

朱子素

字九初，一字湛庵，明末諸生。明亡，隱居授徒，慨然以斯文爲己任。輯《吳嘐文獻》諸書。見光緒《嘉定縣志》卷二十。

嘉定屠城紀略一卷

清抄本（古籍總目）

武漢

清刻本　九行十九字白口左右雙邊單魚尾（古籍總目）

　國圖　北大
抄本（古籍總目）
　上圖
民國元年嘉定旅滬同鄉會鉛印本（嘉定屠城慘史）（古籍總目）
　上圖
嚮國紀變本（叢書綜録）
野史愴見録本（叢書綜録）
明季野史三十四種本（古籍總目）
明季野史彙編本（叢書綜録）
十家集本（叢書綜録）
明末十家集本（古籍總目）
明季十家集本（古籍總目）
明末野史十一種本（古籍總目）
明末野史五種本（古籍總目）
明季稗史彙編本（叢書綜録）
陸沈叢書本（叢書綜録）

中國内亂外禍歷史叢書本（叢書綜録）
申報館叢書本（東塘日劄）（叢書綜録）
國難叢書第一輯本（嘉定屠城殘史）（叢書綜録）
痛史本（嘉定縣乙酉紀事）（叢書綜録）

嘉定屠城紀略二卷

荆駝逸史本（東塘日劄）（叢書綜録）

嘉定殉難録一卷

清抄本（古籍總目）

蘇州

金德開（？—一六四五）

字爾宗。國子生。讀書脩行，矩矱先民。乙酉七月，命長子起士助侯峒曾守東城。城陷，一門死者八人。爾宗被執，猶手持家訓不去手。見光緒《嘉定縣志》卷十七。

詒翼堂詩三卷

清順治九年刻本（别集總目）

上圖

顧　岱

字商若，一字止庵，順治十五年（一六五八）進士。選銅仁府推官，遷贛州府同知。擢潞安知府，調杭州，卒官。見光緒《嘉定縣志》卷十六。

田間集二卷

清抄本（古籍總目）

南圖

田間詩集五卷

清抄本　九行二十字白口四周雙邊（國圖古籍目録）

國圖

青霞草堂詩七卷

清康熙刻本（別集總目）

中科院　杭州

青霞詩集四卷雨花集五卷後集一卷詞一卷澹雪詞一卷

清抄本　八行二十一字無格（國圖古籍目録）

國圖

澹雪齋稿一卷

百名家詩鈔本（叢書綜録）

蘇　淵

字眉聲，一字或齋。少孤貧，工制藝。明崇禎十五年（一六四二），與黄淳耀同舉於鄉。淳耀殉難，淵撫其孤，且妻以女。清順治九年（一六五二），登會試副榜，選碭山教諭。康熙十二年（一六七三）預修邑志。卒年七十餘。傳見光緒《嘉定縣志》卷十九。

康熙嘉定縣志二十四　卷清趙昕修　清蘇淵纂

清康熙十二年刻本（古籍總目）

南圖

蘇　瀜

字眉涵，淵從弟。家有瑟園，嘗與周人玉結社石佛庵。見光緒《嘉定縣志》卷二十七。

惕齋見聞録一卷

光緒間龐可廬抄本　十行二十四字無格（國圖古籍目録）

國圖（周大輔校並跋）

顧氏小石山房抄本（上圖古籍目録）

上圖

沈氏希任齋抄本（南圖書目）

南圖

明季史料叢書本（叢書綜録）

丁丑叢編本（叢書綜録）

李灼

生平不詳。

至聖編年世紀二十四卷

清乾隆十六年亦政堂刻本（古籍總目）

上圖

許自俊（一六〇一—?）

字子位，號潛壺。康熙九年（一六七〇）進士，十八年（一六七九）舉鴻博，授山西聞喜知縣。傳見光緒《嘉定縣志》卷十六。

康熙嘉定縣續志五卷　清聞在上修　清許自俊纂

清康熙二十三年刻本（古籍總目）

上圖　南圖

潛壺集六卷

清光緒五年嘉定許氏遲日草堂抄本（古籍總目）

北大

潛壺集五卷

七世孫大霖手抄本（古籍總目）

上圖

潛壺集不分卷

抄本（别集總目）

上圖

延陵合璧二十七卷（編）

清康熙二十六年刻本（古籍總目）

國圖　中科院　上圖　南圖＊

汪　价（一六〇八—一六七九後）

字介人，號三儂，諸生。順治十六年（一六五九），河南巡撫賈漢復聘修通志。康熙間，與修邑志。嘗修李獻言之墓，紓彭燕之難。見光緒《嘉定縣志》卷十九。

三儂嘯旨五卷

清康熙刻乾隆補修本　十行二十一字小字雙行同白口左右雙邊單魚尾（別集總目）

首都

三儂嘯旨全集不分卷　清許自俊評

清康熙十八年刻本（別集總目）

南圖　首都

陸元輔（一六一六—一六九一）

小傳見本卷《善本經眼録》。

詩經集説不分卷

清抄本（古籍總目）

浙江

續經籍考不分卷

清抄本　十一行二十一字小字雙行同白口四周雙邊單魚尾（善本書目）

國圖（清盧文弨校，周星詒跋）

陸菊隱先生文集十六卷詩集四卷

抄本　九行二十五字（上圖古籍目録）

上圖

菊隱詩選三卷

清乾隆十年刻本　八行十九字小字雙行同白口左右雙邊單魚尾（古籍總目）

復旦

菊隱先生文集十五卷詩鈔一卷

民國十九年據黄氏抄本傳抄本（國圖古籍目録）

國圖

吴屯侯

小傳見本卷《善本經眼録》。

西亭詩六卷

清康熙刻本　十行二十二字小字雙行同白口左右雙邊單魚尾（善本書目）

國圖　上圖　山西

西亭詩不分卷

清康熙二十三年刻本（上圖古籍目録）

上圖

延陵合璧本（叢書綜録）

吴康侯

字得全，號鐵庵。明崇禎十二年（一六三九）舉人，康熙初知浙江武康縣，有治績，以本籍奏銷案罷歸。家富藏書，善畫龍虎松石，卒年八十。傳見光緒《嘉定縣志》卷十六。

鐵庵遺稿不分卷

抄本（詩文集總目提要）

中科院

汪　楷

字雲憑，諸生，工篆隸。見光緒《嘉定縣志》卷二十七。

十二代詩吟解集八十卷（編）

稿本（國圖古籍目録）

國圖（存七十四卷）

吴　莊（一六二四—？）

小傳見本卷《善本經眼録》。

花甲自譜一卷

延陵合璧本（叢書綜録）

［江蘇丹陽］吴氏族譜志略一卷

延陵合璧本（叢書綜録）

閒評一卷

延陵合璧本（叢書綜録）

吴鰥放言一卷

延陵合璧本（叢書綜録）

昭代叢書本（道光刻）（叢書綜録）

無罪草不分卷

清康熙三十一年刻本（上圖古籍目録）

上圖（佚名過録徐仁發跋）

抄本（上圖古籍目録）

上圖

無罪草四卷

清宣統三年天心報社鉛印本（古籍總目）

國圖　上圖

非庵雜著一卷無罪草一卷

清康熙二十三年刻本（古籍總目）

國圖　上圖

李德洽

字其交，號真陽子，諸生。見光緒《嘉定縣志》卷二十六。

上品丹法節次一卷（述）　清閔一得續纂

古書隱樓藏書本（叢書綜録）

道藏續編本（叢書綜録）

侯開國

小傳見本卷《善本經眼録》。

經世導源録十六卷

清抄本（古籍總目）

天津

鳳阿集不分卷

抄本　十一行二十一字白口左右雙邊單魚尾（善本書目）

國圖

趙　俞（一六三五—一七一三）

小傳見本卷《善本經眼録》。

紺寒亭詩集六卷文集三卷

清康熙刻本（古籍總目）

中科院

紺寒亭詩集八卷文集三卷

清康熙刻本（别集總目）

南圖　日本國會

紺寒亭詩集十卷文集四卷

清康熙刻本　十一行二十一字小字雙行同白口左右雙邊單魚尾（善本書目、别集總目）

國圖　首都　上圖　浙江　復旦

張　詩

生平不詳。

屈子貫五卷

清康熙孝友堂刻本（古籍總目）

上圖　南圖

金　望

小傳見本卷《善本經眼録》。

嘉定金氏五世家集十一卷（編）

清康熙間刻本（古籍總目）

復旦　浙江

張大受（一六四一—一七三五）

小傳見本卷《善本經眼録》。

匠門書屋文集三十卷

清雍正八年顧詒禄刻本　十行二十一字白口左右雙邊單魚尾（善本書目、别集總目）

上圖　復旦　南圖　中科院　南開

清刻本（别集總目）

國圖　廣東　華東師大　山東師大

張大受詩選一卷　清宋犖選

江左十五子詩選本（叢書綜録）

孫致彌（一六四二—一七〇九）

小傳見本卷《善本經眼録》。

孫致彌遺詩不分卷

抄本（上圖古籍目録）

上圖

杕左堂詩六卷詞四卷續集二卷

清乾隆元年金惟駿、程宗傳刻本（善本書目、别集總目）

首都　北大　日本内閣

清乾隆二十年刻本　九行二十字小字雙行同黑口左右雙邊雙魚尾（别集總目）

國圖　首都　北大　中科院　社科院文學所

杕左堂集六卷别花餘事一卷梅花一片詞二卷衲琴詞一卷

清乾隆程宗傳等刻本（南圖書目）

南圖

梅片詞一卷

百名家詞鈔本（叢書綜録）

清抄本（古籍總目）
四川

詞鵠初編十五卷（輯）
清康熙四十四年刻本（國圖古籍目録）
國圖

王晉升
字湘庭，諸生。

硯卿别詠四卷
清嘉慶十四年刻本（古籍總目、别集總目）
中科院文學所　南圖

王　晦（一六四六—一七一九）
字服尹，一字樹百，號補亭，世銘、輔銘父。康熙三十五年（一六九六）舉順天鄉試，五十一年（一七二）成進士，選庶吉。傳見光緒《嘉定縣志》卷十九。

御賜齊年堂文集（嘉定王補亭駢體文集）四卷

清乾隆九年齊年堂刻本　十行二十二字小字雙行同白口左右雙邊單魚尾（古籍總目）

國圖　中科院

補亭詩集（嘉定王補亭詩集）十卷

清乾隆二十七年爾雅堂刻本　十行二十二字小字雙行同白口左右雙邊單魚尾（古籍總目）

國圖

王　焜（一六四七—一七二八）

字大生，號卓人。由崑山遷嘉定，再遷長洲。爾達父、鳴盛祖。康熙三十五年（一六九六）舉人，官丹徒教諭。傳見光緒《嘉定縣志》卷十九。

考槃集遺什一卷

先澤殘存本（叢書綜録）

張雲章（一六四八—一七二六）

小傳見本卷《善本經眼録》。

樸村文集二十四卷詩集十三卷

清康熙刻本　十三行二十五字小字雙行同黑口左右雙邊單魚尾（善本書目、別集總目）

國圖　復旦　上圖　南圖　山西

冷吟集一卷橘社唱和集一卷

清康熙刻本（別集總目）

國圖　上圖　復旦

橘社唱和集一卷　清查嗣璉、張雲章撰

清康熙二十九刻本（國圖古籍目録）

國圖

清抄本（國圖古籍目録）

國圖（費寅跋）

陸宗濰（一六四八—一七二七）

字維水，一字蔚亭，元輔子。國子生，考授州同。善書法，通地理，砥行立名，不苟取與。雍正元年（一七二三）舉孝廉方正，辭。年八十卒。見光緒《嘉定縣志》卷十九。

蔚亭詩選一卷

清乾隆間刻本（古籍總目）

國圖　復旦

李　實（一六五〇—一六九七）

小傳見本卷《善本經眼録》。

學庸順文九卷附當湖陸稼書先生弟子答問一卷

清康熙四十二年嘉定李氏刻本　十一行二十一字小字雙行同黑口左右雙邊雙魚尾（善本書目）

清華

陳紹馨

字衣聞，諸生。

公歸集三卷首一卷（輯）

清抄本（古籍總目）

中科院

陸廷燦

小傳見本卷《善本經眼録》。

續茶經三卷附録一卷

清雍正十三年陸氏壽椿堂刻本　十行二十字小字雙行同白口左右雙邊單魚尾（善本書目）

國圖　上圖　南圖　蘇州　廣東

四庫全書本（古籍總目）

茶書七種本（叢書綜録）

清刻本（南圖書目）

南圖

藝菊志八卷

清康熙五十七年棣華書屋刻本　十行二十字小字雙行同黑口左右雙邊雙魚尾（善本書目）

國圖　中科院　上圖　復旦　南圖

清咸豐六年宜稼堂刻本（南圖書目）

南圖

南村隨筆六卷

清雍正十三年陸氏壽椿堂刻本　十行二十字白口左右雙邊單魚尾（善本書目）

國圖　復旦　上海博　南圖　湖北

清乾隆間刻本（古籍總目）

遼寧＊

清刻本（古籍總目）

中科院

施麟瑞

字篔谷，一字玉符。居羅店。恩貢。見光緒《嘉定縣志》卷十四。

玉符二賦一卷

清抄本（別集總目）

浙江

侯承恩

字思谷，一字孝儀，號松筠，旭女。江東益妻，善鼓琴。見光緒《嘉定縣志》卷二十七。

松筠小草六卷

清康熙六十一年刻本（別集總目）

國圖　上圖

松筠小草七卷

抄本（别集總目）

浙江

秦立（一六六〇—一七三三）

字雲津，一字芝齋。諸生，居東城。性行端慤，遺産悉讓仲弟。古文私淑震川，尤精史學。年七十四卒，學者稱慤譽先生。傳見光緒《嘉定縣志》卷十九。

康熙淞南志八卷

清嘉慶十年刻本（上圖古籍目録）

上圖

抄本（上圖古籍目録）

上圖

王敬銘（一六六八—一七二一）

字丹思，一字未巖，康熙五十二年（一七一三）進士一甲第一，分校禮闈，五十六年（一七一七）典試江西，五十八年侍直熱河，五十九年丁外艱歸。逾年卒。詩好義山，後學東坡，間仿長吉。見光緒《嘉定縣志》卷十六。

緣督軒遺稿不分卷　王蔭藩編

民國四年上海商務印書館鉛印本（古籍總目）

國圖　上圖

江　炎（一六七二—？）

字東山，號拙巢。諸生。詩工穩雅麗，風神絶世。見光緒《嘉定縣志》卷十九。

康瓠集八卷

清抄本（古籍總目）

社科院文學所

王輔銘（一六七三—一七五四）

小傳見本卷《善本經眼録》。

如齋吟稿一卷

清康熙五十七年寫刻本（古籍總目）

國圖　中科院

綀音集補四卷首一卷附卷一卷外卷一卷　明翟校輯　清王輔銘補輯

清乾隆八年金尚東刻本（古籍總目）

國圖　上圖　南圖

明綀音續集十卷首一卷末一卷（輯）

清雍正間爾雅堂刻本（善本書目）

北大　上圖

國朝綀音初集十卷首一卷末一卷（輯）

清乾隆八年飛霞閣刻本（善本書目）

國圖　北大　中科院　上圖　南圖

張陳典（一六八一—一七四二）

字徽五，一字毅庭。本姓陳，國紀四世孫，育於外祖張用之，承其姓，傳醫術。九歲能文，比長，工詩善書畫。乾隆元年（一七三六）進士，知銅仁縣。乾隆初，知縣程國棟修邑志，人物諸傳半屬陳典具稿。傳見光緒《嘉定縣志》卷十九。

乾隆嘉定縣志十二卷首一卷　清程國棟修　清張陳典纂

清乾隆七年刻本（古籍總目）

國圖　中科院　北大　上圖　復旦

周　顥（一六八三—一七七三）

字晉瞻，號芷巖。少學畫於石谷，山水秀潤，間仿黄鶴山樵，尤善畫竹，風枝雨葉，曲盡其妙。刻竹生動渾成，世稱絶品。傳見光緒《嘉定縣志》卷二十。

太玉山房詩鈔不分卷

稿本（古籍總目）

温州

午湖草堂抄本（古籍總目）

温州

張鵬翀（一六八八—一七四五）

小傳見本卷《善本經眼録》。

南華詩鈔不分卷

清乾隆九年雙清閣刻本（别集總目）

上圖

清乾隆九年嘉定萬春堂刻本（别集總目）

湖南

南華山人詩鈔十五卷

清乾隆七年刻本（别集總目）

華東師大

南華山房詩鈔六卷賦一卷南華山人詩鈔十六卷

清乾隆十年刻本　十一行二十一字白口左右雙邊單魚尾（善本書目、古籍總目）

國圖　中科院　北師大　復旦　吉林市

南華山房詩鈔存十七卷

清乾隆三年著者自寫刻本（詩文集總目提要）

安徽

秦　倬（一六八九—一七六四）

字天采，一字訥庵。雍正元年（一七二三）舉孝廉方正，辭。乾隆十三年（一七四八）進士，知江川縣。在任築壩捍水，禁壅水專利，力行保甲，盜息民安。暇輒以經史課士，教以次第記誦法。在任年餘，以計典罷歸。博聞强識，自記生平所讀書凡一萬三千一百九十餘卷。傳見王昶《春融堂集》卷六十五《秦倬傳》、光緒《嘉定縣志》卷十六。

［上海嘉定］ 疁城秦氏宗譜十二卷（纂修）

清乾隆四十一年秦鎬抄本（古籍總目）

蘇州博

三餘前録二十一卷（纂）

清抄本（國圖古籍目録）

國圖

三餘録不分卷（纂）

清抄本（南圖書目）

南圖

張經畬

生平不詳。

賜書樓九世詩文録四十卷（輯）

抄本（國圖古籍目録）

國圖（存二十七卷）

張揆方（一六九一—？）

字道營，一字同夫，號米堆山人，雲章子。康熙五十六年（一七一七）舉人，授河北任縣知縣，以耳疾不赴。卒年七十餘。見光緒《嘉定縣志》卷十九。

米堆山人集二十四卷

清乾隆二十年自刻本（古籍總目、復旦書目）

復旦　湖北

張錫爵（一六九二—一七七三）

小傳見本卷《善本經眼録》。

吾友于齋詩鈔八卷

清乾隆間刻本　十行十九字白口左右雙邊單魚尾（古籍總目）

復旦

吾友于齋詩鈔十二卷

清乾隆寫刻本　十行十九字小字不等白口左右雙邊單魚尾（古籍總目）

國圖　中科院

吾友于齋詩鈔二十卷

清乾隆二十八年平蕪館刻本（古籍總目）

南圖

釋宗安

字至善，號格庵，本姓趙。雍正十三年（一七三五）詔三宗義學沙門入内庭，乾隆三年（一七三八）至常熟，主破山福興寺十五年。

破山興福寺古跡小芰草一卷萬籟齊音一卷禪機百物頌一卷（格庵集）

清乾隆十七年刻本（古籍總目）

常熟

金惟駿（一七一一—約一七四八）

小傳見本卷《善本經眼録》。

排悶集四卷野庵詩鈔四卷翡翠蘭苕集五卷

稿本　九行十九字小字雙行同（上圖古籍目録）

上圖（清沈德潛評校並跋）

清乾隆間刻本　九行十九字小字雙行同黑口左右雙邊單魚尾（善本書目）

復旦

趙丕烈

字奇三，又字南塘，俞孫。諸生，乾隆三十年（一七六五）南巡獻書。卒年六十四。傳見光緒《嘉定縣志》卷十九。

詠物詩齵人集二卷

清抄本　十行十六字小字雙行同（國圖古籍目録）

國圖

沈鳳輝

生平不詳。

讀易隨筆三卷

清抄本（上圖古籍目録）

上圖

石　球

字越東，一字鳴虞。居南翔。未冠，補諸生。詩温厚和平，得風人之旨。與同里徐樹紳、鄭始復、汪士彪善。傳見光緒《嘉定縣志》卷十九。

有蘭書屋存稿四卷

清乾隆二十六年賡行堂刻本　八行十九字白口左右雙邊單魚尾（古籍總目）

南開

王鳴盛（一七二二—一七九七）

小傳見本卷《善本經眼録》。

尚書後案三十卷後辨一卷

清乾隆四十五年禮堂刻本　十四行三十字白口四周單邊單魚尾（古籍總目）

國圖　北大　中科院　上圖　復旦

皇清經解本（叢書綜録）

尚書後辨一卷

清乾隆四十五年禮堂刻本（古籍總目）

國圖　北大　中科院　上圖　復旦

清光緒十三年大同書局石印本（古籍總目）

北大　上圖

周禮軍賦説四卷

清乾隆頤志堂刻本　十行十九字小字雙行同白口左右雙邊單魚尾（古籍總目）

國圖　中科院　遼寧　浙江　湖北

汗筠齋刻本（叢書綜録）

皇清經解本（叢書綜録）

十七史商榷一百卷

清乾隆五十二年洞涇草堂刻本　十行二十字白口四周雙邊（善本書目、古籍總目）

國圖（李慈銘校並跋）　北大　上圖　南圖　遼寧

清乾隆五十二年洞涇草堂刻五十四年增補本（古籍總目）

富順（清朱鉅成批校）

清光緒六年太原王氏刻本（古籍總目）

國圖　上圖　南圖　遼寧

清光緒間上海點石齋石印本（古籍總目）

國圖　上圖　南圖

廣雅書局叢書本（叢書綜録）

十七史商榷二卷

史論彙函甲編本（叢書綜録）

蛾術編九十五卷

清述鄭齋抄本　十一行二十一字小字雙行同黑格黑口左右雙邊單魚尾（善本書目）

國圖

清抄本（國圖古籍目録）

國圖

蛾術編九十三卷

清抄本（國圖古籍目録）

國圖

蛾術編八十二卷

清清道光二十一年沈楙悳世楷堂刻本（古籍總目）

國圖　北大　上圖　天津　遼寧

竹素園詩草三卷日下集一卷

清乾隆十四年求野堂刻曲臺叢稿本　十行二十一字小字雙行同白口左右雙邊單魚尾（善本書目）

國圖　復旦

西莊始存稿十八卷

清乾隆間刻本（古籍總目）

中科院

西莊始存稿三十八卷

清乾隆三十年刻本（古籍總目）

中科院

西莊始存稿三十九卷

清乾隆三十一年刻本（末卷未刻）　十行十九字小字雙行同白口左右雙邊單魚尾（善本書目）

國圖（倫明校）

西莊始存稿三十卷附一卷

清乾隆三十年刻三十一年重修本　十行十九字小字雙行同白口左右雙邊單魚尾（善本書目）

國圖　中科院　上圖　南圖　四川

西沚居士集二十四卷

清道光三年自怡山房刻本　十行十九字小字雙行同白口左右雙邊單魚尾（古籍總目）

國圖　中科院（鄧之誠題記）　湖南　廣東　安徽

耕養齋集二卷

七子詩選本（叢書綜録）

江左十子詩鈔二十卷（輯）

清乾隆二十九年刻本（江蘇地方文獻志）

南圖

練川十二家詩十二卷（選）

清乾隆間刻本（復旦書目）

復旦

江浙十二家詩選二十四卷（輯）

乾隆三十年三槐堂刻本（復旦書目）

復旦

苔岑集二十四卷附二卷（輯）

清乾隆三十二年三槐堂刻本　十行十九字白口左右雙邊（善本書目）

首都　湖北

錢大昕（一七二八—一八〇四）

小傳見本卷《善本經眼録》。

演易一卷

清稿本（善本書目）

上圖

唐石經考異十三卷

清袁廷檮抄本（國圖古籍目録）

國圖

清次歐山館藍格抄本　十二行二十五字小字雙行同四周單邊（國圖古籍目録）

國圖

唐石經考異不分卷

咫進齋叢書本（叢書綜録）

唐石經考異不分卷附補不分卷　清臧庸補　孫毓修輯

涵芬樓祕笈本（叢書綜録）

經典文字辨正不分卷

清抄本（古籍總目）

浙江

經典文字考異一卷

清抄本（南圖書目）

南圖（清丁丙跋）

經典文字考異三卷

古學彙刊本（叢書綜録）

十駕齋養新録三卷餘録一卷

皇清經解本（叢書綜録）

恒言録六卷

清乾隆刻本（古籍總目）

中科院

清嘉慶刻本（古籍總目）

中科院

清嘉慶十年刻本（上圖古籍目録）

上圖

日本文久三年（一八六三）刻本（古籍總目）

國圖　天津

清光緒二十八年烏程張熙鉛印本（古籍總目）

復旦

文選樓叢書本（叢書綜録）

嘉定錢氏潛研堂全書本（叢書綜録）

説文答問一卷

小學類編本（叢書綜録）

説文答問疏證六卷　清薛傳均疏證

清道光八年刻本（古籍總目）

復旦（清薛壽校，王大隆跋）

清道光十七年史吉雲等刻本（古籍總目）

國圖（清王筠批校並跋）

清道光十七年京都琉璃廠會經堂刻本（古籍總目）

天津

清道光十八年刻本（古籍總目）

北大

清道光信都程永江刻本（古籍總目）

中科院

清光緒八年紫薇山館刻巾箱本（古籍總目）

國圖　浙江

清光緒八年東來軒刻本（古籍總目）

中科院

咫進齋叢書本（叢書綜録）

金峨山館叢書本（叢書綜録）
許學叢書本（叢書綜録）
清光緒十三年鴻寶齋石印本（古籍總目）
浙江
玲瓏山館叢書本（叢書綜録）
清光緒間成都御風樓刻本（古籍總目）
甘肅　湖南
民國二十二年無錫丁氏石印説文鑰本（古籍總目）
北大
稷香館叢書本（古籍總目）

音韻問答一卷

昭代叢書本（道光刻）（叢書綜録）

聲類不分卷

清嘉慶元年錢繹抄本（古籍總目）

遼寧（錢繹批并跋）

清抄本（古籍總目）

國圖　上圖

韻學叢書本（叢書綜録）

丁酉圃叢書本（韻學叢書）（叢書綜録）

聲類四卷

清道光五年刻本（古籍總目）

上圖　南圖　浙江　湖北　中科院

清道光二十九年江寧陳士安刻本（古籍總目）

上圖　北大　復旦　南開

抄本（古籍總目）

南開

粵雅堂叢書本（叢書綜録）

嘉定錢氏潛研堂全書本（叢書綜録）

韻學叢書四十一種本（叢書綜録）

江氏聚珍版叢書本（叢書綜録）

三史拾遺五卷

清嘉慶十二年稻香吟館刻本（古籍總目）

國圖（李慈銘校注）

潛研堂全書本（叢書綜録）

嘉定錢氏潛研堂全書本（叢書綜録）

史學叢書本（叢書綜録）

新唐書糾謬二十卷　宋吴縝撰　清錢大昕校補

清抄本（古籍總目）

上圖

新唐書糾謬二十卷錢校補遺一卷附録一卷　宋吴縝撰　清錢大昕校補

知不足齋叢書本（叢書綜録）

修唐書史臣表一卷

知不足齋叢書本（叢書綜録）

元史藝文志四卷

清嘉慶間黄丕烈刻本（古籍總目）

遼寧　吉大

潛研堂全書本（叢書綜録）

嘉定錢氏潛研堂全書本（叢書綜録）

八史經籍志本（叢書綜録）

二十四史本（五省官書局本）（叢書綜録）

廣雅書局叢書本（補元史藝文志）（叢書綜録）

二十五史補編本（補元史藝文志）（叢書綜録）

宋遼金元四史朔閏考一卷

清嘉慶間刻本（古籍總目）

南圖

清光緒十七年廣雅書局刻本（古籍總目）

上圖

宋遼金元四史朔閏考二卷　清錢侗增補

清嘉慶二十五年阮福刻本　白口四周雙邊單魚尾（善本書目）

復旦（錢繹跋）

粵雅堂叢書本（叢書綜録）

嘉定錢氏潛研堂全書本（古籍總目）

廣雅書局叢書本（叢書綜録）

史學叢書本（叢書綜録）

二十五史補編本（叢書綜録）

宋遼金元四史朔閏考二卷通鑑注辨正二卷

清光緒間刻本（古籍總目）

吉林

諸史拾遺五卷

潛研堂全書本（叢書綜録）

國圖（李慈銘校並跋）　臺圖（李文田批）

嘉定錢氏潛研堂全書本（叢書綜録）

史學叢書本（叢書綜録）

通鑑注辨正二卷

清抄本（古籍總目）

南圖（清沈樹鏞跋）

潛研堂全書本（叢書綜録）

嘉定錢氏潛研堂全書本（叢書綜録）

元史氏族表三卷

潛研堂全書本（叢書綜録）

嘉定錢氏潛研堂全書本（古籍總目）

二十四史本（五省官書局本）（叢書綜録）

廣雅書局叢書本（叢書綜録）

二十五史補編本（叢書綜録）

二十四史分類言行録四十二卷（輯）　清顧千里校

清光緒二十八年上海書局石印本（上圖古籍目録）

上圖

疑年録不分卷

稿本（古籍總目）

南開（清吴雲校注）

疑年録四卷

清抄本（古籍總目）

國圖（清吴騫增補校注）

清嘉慶十五年黄錫蕃抄本（古籍總目）

國圖

清嘉慶十八年刻本（古籍總目、善本書目）
遼寧　南圖　復旦
清抄本（古籍總目）
上圖（周星詒校補）
粤雅堂叢書本（叢書綜録）
天壤閣叢書本（叢書綜録）
小石山房叢書本（叢書綜録）
嘉定錢氏潛研堂全書本（叢書綜録）

孱守齋所編年譜五種各一卷

清嘉慶間嘉興郡齋刻本（叢書綜録）
國圖　清華　上圖　上海師大　南大
洪文惠公年譜一卷　清嘉慶八年刻
洪文敏公年譜一卷　清嘉慶八年刻
陸放翁先生年譜一卷　清嘉慶八年刻
深寧先生年譜一卷　清嘉慶十二年刻

弇州山人年譜一卷　清嘉慶十二年刻

洪文惠公年譜一卷

潛研堂全書本（叢書綜録）
嘉定錢氏潛研堂全書本（叢書綜録）
孱守齋所編年譜五種本（叢書綜録）

洪文惠公年譜一卷　洪汝奎增訂

洪氏晦木齋叢書本（叢書綜録）

洪文敏公年譜一卷

潛研堂全書本（叢書綜録）
嘉定錢氏潛研堂全書本（叢書綜録）
孱守齋所編年譜五種本（叢書綜録）
歷代名人年譜大成本（古籍總目）

洪文敏公年譜一卷　洪汝奎增訂

洪氏晦木齋叢書本（叢書綜録）

陸放翁先生年譜一卷

潛研堂全書本（叢書綜録）

嘉定錢氏潛研堂全書本（叢書綜録）

孱守齋所編年譜五種本（叢書綜録）

歷代名人年譜大成本（古籍總目）

深寧先生年譜一卷

潛研堂全書本（叢書綜録）

嘉定錢氏潛研堂全書本（叢書綜録）

孱守齋所編年譜五種本（叢書綜録）

歷代名人年譜大成本（古籍總目）

弇州山人年譜一卷

潛研堂全書本（叢書綜録）

嘉定錢氏潛研堂全書本（叢書綜録）

孱守齋所編年譜五種本（叢書綜録）

錢竹汀日記一卷（乾隆四十三年）

藕香零拾本（叢書綜録）

元進士考不分卷

稿本（古籍總目）

國圖

墜名考異一卷

清抄本　十一行二十二字小字雙行同無格（古籍總目）

國圖

乾隆鄞縣志三十卷卷首一卷　清錢維喬修　清錢大昕等纂

清乾隆五十三年刻本（古籍總目）

國圖　中科院　北大　上圖　天津

清清道光二十六年刻本（古籍總目）

南圖　浙江　湖北

金石後録八卷

清袁氏貞結堂抄本（顧廣圻校補並跋）　九行二十一字藍格藍口四周雙邊（善本書目）

國圖

清抄本（古籍總目）

中科院

潛研堂金石文字目録八卷

潛研堂全書本（叢書綜録）

嘉定錢氏潛研堂全書本（古籍總目）

清光緒二十一年杭縣葉氏抄本（古籍總目）

上圖（葉景葵跋）

潛研堂金石文跋尾一卷

清嘉慶四年黄廷鑑抄本（古籍總目）

上圖

潛研堂金石文跋尾六卷續七卷又續六卷三續六卷

潛研堂全書本（叢書綜録）

潛研堂金石文跋尾二十卷

嘉定錢氏潛研堂全書本（叢書綜録）

廿二史考異一百卷

潛研堂全書本（古籍總目）

國圖（李慈銘校）

嘉定錢氏潛研堂全書本（叢書綜録）
廣雅書局叢書本（叢書綜録）

廿二史考異一百卷

清上海鴻寶齋石印本（古籍總目）
國圖　上圖　南圖

竹汀先生日記鈔三卷　清何元錫輯

清嘉慶十年何氏夢華館刻本　十行二十三字小字雙行同白口左右雙邊單魚尾（善本書目）
國圖（清劉喜海、李慈銘批注）　上圖（清潘介繁、潘康保、潘志萬批點）　湖南（清沈樹鏞跋，葉德輝批校）
式訓堂叢書本（叢書綜録）
校經山房叢書本（叢書綜録）

竹汀先生日記鈔一卷　清何元錫輯

晉石廠叢書本（叢書綜録）

竹汀先生日記鈔三卷　清何元錫輯

清潘氏滂喜齋刻雙色套印本（古籍總目）

國圖（李慈銘校注、孫鳳鈞校注，潘祖蔭録各家書目）　上圖（潘祖蔭校）

潛研堂題跋三卷

清抄本（古籍總目）

浙江

三統術衍三卷

清嘉慶六年浙江撫署刻本　十行二十字白口四周雙邊單魚尾（古籍總目）

國圖　上圖

清光緒十年年長沙龍氏家塾刻本（古籍總目）

國圖

三統術衍三卷三統衍鈐一卷

嘉定錢氏潛研堂全書本（叢書綜録）

三統術鈐一卷

清嘉慶六年浙江撫署刻本（古籍總目）

國圖　吉林

古今歲實考不分卷　清戴震撰　清錢大昕補　清黄汝成校補

稿本（上圖古籍目録）

上圖

潛研堂書品考不分卷

清抄本（國圖古籍目録）

國圖

鳳墅殘帖釋文二卷

貸園叢書初集本（叢書綜録）

清抄本　十一行二十一字黑格白口四周雙邊（古籍總目）

國圖

風俗通逸文一卷

嘉定錢氏潛研堂全書本（叢書綜録）

十駕齋養新録二十卷餘録三卷

清嘉慶九年刻本（古籍總目）
吉林　吉林社科院　南圖
清嘉慶十二年刻本　十二行二十三字小字雙行同白口四周單邊單魚尾（古籍總目）
上圖（陳鱣批校）　天津　遼大　大連　瀋陽師大
清嘉慶間刻本（古籍總目）
國圖（清王敬之批注）
清咸豐十年刻本（古籍總目）
瀋陽
清光緒二年浙江書局刻本（古籍總目）
國圖　北大　上圖　天津　遼寧

嘉定錢氏潛研堂全書本（叢書綜録）
清光緒十四年上海同文書局石印本（古籍總目）
南圖　長春

十駕齋養新録摘抄一卷

清末抄本（古籍總目）
南圖

潛研堂答問十二卷

清嘉慶間刻本　十行二十一字小字雙行同白口四周單邊單魚尾（古籍總目）
上圖（清孫星衍批，莫棠批並跋）
清光緒七年謨觴室刻本（古籍總目）
國圖　上圖
清光緒九年刻本（古籍總目）
吉林

潛研堂詩集十卷續集十卷

清乾隆間刻本（古籍總目）

中科院

清嘉慶十一年刻本（古籍總目）

中科院

潛研堂文集五十卷

清嘉慶十一年瞿中溶刻本（古籍總目、别集總目）

中科院＊（李慈銘跋）　復旦　北大　浙江　江西

潛研堂詩集十卷詩續集十卷文集五十卷

潛研堂全書本（叢書綜録）

嘉定錢氏潛研堂全書本（叢書綜録）

錢大昕殿試策一卷

清乾隆十九年原試卷本（古籍總目）

北大

辛楣吟稿二卷　清沈德潛輯

七子詩選本（叢書綜録）

潛研堂文集六卷

皇清經解本（叢書綜録）

潛研堂文集一卷

清嘉慶抄本（古籍總目）

湖南

南陽集六卷

清抄本（古籍總目）

國圖

潛研堂文録二卷

國朝文録本（叢書綜録）

王元勳（一七二八—一八〇七）

字叔華，一字易圃。乾隆四十三年（一七七八）進士，官徐州府教授。佐有司勘災、散賑、捕蝗，不遺餘力。傳見光緒《嘉定縣志》卷十九。

王元勳詩選二卷　清王鳴盛選

江左十子詩鈔本（江蘇地方文獻志）

南圖

南行叢稿一卷

練川十二家詩本（復旦書目）

復旦

易圃詩鈔三十卷歸田吟稿一卷

清嘉慶三年刻本　十行十九字小字雙行同黑口四周單邊單魚尾（古籍總目）

國圖

清嘉慶三年刻增修本（古籍總目）

中科院

樵玉山房詞

練川五家詞本（叢書综録）

涉江詞

練川五家詞本（叢書综録）

幻花别集

練川五家詞本（叢書综録）

錢肇然（一七二九—一七九一？）

初名肇熹，字希文，一字敬亭，大昕從弟。諸生。居外岡，少多病，因博觀《靈素》《難經》，并宋元以來諸家書，盡得其旨，能決死生於數年前。傳見光緒《嘉定縣志》卷二十。

乾隆續外岡志四卷（纂）

乾隆五十七年纂抄本（古籍總目）

嘉定博

錢肇鼇

初名肇勳，字瑶光，大昕從弟。諸生，居外岡。見光緒《嘉定縣志》卷二十四。

質直談耳八卷

清乾隆五十九年刻本（古籍總目）

國圖　南圖

清道光四年學餘堂刻本（古籍總目）

北大　南圖　吉林

印　照（一七二九—一七九五）

字滙淙，號菽園。

菽園詩稿一卷

清刻練川十二家詩本（别集總目）

京都大學

陸炳豹

字冠文，諸生。

蘭谷山房自怡草四卷

清乾隆五十四年刻本（上圖古籍目録）

上圖

王初桐（一七三〇—一八二一）

小傳見本卷《善本經眼録》。

齊魯韓詩譜四卷

古香堂叢書本（叢書綜録）

演雅四十二卷

稿本　十行二十二字無格（國圖古籍目録）

國圖

西域爾雅一卷

抄本（南圖書目）

南圖

民國八年國學圖書館石印清抄本（古籍總目）

國圖

民國十八年國學圖書館影印舊抄本（古籍總目）
中科院　復旦　遼寧　湖北

濟南竹枝詞一卷

古香堂叢書本（叢書綜録）

北遊日記四卷

古香堂六種本（古籍總目）
古香堂叢書本（叢書綜録）

嘉慶嘉定縣志二十卷卷首一卷圖一卷　清吴桓修　清王初桐纂

清嘉慶十六年刻本（古籍總目）
國圖　南京地理所

嘉慶方泰志三卷（纂）

清嘉慶十二年刻本（古籍總目）

上海博
民國四年嘉定陳氏鉛印本（古籍總目）
上圖　南圖
抄本（古籍總目）
上圖

灌園漫筆七卷

稿本　十行二十字黑格黑口左右雙邊單魚尾（善本書目）
上圖（沈瑾跋）
清趙氏舊山樓抄本　十行二十六字黑格黑口左右雙邊雙魚尾（善本書目）
上圖（清趙宗建批，清翁同龢題詩）
清光緒十五年周氏研經樓抄本（南圖書目）
南圖（周大輔跋）
清清曠閣抄本（南圖書目）
南圖（存卷一至二）
清抄本（國圖古籍目録）

國圖

貓乘八卷

清嘉慶三年自刻本（善本書目、上圖古籍目録）

南圖　上圖

貓乘一卷

古香堂叢書本（叢書綜録）

昭代叢書本（道光本）（叢書綜録）

奩史一百卷拾遺一卷

清嘉慶二年古香堂刻本　十行二十字小字雙行同白口左右雙邊單魚尾（古籍總目）

國圖　天津　南圖　清華　人大

奩史□卷

清京口高雲校刻本（古籍總目）

南圖（存卷四十九至一百）

奩史粹三十八卷拾遺一卷

清侯官楊氏抄本（古籍總目）

臺圖

罐埜山人詞集四卷

清乾隆五十九年嘉定王氏刻本（古籍總目）

國圖

清刻本（古籍總目）

國圖　南圖（佚名批）

雲藍詞

練川五家詞本（叢書綜録）

羹天閣琴趣

練川五家詞本（叢書綜録）

杏花村琴趣一卷

古香堂叢書本（叢書綜録）

清乾隆五十九年嘉定王氏刻本（古籍總目）

國圖

琴書樓詞鈔本（叢書綜録）

練川五家詞本（叢書綜録）

杯湖欸乃三卷

練川五家詞本（叢書綜録）

曹仁虎（一七三一——一七九三）

字來殷，一作萊嬰，號習庵，又號漁庵。乾隆二十六年（一七六一）進士，改庶吉士，授編修，官至侍講學士。與王鳴盛、吴泰來、王昶、黄文蓮、趙文哲、錢大昕稱吴中七子，與朱昂、王昶及吴泰來稱四家。傳見光緒《嘉定縣志》卷十六。

轉注古義考一卷

清光緒四年宏達堂刻本（古籍總目）
天津　復旦
藝海珠塵本（叢書綜録）
許學叢刻本（叢書綜録）
求實齋叢書本（叢書綜録）
仲軒群書雜著本（曹氏轉注古義）（叢書綜録）

轉注古義考二卷

益雅堂叢書本（叢書綜録）
玲瓏山館叢書本（叢書綜録）

七十二候考一卷

清乾隆五十二年刻本　十行二十一字小字雙行同黑口四周雙邊單魚尾（古籍總目）

國圖　中科院
藝海珠塵本（叢書綜録）
昭代叢書本（道光本）（叢書綜録）

養愚村農吟稿一卷

稿本（上圖古籍目録）
上圖

鳴春集一卷

清乾隆五十二年刻本（古籍總目）
中科院
清抄本（古籍總目）
湖南

炙硯集一卷

清刻本（上圖古籍目録）

上圖

漁庵詩選二卷　清吴泰來選

清心遠齋刻四家詩鈔本（古籍總目）

國圖

宛委山房集二卷　清沈德潛選

七子詩選本（叢書綜録）

硯静齋集一卷　清江昱輯

三家絶句選本（叢書綜録）

韓韶集六卷

抄本（古籍總目）

首都

曹學士遺集三十卷　清王鴻逵編

清嘉慶次歐山館抄本（別集總目）

國圖

王鳴韶（一七三二—一七八八）

原名廷鍔，字夔律，一字鶚起，自號鶴溪子，鳴盛弟。澹於名利，鳴盛官京師，鳴韶獨侍二親，閉户讀書，旁築一室，懸蓑笠以見志，名曰蓑笠軒。傳見光緒《嘉定縣志》卷十九。

鶴谿文稿四卷

稿本（古籍總目）

湖南（清錢大昕、朱春、葉德輝跋，王昶批校）

王鳴韶詩選二卷　清王鳴盛選

江左十子詩鈔本（江蘇地方文獻志）

南圖

蓑笠軒遺文一卷　王元增輯

先澤殘存本（叢書綜録）

鶴溪剩稿遺什一卷　王元增輯

先澤殘存本（叢書綜録）

程　鏡

字葆光，號蘭雪山人，諸生，工書。居南翔。見光緒《嘉定縣志》卷二十七。

覆瓿稿二卷

清乾隆五十九年李士棨刻本（上圖古籍目録）

上圖

毛大瀛（一七三四—一八〇〇）

原名詩正，字又莨，一字海客，諸生。入監四庫館謄録，議叙州。官至簡州知州。嘉慶五年三月，在平定白蓮教起義中身被十餘創而卒。傳見光緒《嘉定縣志》卷十七。

戲鷗居詩鈔四卷

清嘉慶間刻本（南圖書目）

南圖

戲鷗居詩鈔九卷

清嘉慶間刻增修本（古籍總目）

社科院文學所

醉嘯軒吟稿一卷　清王昶輯

練川五家詩本（叢書綜録）

錢　塘（一七三五—一七九〇）

字學淵，一字溉亭，大昕從子。乾隆四十五年（一七八〇）進士，改選江寧府教授，預修南巡盛典。刻苦撰述，於河洛配合、五行六氣、表裏生克、中星漏刻、爻辰卦位、歲實消長及禘祫、祭法、田制、軍賦、三江舊説之譌，繪圖著論，不可殫述。文字、音韻、律吕、推步之學，尤有神解。卒於官，年五十六。傳見光緒《嘉定縣志》卷十六。

儀禮纂略不分卷

清光緒二十年尊經閣刻本（國圖古籍目録）

國圖

律吕古誼六卷

南菁書院叢書本（叢書綜録）

聖廟樂釋律四卷

清四益齋刻本（國圖古籍目録）

國圖

溉亭述古録一卷

清刻本（古籍總目）

國圖　北大

漑亭述古録二卷

清嘉慶間刻本（南圖書目）

南圖

清刻本（古籍總目）

遼寧　大連　黑龍江　南圖

文選樓叢書本（叢書綜録）

校經山房叢書本（叢書綜録）

式訓堂叢書本（叢書綜録）

皇清經解本（叢書綜録）

史記釋疑三卷

清乾隆五十二年四益齋刻本　十行二十字白口四周雙邊單魚尾（古籍總目）

國圖　北大　南圖

邃雅堂叢書本（叢書綜録）

二十五史補編本（叢書綜録）

淮南天文訓補注二卷

清嘉慶十七年元和顧氏思適齋刻本（古籍總目）
臺圖（佚名録清錢繹、洪頤煊校語，顧廣圻跋）
清道光七年安漢淡氏刻本（國圖古籍目録）
國圖
清道光八年嘉定縣刻本（古籍總目）
國圖　上圖　天津　南圖　吉林
指海本（叢書綜録）
子書百家本（叢書綜録）
崇文書局彙刻書本（叢書綜録）
清抄本（南圖書目）
南圖（清丁丙跋）

徐文範（一七三五—一八〇三）

小傳見本卷《善本經眼録》。

東晉南北朝輿地表二十八卷

稿本　白口四周單邊無魚尾（善本書目）

復旦

杏雨書齋抄本（古籍總目）

上圖　遼寧*

廣雅書局叢書本（叢書綜録）

叢書集成初編本（叢書綜録）

二十五史補編本（叢書綜録）

金曰追（一七三七—一七八〇）

小傳見本卷《善本經眼録》。

儀禮注疏正譌十七卷

清乾隆五十三年肅齋家塾刻本　八行十七字小字雙行同黑口左右雙邊雙魚尾（善本書目）

北大　上圖　復旦　南圖

清咸豐四年宜稼堂重刻本（古籍總目）

國圖　浙江
皇清經解續編本（叢書綜録）

禮記注疏正譌六十三卷
清抄本（古籍總目）
北大

朱　淞

生平不詳。

寄間齋雜志八卷附三槎浦櫂歌一卷
清嘉慶二年學餘堂刻本（古籍總目）
國圖　北大　天津　南圖　吉大

秦鳳輝（一七四二—一七八三）

字景州，號于岡。

蘭芬齋詩集二卷

民國十一年秦綬章鉛印本（别集總目）

上圖　南圖

錢　坫（一七四四—一八〇六）

小傳見本卷《善本經眼録》。

詩音表一卷

錢氏四種本（叢書綜録）

民國二十年渭南嚴氏刻本（古籍總目）

北大　復旦　湖北

音韻學叢書本（叢書綜録）

車制考一卷

清乾隆四十二年篆秋草堂刻本　十二行二十四字小字雙行同白口左右雙邊單魚尾（古籍總目）

大連

錢氏四種本（叢書綜録）
皇清經解續編本（叢書綜録）
木犀軒叢書本（叢書綜録）

論語後録五卷

清乾隆三十四年漢陰官舍刻本（古籍總目）
國圖
錢氏四種本（叢書綜録）

十經文字通正書十四卷

錢氏四種本（叢書綜録）
清抄本（善本書目）
上圖
清嘉慶二年文章大吉樓刻本（古籍總目）
中科院　南圖
清嘉慶五年安陽縣署刻本（古籍總目）

北大　上圖

民國間中國書店影印清嘉慶二年刻本（古籍總目）

復旦　遼寧

九經通借字考七卷

抄本（國圖古籍目録）

國圖

九經通借字考十四卷

清抄本（古籍總目）

浙江　南圖

爾雅古義二卷

清抄本（古籍總目）

福建（清楊浚跋）　湖北（清謝章鋌跋）

清鄭氏注韓居抄本（古籍總目）

重慶
皇清經解續編本（叢書綜録）

爾雅釋地四篇注一卷

清乾隆四十六年刻本（古籍總目）
江西
民國間影印乾隆刻本（古籍總目）
復旦
錢氏四種本（叢書綜録）
皇清經解續編本（叢書綜録）

異語十九卷

清金粟堂抄本（古籍總目）
大連
玉簡齋叢書本（叢書綜録）

説文解字斠詮十四卷

清嘉慶十二年錢氏吉金樂石齋刻本　七行小字雙行二十一字白口左右雙邊單魚尾（善本書目、古籍總目、知見書目）

國圖　上圖　湖北　北師大

清嘉慶十六年琳瑯仙館刻本（古籍總目、知見書目）

上圖　浙江　南開

清光緒九年淮南書局刻本（古籍總目、知見書目）

國圖　上圖　浙江　江西　湖北

清光緒二十九年刻本（古籍總目）

上圖

清刻本（知見書目）

江西　北大　北師大

錢十蘭説文斠詮不分卷

抄本（南圖書目）

南圖

新斠注地里志十六卷

清嘉慶二年岑陽官舍刻本（古籍總目）

國圖（徐松校注）　上圖

清光緒間咫進齋刻本（古籍總目）

天津

新斠注地里志十六卷　清徐松集釋

清同治十三會稽章氏刻本（善本書目）

國圖　上圖　天津　浙江（清朱愈信校）　湖北（清楊守敬批校）

歷代地理志彙編本（叢書綜録）

二十五史補編本（叢書綜録）

安定録五卷（輯）

抄本（上圖古籍目録）

上圖

乾隆韓城縣志十六卷卷首一卷　清傅應奎修　清錢坫等纂

清乾隆四十九年刻本（古籍總目）

國圖　中科院　北大　上圖　復旦

清乾隆四十九年刻嘉慶二十三年印本（古籍總目）

上圖　南圖　天津

十六長樂堂古器款識考四卷

清嘉慶元年自刻本　十行二十二字白口四周單邊無魚尾（善本書目）

國圖（清阮元、清丁艮善題簽，清許瀚校，清丁艮善跋）　天津　南圖

民國二十二年開明書局刻本（古籍總目）

上圖　遼寧

浣花拜石軒鏡銘集録二卷

清嘉慶刻本（古籍總目）

國圖

百一廬金石叢書本（叢書綜録）

錢大昭（一七四四—一八一三）

小傳見本卷《善本經眼録》。

詩古訓十二卷

抄本　十二行行二十三字小字雙行同（善本書目）

國圖（清趙烈文校並跋）

爾雅釋文補三卷

清抄本　八行十八字（國圖古籍目録）

國圖

民國間吴縣王氏學禮齋抄本（古籍總目）

復旦

廣雅疏義二十卷

清愛古堂抄本（善本書目）

上圖
傳抄日本静嘉堂藏本（古籍總目）
中科院
清抄本（國圖古籍目録）
國圖（缺卷一至十一）

說文統釋不分卷

清道光十三年抄本（古籍總目）
遼寧（清苗夔題識）

說文統釋六十卷爾雅釋文補一卷

清抄本（說文解字第一之一、二、三，第十五之一、三）（古籍總目）
國圖

說文統釋自序一卷　清王宗涑音釋

清光緒七年刻本（古籍總目）

浙江（清陶方琦校）
金峨山館叢書本（古籍總目）
清何天衢校刻本（古籍總目）
中科院　北大
清抄本（古籍總目）
國圖

說文統釋自叙注一卷

清乾隆藝海堂刻本（古籍總目）
國圖　北大

說文分類権失六卷

稿本（善本書目）
華東師大
清抄本　九行十九字無格（善本書目）
國圖

說文敘義考釋一卷

清抄本（國圖古籍目録）

國圖

說文徐氏新補新附考證一卷

積學齋叢書本（叢書綜録）

漢書辨疑二十二卷後漢書辨疑十一卷續漢書辨疑九卷

廣雅書局叢書本（叢書綜録）

史學叢書本（叢書綜録）

漢書辨疑二卷（地理志）

歷代地理志彙編本（叢書綜録）

續漢書辨疑五卷（郡國志）

歷代地理志彙編本（叢書綜録）

後漢郡國令長考一卷

清道光二十五年錢師璟刻本（古籍總目）
國圖　中科院　上圖
廣雅書局叢書本（叢書綜録）
積學齋叢書本（叢書綜録）
史學叢書本（叢書綜録）
正覺樓叢刻本（叢書綜録）
二十五史補編本（叢書綜録）

補續漢書藝文志一卷

清道光十二年劉氏味經書屋劉雯抄本（古籍總目）
國圖
清抄本（古籍總目）
湖北（楊守敬批）
昭代叢書本（道光本）（叢書綜録）
廣雅書局叢書本（叢書綜録）

史學叢書本（叢書綜録）
二十五史補編本（叢書綜録）

補續漢書藝文志二卷

積學齋叢書本（叢書綜録）

後漢書辨疑十一卷

廣雅書局叢書本（叢書綜録）
史學叢書本（叢書綜録）

續漢書辨疑九卷

廣雅書局叢書本（叢書綜録）
史學叢書本（叢書綜録）

三國志辨疑三卷

清道光二十四年得自怡齋刻本　十一行二十三字小字雙行同白口左右雙邊單魚尾國圖（古籍總目）

國圖　上圖　南圖

史學叢書本（叢書綜録）

正覺樓叢書本（叢書綜録）

三國志辨疑二卷

清抄本　十行二十字小字雙行同（古籍總目）

國圖（清李鋭校並跋）

後漢書補注表八卷

稿本（古籍總目）

山西文物局

清抄本（後漢書補表）（古籍總目）

湖北

汗筠齋叢書本（後漢書補表）（叢書綜録）

粤雅堂叢書本（後漢書補表）（叢書綜録）
後知不足齋叢書本（後漢書補表）（叢書綜録）
廣雅書局叢書本（後漢書補表）（叢書綜録）
史學叢書本（後漢書補表）（叢書綜録）
二十五史補編本（後漢書補表）（叢書綜録）

嘉慶長興縣志二十八卷卷首一卷　清刑澍修　清錢大昕、錢大昭纂

清嘉慶十年刻本（古籍總目）
　北大　復旦　湖北　浙江
抄本（古籍總目）
　南大

可廬著述十種叙例一卷

清道光間錢氏自怡齋刻本（古籍總目）
　國圖　北大　上圖　復旦（清葛起鵬校）
清光緒二十年長洲章氏算鶴量鯨室抄本（錢晦之著述序例）（古籍總目）

國圖

可廬著述十種叙例不分卷附録不分卷

清嘉定錢氏得自怡齋刻本（叢書綜録）

南圖

車徵鴻録二十四卷

清抄本（古籍總目）

杭州

張允滋

字滋蘭，號清溪，一號桃花仙子，又號匠門女史，任兆麟妻。

潮生閣詩鈔（清溪詩稿）一卷

吴中女士詩鈔本（叢書綜録）

王嗣祥

字晉卿，一字麐甫，號樓山。鳴韶子。諸生。書法得歐、褚遺意，詩俊逸不群，早卒。見光緒《嘉定縣志》卷十九。

承清堂詩集一卷　王元增輯

先澤殘存本（叢書綜録）

張崇傣（一七四八—一八一八）

字孝則，一字補庵。恩貢生，通經史，工詩古文，留心事務，兼精醫。傳見光緒《嘉定縣志》卷十九。

東南水利論三卷樓流論一卷

清光緒七年刻本（古籍總目）

國圖　上圖　南圖

硯傳堂詩稿一卷

清刻練川十三家詩本（古籍總目）

京都大學

陳　曦

字躍雲，諸生。貢四庫館謄録，議叙州同。善集句，乾隆四十一年（一七七六）平定金川，恭集御製詩句，獻頌三十章稱旨，賜緞。晚集杜律千篇，無一語覆用，氣格渾成，如自己出。見光緒《嘉定縣志》卷十九。

乾隆婁塘鎮志九卷附婁塘風雅一卷（纂）

清乾隆三十七年纂嘉慶十年刻本（古籍總目）

上圖　國博

民國三年鉛印本（古籍總目）

中科院　江西

民國二十五年婁塘梅祖德鉛印本（古籍總目）

上圖　復旦　天津　南圖

朱掄英

小傳見本卷《善本經眼録》。

慎餘齋詩稿二卷

清道光十六年孫葆祉刻本（古籍總目）

中山大學

國朝三槎風雅十六卷（輯）

清嘉慶十六年刻本（善本書目）

上圖　復旦

甘受和

生平不詳。

國朝三槎存雅二卷（輯）

清嘉慶二十四年潄石山房刻本（古籍總目）
南圖
清嘉慶二十四年潄石山房刻光緒九年萬卷樓印本（古籍總目）
國圖　上圖　南圖

李大復

字見心。官布政司經歷。見光緒《嘉定縣志》卷二十七。

數點梅花草堂詩稿四卷

清嘉慶十七年刻本（別集總目）
南開

徐春和（一七五一——一八〇八）

字瞻雲，一字省齋，諸生。沈潛經學，旁及音律、丹青、堪輿、醫術。又專攻曆算，極深研幾，心悟其妙。錢大听《三統術衍》嘗屬校正。見光緒《嘉定縣志》卷十九。

通鑑綱目編年甲子全表一卷例宿小表一卷圖注步天歌一卷

稿本（古籍總目）

嘉定博

乾隆五十至六十年太陽陰入食限遵時憲法推得時刻分秒各種細草一卷

手稿本（古籍總目）

嘉定博

勾股割圜記三卷附考一卷　清戴震撰　清吴思孝注　（附考）清徐春和撰

清乾隆五十年徐春和抄本（古籍總目）

嘉定博

春和隨筆一卷

稿本（古籍總目）

嘉定博

程攸熙（一七五二—一八一〇）

初名廷俞，字寶輝，一字賽堂，諸生。居南翔。受業王紳，推衍師説，著《四書尊聞編》。爲文悉有法度。行誼敦篤。見光緒《嘉定縣志》卷十九。

嘉慶南翔鎮志十二卷首一卷　清張承先纂　清程攸熙訂正

清嘉慶十二年刻本（古籍總目）

上圖　南圖　浙江

抄本（古籍總目）

上圖

民國十三年南翔鳳翥樓鉛印本（古籍總目）

國圖　北大　上圖　天津　南圖

吹影編四卷　清垣赤道人撰

清嘉慶二年西山堂刻本（古籍總目）

國圖　北大　南圖　吉林　吉大

陳詩庭（一七五三—一七九九）

小傳見本卷《善本經眼録》。

讀説文證疑一卷

清許氏古均閣藍格抄本　九行二十二字小字雙行同四周雙邊藍格（善本書目）

國圖

許學叢刻本（叢書綜録）

讀書證疑六卷

清刻本（上圖古籍目録）

上圖

李賡芸（一七五三—一八一六）

字生甫，一字書田，號郁齋，又作許齋，夢聰子。乾隆五十五年（一七九〇）進士，由浙江孝豐、德清、平湖知縣，擢嘉興知府，調福建漳州，官至福建布政使。以牽涉地方財政虧空，自縊。師事同縣錢大昕，與遂寧張問陶交往。精許慎之學，明於歷代官制。傳見阮元《揅經室二集》卷四《福建布政史良吏李君傳》。

易札記一卷

炳燭編本（古籍總目）

文字證古一卷

説文錀六種本（知見書目）

炳燭編四卷

滂喜齋叢書本（叢書綜録、古籍總目）

國圖（清李慈銘校並跋）

稻香吟館集七卷

清道光四年刻本　十行二十字小字雙行同白口左右雙邊單魚尾（古籍總目）

國圖　中科院

褚　英

字垂範，號茜溪。少習舉業，後專力於詩。性嗜茶。傳見光緒《嘉定縣志》卷二十。

茜溪詩鈔四卷

清嘉慶間刻本（南圖書目）

南圖

程芝筠（一七五五—一八一八）

字紫堂，一字霞壇。諸生。性好博涉，琴、畫、醫、卜無不兼長。工畫蝴蝶，又善指畫。王鳴盛稱其爲奇才。傳見光緒《嘉定縣志》卷十九。

玉碧居詩鈔八卷

清道光六年刻本（上圖古籍目録）

上圖

林大中

字協君，一字厚堂，號惕庵。乾隆四十一年（一七七六）歲貢。練川十二子之冠。傳見光緒《嘉定縣志》卷十九。

金庭山房稿一卷

練川十二家詩本（復旦書目）

復旦

汪　照

初名景龍，字緲青，一字少山，諸生貢。負詩名，精考證，嘗佐青浦王侍郎昶分纂《金石萃編》。游陝右，歷主華原、横渠書院，與修《韓城縣志》。傳見光緒《青浦縣志》卷十九。

大戴禮注補十三卷附録一卷

清嘉慶九年刻本（古籍總目）

國圖　北大　南圖　湖北

皇清經解續編本（叢書綜録）

大戴禮注補十三卷附録一卷校增十三卷附録校增一卷夏小正注補一卷　清王詒校增

清道光二十四年刻本（古籍總目）

國圖

夏小正注補一卷

清道光二十四年刻本（古籍總目）

國圖

程蘭泉

字芳沐，芝筠子。工詩文，早卒。見光緒《嘉定縣志》卷十九。

澧香遺稿三卷

清嘉慶十九年刻本（南圖書目）

南圖

澧香遺稿二卷

清嘉慶十九年刻本（國圖古籍目録）

國圖

毛際盛（一七六四—一七九二）

字泰交，一字青士，大瀛子，國子生。從錢大听學，講求六書。詩學宋，文學唐，兼善填詞。見光緒《嘉定縣志》卷十九。

説文徐氏新附考義不分卷

稿本（國圖古籍目録）

國圖

説文新附通誼二卷

清道光二十四年王宗涑刻本（古籍總目）

國圖　北大　上圖

説文解字述誼二卷新附通誼二卷

清道光二十四年王宗涑刻本　十一行綫黑口左右雙邊雙魚尾（古籍總目）

國圖　上圖　北大

説文解字述誼二卷

聚學軒叢書本（叢書綜録）

李景董（一七六六——一八一九）

字學醇，一字桂巖。博覽群書，其文踔厲風發，沈博絶麗；其詩含英咀華，駸駸入流。見光緒《嘉定縣志》卷十九。

桂岩居詩稿二卷附一卷　清李思中編

清嘉慶二十年刻本（古籍總目）

中科院

蕭魚會、趙稷思

魚會字記筌，稷思字稼先，並諸生。

嘉慶石岡廣福合志四卷（纂）

清嘉慶十二年刻本（古籍總目）

國圖　上圖

抄本（古籍總目）

上海博

封導源

字濬川，善書畫。見光緒《嘉定縣志》卷二十五。

嘉慶馬陸里志七卷（纂）

清嘉慶二十年刻本（古籍總目）

上海博

抄本（古籍總目）

上圖

民國三十七年張乃銓鉛印本（古籍總目）

上圖　南大

陳樹德

字以誦，一字槐江。國子生，居安亭鎮。鎮跨崑、嘉兩邑，向無志乘，崑山孫岱輯人物志未竟，卒。樹德偕其甥錢杕續輯成書。又嘗修黄忠節祠墓。傳見光緒《嘉定縣志》卷十九。

黄忠節公年譜一卷

清乾隆六十年思遠堂刻本（上圖古籍目録）

上圖

嘉慶安亭志二十卷　清陳樹德、孫岱纂

稿本（上圖古籍目録）

上圖

清嘉慶十三年刻本（古籍總目）
上圖　南圖
民國五年油印本（古籍總目）
甘肅
民國二十六年安定吴廷銓鉛印本（古籍總目）
國圖　中科院　上圖　復旦
抄本（古籍總目）
南京博

吴凌雲

字得青，一字客槎，嘉慶五年歲貢。嘗與陳詩庭同校《説文解字》，後假館大昕孱守齋，盡讀所藏書，學益邃。兼工書法篆刻。卒年五十七。見光緒《嘉定縣志》卷十九。

客槎先生小學遺説二卷

清吴興宗安蔬書屋抄本（上圖古籍目録）
上圖（清楊恒福跋）

小學説一卷

廣雅書局叢書本（叢書綜録）

廣韻説一卷

廣雅書局叢書本（叢書綜録）

經説三卷

廣雅書局叢書本（叢書綜録）

時　銘（一七六七—一八二七）

字佩西，一字子佩，號香雪。嘉慶十年（一八〇五）進士，官山東昌樂、安丘、齊東等縣知縣。道光初，以催科不力罷歸。傳見光緒《嘉定縣志》卷十六。

掃落葉齋詩稿一卷

稿本（古籍總目）

南大

掃落葉齋詩稿六卷

清道光二十六年刻本　十行二十一字小字雙行同白口四周雙邊單魚尾（國圖古籍目録）

國圖

錢　瑛

字澹人，錢瑞墀女，寶山陳鴻妻。

湖青閣詩草不分卷

清嘉慶二十二年刻本（古籍總目）

遼寧

金元鈺

字寶所，廩貢生，婺源教諭。

竹人録二卷

民國十一年嘉定光明印刷社鉛印本（古籍總目）

上圖　南圖

錢東壁、錢東塾

東壁字星伯，一字飲石，大昕子。諸生貢，游京師。詩古文名重公卿間。書法秀勁，能懸臂作蠅頭小楷，晚摹蘭亭。間畫竹石。喜蘇詩，嘗爲集注，稿將半，桐鄉馮氏本出，乃止。東塾字學仲，一字石橋，東壁弟，諸生貢。署吴縣訓導。詩格在香山、放翁間，畫山水渾厚中特饒疏秀。見光緒《嘉定縣志》卷十九。

錢竹汀行述一卷

清嘉慶九年刻本（上圖古籍目録）

上圖

清姚氏師石山房抄本（竹汀府君行述）　九行二十六字黑口四周雙邊單魚尾（國圖古籍目録）

國圖

清懷舊樓抄本（上圖古籍目録）

上圖

常熟丁氏淑照房抄本（竹汀府君行述，丁祖蔭題跋）（上圖古籍目録）
上圖

諸玉衡（一七六九—一八四一）

字星五，一字稼軒。嘉慶十三年（一八〇八）貢生。師事錢大昕，精研六書訓詁之學。詩與程廷浩、程芝筠、李景董爲槎溪四子。傳見光緒《嘉定縣志》卷十九。

韻辨一隅八卷補遺一卷
清道光二十二至二十四年金氏味經庋閣刻本（古籍總目、知見書目）
上圖　南圖　北大　中科院

韻辨一隅八卷補遺一卷續補一卷
清咸豐五年古槎溪郁氏宜稼堂刻本（古籍總目、知見書目）
上圖　浙江　湖北　北師大

西廬經史劄記十二卷

稿本（上圖古籍目録）

上圖

醉月西廬吟稿十二卷

清道光十七年拜庚樓刻本（上圖古籍目録）

上圖

醉月西廬古文二卷

清咸豐五年楂溪郁氏宜稼堂刻本（上圖古籍目録）

上圖

瞿中溶（一七六九—一八四二）

小傳見本卷《善本經眼録》。

校正今文孝經一卷附二十四孝考

清道光間東武李氏愛吾鼎齋刻本（古籍總目）

國圖

漢石經考異補正二卷

清咸豐間刻本（國圖古籍目録）

國圖

適園叢書本（叢書綜録）

抄本（國圖古籍目録）

國圖

爬疥漫録一卷

抄本（上圖古籍目録）

上圖

瞿木夫先生年譜一卷

稿本（上圖古籍目録）

上圖

清道光二十二年刻本（萇生子年譜）　十行二十字白口四周單邊單魚尾（善本書目）

復旦　蘇州大學

光緒三十四年抄本（國圖古籍目録）

國圖

瞿木夫先生自訂年譜一卷　繆荃孫審定

嘉業堂叢書本（叢書綜録）

洗冤録辨正一卷

清光緒十七年刻四色套印本　十行十八字白口左右雙邊單魚尾（國圖古籍目録）

國圖

古泉山館題跋二卷

藕香零拾本（叢書綜録）

天尺樓抄本（古泉山館藏書題跋）（古籍總目）

國圖

長洲章氏算鶴量鯨室抄本（瞿木夫書跋零稿）（古籍總目）

國圖

古泉山館金石文編殘稿不分卷

清第一生修梅花館抄本（古籍總目）

臺圖

繆氏藕香簃抄本（古籍總目）

臺圖

古泉山館金石文編殘稿四卷

適園叢書本（叢書綜録）

吴郡金石志一卷

清抄本（上圖古籍目録）

上圖

湖南金石志二十卷

清嘉慶二十五年刻本（上圖古籍目録）

上圖

楚南金石録不分卷

清光緒十三年環碧山房抄本（古籍總目）

國圖

古泉山館石刻跋不分卷

長沙章氏算鶴量鯨室抄本（國圖古籍目録）

國圖

漢武梁祠堂石刻畫像考六卷

清抄本　十行二十字小字雙行同（國圖古籍目録）

國圖（清龔橙校注）

漢武梁祠堂石刻畫像考六卷附圖一卷

嘉業堂金石叢書本（叢書綜録）

泉志補考十四卷

清道光間靈石楊尚文刻本　十行二十三字白口四周單邊單魚尾（國圖古籍目録）

國圖（存卷一至十一、十三至十四）

集古官印考十七卷

稿本（古籍總目）

上圖（存卷八至十七，清翁大年校並跋）　蘇州大學（存卷一至卷七，清翁大年校並跋）

清同治十三年瞿樹鎬刻本（古籍總目）

國圖　南圖（清吴大澂跋）　山東博（存卷一至卷十三，清陳介祺批校）

集古虎符魚符考一卷

稿本（善本書目）

北大

清同治十三年瞿樹鎬刻本（古籍總目）

國圖　上圖　南圖

百一廬金石叢書本（叢書綜録）

奕載堂古玉圖録六卷

湫漻齋叢書本（叢書綜録）

抄本（南圖書目）

南圖

古泉山館詩集八卷

清咸豐九年刻本（古籍總目）

中科院

清同治十年刻本（古籍總目）

國圖　中科院　天津　山西大學

奕載堂文集一卷

清道光十一年刻本（善本書目）

復旦（王大隆跋）

煙畫東堂小品本（瞿木夫文集）（叢書綜録）

古泉山館尺牘一卷

民國抄本（上圖古籍目録）

上圖

廖文錦（一七七三—一八三四）

字彥雲，號雲初。嘉慶十六年（一八一一）進士，改庶吉士，授編修。官南汝光道。道光元年（一八二一）充江西鄉試副考官。工畫山水。傳詳光緒《嘉定縣志》卷十六。

路史節讀十卷　宋羅泌撰　清嘉定廖文錦節訂

清光緒二十七年刻本（古籍總目）

國圖　上圖　遼寧　南圖

佳想軒詩鈔四卷

清光緒十二年廖壽平杭州刻本（古籍總目）

國圖　廣東

清光緒二十七年刻本（古籍總目）

中科院

佳想軒詩鈔二卷

清光緒十二年廖壽豐等杭州刻本（古籍總目）

中科院

黄　鋐（一七七七—一八五一）

字仲西，號子仁。諸生，議叙主簿。自治以不欺爲本，晝之所爲，夜必書之。嘗廣程子《四勿箴》，别著其目爲《六十勿字箴》。詩抒寫性情，簡而有制，尤善五言。文亦潔浄。兼通醫術。傳見光緒《嘉定縣志》卷十九。

西溪草廬詩録六卷

清道光二十二年刻本（古籍總目）　南開

西溪草廬集十二卷

清咸豐元年刻本（上圖古籍目録）　上圖

錢東垣（？—一八二三）

小傳見本卷《善本經眼録》。

鄭志三卷附録一卷　三國魏鄭小同編　清錢東垣、錢繹、錢侗按

汗筠齋叢書本（叢書綜録）

粤雅堂叢書本（叢書綜録）
後知不足齋叢書本（叢書綜録）
日本文政三年（一八二〇）刻本（無附録）（古籍總目）
國圖

列代建元表十卷建元類聚考二卷
清道光七年嘉定錢氏刻本　十一行二十三字小字雙行同白口四周單邊單魚尾（善本書目）
國圖　大連　復旦　東北師大

歷代建元表一卷建元類聚考二卷
清潘道根抄本（古籍總目）
南圖

崇文總目五卷補遺一卷附録一卷　宋王堯臣等撰　清錢東垣等輯釋　（補遺、附録）清錢侗輯
汗筠齋叢書本（叢書綜録）
粤雅堂叢書本（叢書綜録）

後知不足齋叢書本（叢書綜録）

既勤著述七種叙例一卷

清道光間錢氏自怡齋刻本（國圖古籍目録）

國圖

清光緒二十年長洲章氏算鶴量鯨室抄本（既勤著述序例）（國圖古籍目録）

國圖

豐宫瓦當文考一卷

清光緒十八年嘉定葛氏濤閣刻本（上圖古籍目録）

上圖

錢　繹

初名東墉，字以成，一字小廬，大昭子。以諸生入國學，嘉慶初恭遇臨雍，加一級。年八十卒。傳見光緒《嘉定縣志》卷十九。

十三經斷句考十三卷

稿本（古籍總目）

嘉定博（缺卷三至十一）

清抄本（古籍總目）

國圖

輶軒使者絶代語釋别國方言箋疏十三卷

清光緒十六年紅蝠山房刻朱印本（知見書目）

天津

清光緒十六年紅蝠山房刻本（古籍總目）

中科院　故宫　上圖

清光緒十六年紅蝠山房刻民國十八年補刻本（古籍總目）

湖北

光緒十六年廣雅書局刻本（古籍總目、知見書目）

北師大　人大　甘肅　南圖　湖北

積學齋叢書本（叢書綜録）

廣雅書局叢書本（叢書綜録）

錢　侗（一七七八—一八一五）

小傳見本卷《善本經眼録》。

九經補韻一卷附録一卷　宋楊伯嵒撰　清錢侗考證

汗筠齋叢書本（叢書綜録）

後知不是齋叢書本（叢書綜録）

粤雅堂叢書本（叢書綜録）

清王仁俊抄本（上圖古籍目録）

上圖

國朝郡縣韻編一卷

清抄本（上圖古籍目録）

上圖

泉幣考不分卷

稿本（古籍總目）

南京博

錢幣考殘稿不分卷

稿本（清瞿中溶批注，翁斌孫跋）　十行二十字紅格白口四周雙邊單魚尾（國圖古籍目録）

國圖

詞源校正一卷

稿本（上圖古籍目録）

上圖

葛其仁（一七八七—一八六二）

字元盹，號鐵生。嘉慶二十四年（一八一九）舉人，授景山官學教習。大挑二等，選授安徽歙縣教諭，歷署徽州府學教授，金山、休寧縣訓導。傳見光緒《嘉定縣志》卷十九。

小爾雅疏證五卷

清道光十九年葛氏刻本（古籍總目）

國圖　南圖

咫進齋叢書本（叢書綜録）

民國三年四川存古書局刻本（古籍總目）

復旦　甘肅

味經堂文集六卷

清道光三十年歙縣學署刻本（古籍總目）

蘇州

張文洤（一七八八—一八五九）

字子淵，號誠齋。詩文操筆立就，嘗博訪貞節，請旌，捐産供祀事。道光癸未（一八二三）、己酉（一八四九）水災，條上賑恤事宜，悉見施行。家範嚴肅，尤近世所罕。咸豐初，舉孝廉方正，辭。傳見光緒《嘉定縣志》卷十八。

定川草堂文集小品一卷

藝海一勺本（叢書綜録）

北遊草二卷

清道光二十三年刻定川草堂詩集本（别集總目）

南圖

定川草堂詩集四卷

清咸豐元年刻本（古籍總目）

社科院文學所　蘇州

毛嶽生（一七九一——一八四一）

字生甫，一字秋蘭，號蘭生，際盛子。先世隸籍寶山，後遷居嘉定。諸生。以祖大瀛蔭襲雲騎尉。嘗從姚鼐學，後流寓閩中十餘年。生平博綜經史，於文字訓詁、天文輿地靡不精究。古文堅質峻整，詩恢奇恣肆，書法疏落得古意。見光緒《嘉定縣志》卷十九。

元書后妃公主列傳一卷

漸學廬叢書第一集本（叢書綜録）

休復居文集六卷詩集六卷

清道光二十四年嘉定黄氏西溪草廬刻本（古籍總目）

國圖　中科院（存詩集）　天津（存詩集）

清光緒二十一年刻本（古籍總目）

江西

抄本（古籍總目）

臺圖

休復居詩不分卷

清咸豐八年張家驥抄本（古籍總目）

國圖

陳　琢

字聘侯，一字恬生，號小蓮，自號六九學人，詩庭子。精研六書，通《説文》，工篆隸。卒年五十九。傳見光緒《嘉定縣志》卷十九。

六九齋饌述稿六卷

清道光間刻本（古籍總目）

上海師大

六九齋饌述稿四卷

清同治十年查燕緒抄本（古籍總目）

復旦

清刻本（古籍總目）

中科院　湖北

六九齋饌述稿三卷

心矩齋叢書本（叢書綜録）

説文引經考證七卷説文引經互異説一卷

清同治十三年崇文書局刻本（古籍總目、知見書目）

國圖　上圖　遼寧　南圖　杭大（潘鍾瑞、雷浚批校，屈疆跋）

清光緒十三年三益齋刻本（古籍總目）

天津

説文舉例一卷

許學叢刻本（叢書綜録）

國語翼解十六卷

清學福齋抄本（古籍總目）

北大

抄本（古籍總目）

傅斯年圖

國語翼解六卷

廣雅書局叢書本（叢書綜録）

九章算術直指九卷札記一卷　清朱培補

清末抄本（古籍總目）

國圖

海島算經細草一卷　清朱培補

清末抄本（古籍總目）

國圖（朱筆圈點）

瞿樹鎬

字經孳，中溶子。官至陝西耀州知州。見光緒《嘉定縣志》卷十五。

吉羊鐙室詩集五卷

清同治十年刻本（古籍總目）

中科院　廣東

程庭鷺（一七九六—一八五八）

原名振元，字緼真，又字問初，號綠卿，改名庭鷺，字序伯，號蘅卿，又號篛盦，別號忘牧學人，諸生。幕游四方，清不絶俗。箴、銘、序、贊，諸體悉工。詩种清味，腴詞亦婉麗。畫宗鄉先輩，沈厚似檀園，澹蕩似松圓，更出入於玉溪、南華間。傳見光緒《嘉定縣志》卷十九。

夢盦居士自編年譜一卷

乙亥叢編本（叢書綜録）

小松圓閣書畫跋一卷附硯銘雜器銘一卷

美術叢書本（叢書綜録）

翦盦畫塵二卷

手稿本（古籍總目）

嘉定博（存卷上）

箬盦畫塵二卷補遺一卷

民國十六年紫庾香館鉛印本（上圖古籍目録）

上圖

小松圓閣雜著三卷

清同治二年刻本（古籍總目）

大連　南圖

多暇録二卷

清光緒二十年徐士愷刻本（古籍總目）

復旦（鄭文焯批，王大隆跋）

以恬養智齋詩初集六卷

清道光九年陳氏碧城仙館刻本（古籍總目）

國圖

以恬養智齋詩初集四卷

民國十年黄氏試金石室鉛印本（古籍總目）

社科院文學所

以恬養志齋詩二集不分卷

清抄本（古籍總目）

上圖

以恬養智齋集外詩四卷

清抄本（古籍總目）

嘉定博

以恬養智齋詞録一卷

清咸豐八年嘉定程氏刻本（古籍總目）

南圖　香港中山

莊爾保

字桐生，道光十六年（一八三六）恩貢。以詩鳴，格調在王士禛、查慎行間。博覽群籍，肆力古文，議論似魏禧，才氣近侯方域。又精通書法。傳見光緒《嘉定縣志》卷十九。

嘉定詩鈔初集五十二卷二集十八卷（輯）

清道光二十三年嘉定黄氏西溪草廬刻本　十行二十一字白口四周雙邊單魚尾（古籍總目）

國圖　上圖

李思中

字和甫，號小巖，景董字。舉道光十四年（一八二四）鄉試。母殁，不復進取。生平博通經史，慎交遊，寡言笑，時稱道學。見光緒《嘉定縣志》卷十九。

談劍廬詩稿二卷

民國十一年槎溪李氏詩四種鉛印本（古籍總目）

上圖

王屺望

字少漁，諸生，候選訓導。見光緒《嘉定縣志》卷二十四。

少漁讀易記七卷

清咸豐間刻本（古籍總目）

湖北

黄汝成（一七九九—一八三七）

字庸玉，號潛夫，鉉子，諸生。官泗州訓導。會丁嗣父艱，未赴卒。幼穎悟，讀《資治通鑑》，浹歲能背誦。長益博涉，凡禮樂、政刑及田賦、錢幣、權量、漕運、河渠、鹽鐵諸事，參校異同，纂述甚富。用力最深，尤在顧炎武《日知録》。傳見光緒《嘉定縣志》卷十九。

古今歲實考不分卷　清戴震撰　清錢大昕補　清黄汝成校補

稿本（上圖古籍目録）

上圖

日知録集釋三十二卷刊誤二卷續刊誤二卷

清道光十四至十八年黄氏西谿草廬刻本（古籍總目）

國圖　北大　天津　遼寧　大連

清道光十五年袖海樓刻本（古籍總目）

吉林

清同治七年朝宗書室刻本（古籍總目）

國圖　北大　天津　遼寧

清同治八年廣州述堂刻本（古籍總目）

國圖　北大　南圖　天津　遼寧

清同治十一年崇文書局刻本（古籍總目）

國圖　天津　遼寧　吉大　南圖

清光緒元年湖北崇文書局刻本（古籍總目）

吉大　哈爾濱

清光緒三年刻本（古籍總目）

國圖　南圖　吉林　吉林市　吉大

掃葉山房叢鈔本（叢書綜録）

清光緒十二年上海點石齋石印本（古籍總目）

國圖　南圖

清光緒十三年同文書局石印本（古籍總目）

北大　天津　吉大　南圖

清光緒二十一年上海點石齋石印本（古籍總目）

國圖　大連　吉林　齊齊哈爾　東北師大

清光緒間朝宗書室木活字印本（古籍總目）

吉大

日知録刊誤合刻四卷

袖海樓雜著本（叢書綜録）

清同治十一年湖北崇文書局刻本（南圖書目）

南圖

袖海樓雜著四種十二卷

清道光十八年嘉定黄氏西谿草廬刻本（叢書綜録）

國圖　中科院　上圖　復旦　天津

民國二十九年燕京大學圖書館影印清道光刻本（叢書綜録）

國圖　中科院　北大　上圖　復旦

袖海樓文録六卷

古今歲時考校補一卷

古今朔實考校補一卷

日知録刊誤合刻四卷

篋遺集二卷

清咸豐元年西溪草廬刻本（上圖古籍目録）

上圖

朱右曾（一七九九—一八五八）

字尊魯，一字亮甫，瑋子。道光十八年（一八三八）進士，改庶吉士，授編修，充國史館協修纂修。道光二十五年（一八四五）授徽州府知府，咸豐元年（一八五一）除鎮遠府知府。太平軍起，以失守屬邑罷官。七年（一八五七），署大定府興書院，卒官。見光緒《嘉定縣志》卷十六。

詩地理徵七卷

皇清經解續編本（叢書綜録）

逸周書集訓校釋十卷逸文一卷

崇文書局彙刻書本（古籍總目）

浙大（清孫詒讓校）

皇清經解續編本（叢書綜録）

清抄本（古籍總目）

南圖

民國元年鄂官書處刻本（古籍總目）

上圖

周書十卷附周書逸文一卷（注）

清抄本（古籍總目）

浙江（清孫詒讓校，清汪宗沂跋）

汲冢紀年存真二卷周年表一卷

清歸硯齊刻本（古籍總目）

國圖　上圖　遼寧　南圖

古本竹書紀年輯校一卷（輯）　王國維補

廣倉學宭叢書本（古籍總目）

道光八年戊子科江南鄉試硃卷一卷

清道光間刻本（古籍總目）

上圖

錢師璟

字子宋。侗子。例選訓導，精篆隸，工篆刻。見光緒《嘉定縣志》卷二十五。

錢氏考古録十二卷補遺一卷

清風室叢刊本（叢書綜録）

先德述聞一卷（纂修）

端溪叢書本（叢書綜録）

嘉定錢氏藝文志略一卷

清道光二十三年刻本　十一行二十二字小字雙行同白口左右雙邊單魚尾（古籍總目）

國圖　上圖　南圖

民國二十五年燕京大學圖書館抄本（古籍總目）

北大（薛瀛伯跋）

嘉定錢氏藝文志略二卷

端溪叢書本（叢書綜録）

列代篆籀碑刻録一卷

稿本（古籍總目）

南京博

流　寓

馬　萬

字士延，江蘇長洲人，流寓嘉定。授徒自給，康熙三年（一六六四）拒受地方官粟，後以窮餓死。見光緒《嘉定縣志》卷二十。

青蓮閣風人稿不分卷

稿本（上圖古籍目録）

上圖

風人近稿一卷

稿本（上圖古籍目録）

上圖

朱厚章（一六九三—一七三五）

小傳見本卷《善本經眼録》。

多師集八卷

清乾隆間刻本　八行十九字白口左右雙邊單魚尾（善本書目）

北大　復旦

多師集十二卷

清乾隆間刻本（古籍總目）

社科院文學所

寶山縣

本籍

范光斗（一五八一—一六七二後）

字喬年，號良賓。結茅東野之良濱。時族多殷富，光斗獨不事生産，讀書賦詩，不知有塵世事。卒年八十餘。見光緒《寶山縣志》卷十。

三餘草堂詩稿一卷

清抄本（古籍總目）

常熟

秦萬成

字士驥，居羅店。父錫齡，因蘇松浮賦重爲民困，欲籲請蠲減，不果。萬成承父遺志，輯《蘇松財賦考》，入都上諸當事，旋以病歿京邸。見光緒《寶山縣志》卷十。

蘇松浮賦考略一卷
清康熙間刻本（上圖古籍目録）
上圖

浦翔春

字鶴天，諸生。居邑城，少具至性。母病癱，醫藥不效，嚙臂肉作湯以進。交友不以生死異。詩人徐崧、范起鳳殁，爲輯其稿，梓以行世。號所居曰「梅花村」，著《梅花村稿》。客吴門時沈德潛爲序之。晚歸里，吟詠不輟，自題其集曰「老去吟」。年近八十而卒。見光緒《寶山縣志》卷九。

南唐雜事詩一卷　清顧宗泰撰　清施鴻勳輯　清浦翔春注
清嘉慶七年刻本（古籍總目）
國圖　上圖

梅花村稿二卷　清施鴻勳輯
清乾隆三十五年醉嘯齋刻本（古籍總目）
社科院文學所　蘇州

斗酒詩一卷梅花村稿一卷

清乾隆三十五年施鍾麟刻本（南圖書目）

南圖

黄臣燮

原名燮鼎，字蕙芬，義成孫。乾隆五十八年（一七九三）赴北闈未遇，遍遊川蜀。嘉慶二十一年（一八一六）歲貢生。傳見光緒《寶山縣志》卷十。

平泉詩稿四卷

清道光十四年刻本（古籍總目）

社科院文學所

黄維玉

字希石，上林子，居楊行。諸生，文行兼優，省試屢薦不售。生平著撰甚富，學使李因培題「讀書論古」四字獎之，會稽梁國治亦書「有志輯録」額以贈。見光緒《寶山縣志》卷十。

陸清獻公莅嘉遺蹟三卷

道光二十一年刻本　九行二十一字白口左右雙邊單魚尾（國圖古籍目録）

國圖

同治六年上海道署刻本（古籍總目）

國圖　上圖

陸清獻公莅嘉遺蹟三卷首一卷

陸子全書本（叢書綜録）

施�宗

字素儒，號半巖。

草花百詠一卷

乾隆四十一年默雷書屋刻本　十行十九字白口左右雙邊單魚尾（古籍總目）

首都

鍾翼雲

字翔九，號戴溪，諸生。

望錦樓遺稿一卷　清鍾毓編

鍾家詩鈔合集本（上圖古籍目録）

上圖

錢秉彝

生平不詳。

留香閣吟鈔一卷　清錢蘅璋輯

清光緒間寶山錢氏家集本（古籍總目）

上圖　首都

范雲鵬

文焕從子，諸生。改名洪鑄，字夌蒼，廪貢生。少好學，性慷慨，喜急人之難。不治生産，築百城樓以延賓客。見光緒《寶山縣志》卷十。

范雲鵬詩選二卷　清王鳴盛選

江左十子詩鈔本（古籍總目）

南圖

陸　立

字价人，陸深裔孫。父永堅字侶班，由滬城遷居真如，遂入邑庠。品學爲鄉里矜式，爲文得力《史》《漢》。時真如未有鎮志，立收輯六年，七易稿而成。見光緒《寶山縣志》卷十。

乾隆真如里志四卷（纂）

清乾隆三十七年後樂堂刻本（古籍總目）

國圖

抄本（古籍總目）

上圖

徐崧（一七三九—一七七二）

字水鄉，居城，國學生，工詩。性直，周恤里黨無難色。壯歲治計然術，時吟詠肆中，與之貨，多忘索值。見光緒《寶山縣志》卷十。

徐岳瞻遺稿（百删小草）一卷

清乾隆間刻本（善本書目）

上圖

蔣一元（一七四二—一八〇〇）

字復天，號丹臺。諸生。博洽工文，秋闈屢不得志，而名日盛。早歲即肆力於詩，里中能詩者皆出其門。晚年授徒江東。病歸，口吟絶句數章而卒。見光緒《寶山縣志》卷十。

簷香書屋詩稿八卷

清嘉慶間刻本（古籍總目）

中科院　常熟

李保泰（一七四二—一八一三）

小傳見本卷《善本經眼録》。

嗇生居文集不分卷删餘文稿一卷駢體文稿一卷詩集賸稿一卷

清抄本（善本書目）

國圖（清李寶生跋）

侯廷銓

字季華，秉仁子，嘉慶九年（一八〇四）副貢生。少好左氏學，又續修《潛溪志》，補柏氏所未備。見光緒《寶山縣志》卷十。

周易簡金三卷

清嘉慶二十年刻本（南圖書目）

南圖

春秋氏族略一卷春秋疑義一卷春秋列國考略一卷

清嘉慶十七年刻本（古籍總目）

北大

四書彙辨十八卷續二卷續補一卷

清嘉慶九年刻本（上圖古籍目録）

上圖

清嘉慶二十二年瑞寳堂刻本（南圖書目）

南圖

宋詩選粹十五卷（輯）

清道光五年刻本（上圖古籍目録）

上圖

范起鳳

諸生，沈德潛高弟。從事幕府，乾隆四十一年（一七七六）獻賦天津，晚客教授李保泰揚州學署。傳見光緒《寶山縣志》卷十。

瘦生詩鈔六卷

清嘉慶七年刻本（古籍總目）

中科院

袁文炤（一七六七—一八三四）

字鏡人，號朗齋，諸生。嘉慶十五年（一八一〇）中副車。讀書好古，凡漢唐經義，有所棄取，丹黄細字，溢於頁額。輯分縣後邑人制義，繫以小傳，爲百餘年文獻之徵。當事議修邑志，條陳先後事宜。傳見光緒《寶山縣志》卷十。

蛾術山房詩鈔四卷　清袁鎮嵩輯

袁氏家集本（叢書綜録）

鍾曾齡（一七七二—一八二四）

字古霑，號春畬，諸生。

紅藥山房吟稿四卷續稿一卷

清道光金嘯山房刻本（古籍總目）

中科院　上圖

抄本（古籍總目）

山西大學

紅華山房吟稿一卷　鍾毓編

鍾家詩鈔合集本（上圖古籍目録）

上圖

鍾曾澤

鍾泰子，諸生。

繡山小草一卷　鍾毓編

鍾家詩鈔合集本（上圖古籍目録）

上圖

鍾其昌

字子廉。

删存草一卷浣花小榭閒吟一卷

稿本（古籍總目）

中科院

删存草不分卷

清道光二十年抄本（古籍總目）

中科院

印康祚（一七八七——一八四一）

字印川，鴻禕子。諸生。幼即以詩鳴里中，嘗扁舟往來婁、淞二水間，人比之天隨子。見光緒《寶山縣志》卷十。

鷗天閣遺著二卷　清葉廷琯編

清道光二十二年刻本（古籍總目）

北大

沈學淵（一七八八—一八三三）

字涵若，號夢塘，又號蘭卿。嘉慶十五年（一八一〇）舉人。林則徐官江蘇布政使，延至署中作幕。應陸我嵩之招，兩作閩中之遊。又應浙閩總督孫爾準聘，與修《福建通志》。傳見光緒《寶山縣志》卷十。

桂留山房詩集十二卷詞集一卷

清道光二十四年郁松年刻本（古籍總目）

中科院

沈夢塘詞稿一卷

清抄本（古籍總目）

福建

張朝桂（一七八八—一八六〇）

原名攀桂，字問秋，號芳伯，晚號金粟道人，耀宗子。弱冠後從三吴諸名宿游，邑令范仕義、學師章謙存皆器重之。副總兵湯攀龍鎮吴淞，招致幕中。晚官訓導。築精舍收貯書畫碑帖圖器，藏硯尤多。傳見光緒《寶山縣志》卷十。

養拙居詩稿二十四卷文稿八卷尺牘十二卷

清道光三十年壬蠲庭刻本（古籍總目）

山東（存詩稿）　社科院近代史所（存尺牘）

楊大澂

號全真子。

東浦草堂詩九卷

清道光間刻本（上圖古籍目録）

上圖

李雲棟

字湄生，以舉人官四川知縣，所至釐剔有政聲。陞眉州知州，旋告歸。見光緒《寶山縣志》卷九。

迻峽山館詩鈔十卷

清咸豐二年刻本（南圖書目）

南圖

袁　堅（一七九五—一八三四）

字同石，號秋巖。文炤子。增武生。事迹具光緒《寶山縣志》卷十。

六芳草堂詩存一卷　清袁鎮嵩輯

袁氏家集本（叢書綜録）

鍾　奭

字淞溪。

淞溪遺稿二卷

詒安堂全集本（叢書綜録）
民國二十年鍾惠山鉛印鍾家詩鈔合集本（古籍總目）
上圖
抄本（古籍總目）
中科院

袁之鼐（一八一七—一八三四）

文炤子。

漱瑛樓詩存一卷　清袁鎮嵩輯

袁氏家集本（叢書綜録）

袁之蘭

字畹香，文炤子。

秋聲館詩草一卷　清袁鎮嵩輯

袁氏家集本（叢書綜録）

仕宦

趙酉

字文山，甘肅秦州人。乾隆八年（一七四三）知寶山縣事。莅任後知民力瘠弱，士風僻陋，一以教養爲己任。先後建廟學，輯縣志。乾隆十二年（一七四七）海潮爲災，發賑以濟貧民，協濬劉河。以寶山不沾水利，力請於上官。十三年，陞太倉知州，旋擢蘇州知府。傳見光緒《寶山縣志》卷七。

乾隆寶山縣志十卷首一卷　清趙酉修　清章鑰纂

清乾隆十一年刻本（古籍總目）

國圖　中科院　上圖　復旦　天津

崇明縣

沈　寓（一六三九——一七一七）

小傳見本卷《善本經眼録》。

白華莊藏稿六卷

清乾隆十五年沈丕源等刻本（古籍總目）

中科院

白華莊藏稿鈔詩六卷文十六卷

清乾隆十七年至十九年沈奕董刻本　九行二十三字小字雙行同白口四周雙邊單魚尾（善本書目）

上圖　復旦　日本内閣

施何牧（一六四七——一七二八）

小傳見本卷《善本經眼録》。

韻雅五卷雜論一卷識餘一卷

清刻本　八行白口四周雙邊單魚尾（善本書目）

上圖　北大

清嘉慶道光間刻本（南圖書目）

南圖

一山存集八卷二集九卷三集十二卷别集六卷文集十四卷

清刻本（古籍總目）

中科院

明詩去浮四卷（輯）

清雍正間施氏臨霞軒刻本　十一行二十一字白口左右雙邊（善本書目）

國圖

清抄本（古籍總目）

南開　内蒙古師大

柏　謙（一六九七—一七六五）

字靄高，一作藴皋，號東皋。雍正八年（一七三〇）進士，官編修，乾隆三年（一七三八）任福建鄉試主考。歷充奉宸院供奉，《一統志》館、武英殿經史館、《明史》館纂修。十一年（一七四六），以母老乞歸。里居三十年，常解人厄困。爲人訥於言而敏於文，書法在歐間，尤工四書文。傳見民國《崇明縣志》卷十二。

槐蔭堂稿不分卷

清乾隆四十四年培仁堂刻本（古籍總目）

泰安

碧山堂集不分卷

清嘉慶二十年文盛堂刻本（古籍總目）

泰安

徐興文

字六華，夢椽子。縣學生，能詩。有《崇明竹枝詞》二十首，典質温雅。見民國《崇明縣志》卷十二。

復嬰詩鈔三卷

清嘉慶二十二年刻本（古籍總目）

常熟

黄　旭

字慶符，號菰堃。

菰堃文集不分卷

稿本（古籍總目）

中科院

王者佐

字佑君，縣學生。敦品力學，應鄉舉輒罷，遂閉户著書。乾隆元年（一七三六），舉孝廉方正，以老疾辭。年八十餘卒於家。見民國《崇明縣志》卷十二。

志學堂禮記擬言十卷

清抄本　十一行二十二字無格（國圖古籍目録）

國圖

志學堂春秋擬言□卷

民國間抄本（國圖古籍目録）

國圖

何忠相

字罕勷，號一山。以優貢中副榜貢生，試順天，復中副榜，考補教習。以知縣發直隸，坐事落職歸。邃於詩學，爲文雅澹。見民國《崇明縣志》卷十二。

二山説詩四卷

清乾隆三十一年刻本　十一行十九字小字雙行同白口左右雙邊單魚尾（古籍總目）

國圖　北師大　湖北　福建

張詒

字敬謀，乾隆五十四年（一七八九）貢生，就職直隸州州判。通《毛詩》《戴記》，工詩古文辭，與錢塘袁枚相唱酬，交遊皆名宿。高宗南巡，召試二等，賞緞疋。嘉慶元年（一七九六），舉孝廉方正。歷主靖江、安東、如皋、江陰講席。傳見民國《崇明縣志》卷十二。

觀海樓詩鈔六卷

清刻本（古籍總目）

社科院文學所

施彦士（一七七五—一八三五）

字樸齋。道光元年（一八二一）舉人，通天文算學。博覽經史百家之書，而尤熟於海運故事。道光四年（一八二四），上海運芻言，助江蘇巡撫陶澍疏通海運。議叙知縣，署直隸内邱縣事。修學宫，復書院，築城堡，纂邑志，百廢具舉。又署南皮正定縣事，嘗選拔張之洞。傳見民國《崇明縣志》卷十一。

推春秋日食法不分卷

清嘉慶二十一年梅山館刻本（上圖古籍目録）

上圖

清嘉慶二十四年梅山館刻本（古籍總目）

東北師大　南圖

推春秋日食法一卷附一卷

求己堂八種本（叢書綜録）

清修梅山館刻巾箱本（南圖書目）

南圖

春秋朔閏表發覆四卷卷首一卷

求己堂八種本（叢書綜録）

春秋算法題目不分卷

清刻本（古籍總目）

湖北

讀孟質疑三卷

求己堂八種本（叢書綜録）

讀孟質疑二卷

槐廬叢書本（叢書綜録）

孟子外書集證五卷

求己堂八種本（叢書綜録）

道光元年辛巳科江南鄉試硃卷一卷

清道光間刻本（古籍總目）

上圖

道光内邱縣志四卷　清汪匡鼎原本　清施彦士續纂修

清康熙七年刻道光十二年增刻本（古籍總目）

國圖　中科院　北大　上圖　復旦

道光萬全縣志十卷卷首一卷　清左承業原本　清施彦士續纂修

清乾隆十年刻道光十四年增修本（古籍總目）

國圖　中科院　北大　上圖　復旦

海運芻言一卷

求己堂八種本（叢書綜録）

開墾水田圖説一卷營田四局摘要一卷　清施彦士、倪承弼撰　（營田四局摘要）清陳儀撰

清倪承弼輯

清道光十八年刻本（古籍總目）

國圖　南圖

求己堂詩集一卷文集一卷

求己堂八種本（叢書綜録）

施　勤

生平不詳。

步算筌蹄三卷首一卷末一卷（輯）

清咸豐六年崇明竹義山房刻本（古籍總目）

上圖

川沙廳

陳　曼

字長倩，諸生。有聲幾社，性高潔，有倪高士風。甲申後林間寂處，以畫爲事。畫宗二米，饔飧寄焉。

見同治《上海縣志》卷十九。

詠歸堂集一卷

民國二十五年寶山滕固鉛印本（別集總目）

上圖　南圖（滕固題識）

丁丑叢編本（叢書綜録）

葉其蓁

字杏林，川沙人。工詩，精醫理，有諸科指掌等二十一種行世。見光緒《川沙廳志》卷十。

女科指掌五卷（輯）

清雍正二年書業堂刻本（古籍總目）

上海中醫大　山西　浙江 *

清雍正十年刻本（古籍總目）

中醫科學院

清光緒元年上海大一統書局石印本（古籍總目）

黑龍江　湖北中醫　廣東

清光緒十五年來青閣刻本（古籍總目）

北京中醫大　中科院　上圖　天津中醫大　南京中醫大
清光緒二十六年文宜書局石印本（古籍總目）
蘇州中醫院
清光緒間上海海左書局石印本（古籍總目）
上海中醫大　吉林　山東中醫大　南京中醫大　浙江中醫大

抱乙子幼科指掌遺稿五卷

清乾隆八年上海葉氏刻本（古籍總目）
北大　上圖　上海中醫大

張　成（？——一七四八）

字修己，號澹庵，乾隆三年（一七三八）舉人。樸誠敦厚，文詞之外，兼工墨竹，精岐黄。見光緒《川沙廳志》卷十。

天機樓詩不分卷

民國三十七年刻本（古籍總目）

廣東

沈璧璉

原名芝蓮，字熙之，號梅泉。候選光禄寺典簿。

文詠樓詩鈔五卷附虚白堂詞鈔一卷

清嘉慶十六年刻本（古籍總目）

南圖

未詳區域

邵元龍

易經知一訓

抄本（古籍總目）

上圖

施是式

字志學。

道園遺稿四卷

清康熙五十二年刻本（上圖古籍目録）

上圖

金　誠

字閑存，松江府人，生平不詳。

易經貫一二十二卷

清乾隆十七年和序堂刻本　九行二十字小字雙行同白口四周雙邊單魚尾（善本書目）

上圖　山東　遼寧　中科院　清華

金石偶鈔存九卷（卷十三至二十一）

抄本（上圖古籍目録）

上圖

聞人倓

古詩箋三十二卷　清王士禛輯　清聞人倓箋

清乾隆三十一年芷蘭堂刻本（古籍總目）

國圖　上圖（清查建龍録清董熜評點）　社科院文學所（清翁方綱批校）　浙大（存卷五言詩卷一至十七、七言詩卷一至七、十至十五，清孫衣言跋並録清翁方綱、清姚鼐批語）

徐　振

字白眉。

四繪軒詩鈔一卷

藝海珠塵本（叢書綜録）

潘佳晴

字快雪，松江人。寓嘉興金明寺三十年，卒于僧舍。詩學義山，書蒼秀，得蘇、米法。見嘉慶《嘉興府志》卷五十三。

九峰草堂詩初集一卷二集一卷三集一卷四集五卷五集五卷

稿本（上圖古籍目録）

上圖

九峰草堂詩集八卷

抄本（上圖古籍目録）

上圖

顧　錫

銀海指南四卷

清嘉慶十四年刻本

上海中醫大*　蘇州大學醫學院

清嘉慶十五年三友草堂刻本

南圖

清嘉慶十五年松江萃文堂刻本

中醫科學院　上海中醫大

清同治三年五雲樓刻本

國圖　中醫科學院　天津

清同治三年大文䄍刻本

吉林

清同治六年校經山房刻本（眼科大成）

山東醫大　南圖　湖南中醫

清同治七年掃葉山房刻本（眼科大成）

國圖　上圖　湖南中醫

許仲元

三異筆談四卷

清道光間刻本（國圖書目）

國圖

清末上海申報館鉛印本（古籍總目）

國圖　上圖　遼寧（純一齋主人跋）　南圖
民國間石印本（古籍總目）
南圖　瀋陽　吉林

三異筆談一集三卷

清道光七年刻本（上圖古籍目録）
上圖

張南莊

何典十回

申報館叢書本（叢書綜録）
清光緒二十年上海圖書集成印書局鉛印本（上圖古籍目録）
上圖
民國十八年北新書局鉛印本（南圖書目）
南圖

二、未見著述簡目

序號	書名	作者	出處
一	消夏集、碧山堂遺稿四卷	柏　謙	民國《崇明縣志》卷十六
二	大場續志	柏學源	光緒《寶山縣志》卷十二
三	笑讀軒詩稿	柏學源	光緒《嘉定縣志》卷二十七
四	含暉閣詩鈔	包原純	光緒《松江府續志》卷三十七
五	自補由房詩鈔	鮑詞藻	光緒《寶山縣志》卷十二
六	縷蔥小草一卷	鮑景顏	光緒《嘉定縣志》卷二十七
七	鴻雪居詩	鮑　歷	嘉慶《松江府志》卷七十二
八	琴川志	鮑　廉	嘉慶《松江府志》卷七十二

續表

序號	書名	作者	出處
九	春秋纂要二十二卷、續韻府群玉一百卷	鮑以燦	光緒《松江府續志》卷三十七
一〇	儀吉堂古文選三十卷	鮑以燦、鮑以輝	嘉慶《松江府志》卷七十二
一一	翠微閣集、倩鶴小草	本源	光緒《嘉定縣志》卷二十七
一二	槐樹陰軒稿	畢誼	嘉慶《松江府志》卷七十二
一三	織楚集二卷	畢昭文	光緒《嘉定縣志》卷二十七
一四	東田詩草	卞煒	光緒《松江府續志》卷三十七
一五	閒窗小草	卞璋	光緒《嘉定縣志》卷二十七
一六	敬業樓詩文稿、北遊雜詠	蔡朝杰	光緒《松江府續志》卷三十七
一七	硯齋小草一卷	蔡辰	光緒《嘉定縣志》卷二十七
一八	吉光集六卷	蔡辰編	光緒《嘉定縣志》卷二十八
一九	藥性歌	蔡恭	同治《上海縣志》卷二十七

續表

序號	書名	作者	出處
二〇	西林賸稿	蔡鴻業	嘉慶《松江府志》卷七十二
二一	濟陽三世稿	蔡景謨、蔡匡時、蔡禹東	光緒《寶山縣志》卷十二
二二	梅鶴草	蔡克敏	光緒《寶山縣志》卷十二
二三	衡門草	蔡連	光緒《松江府續志》卷三十七
二四	漁隱詩鈔	蔡犖	同治《上海縣志》卷二十七
二五	消夏録	蔡嵋	光緒《松江府續志》卷三十七
二六	淚珠集	蔡氏	光緒《松江府續志》卷三十七
二七	四書題解	蔡嵩	光緒《松江府續志》卷三十七
二八	夢墨草堂詩鈔	蔡文鈺	嘉慶《松江府志》卷七十二
二九	雲庵吟稿、雲庵尺牘	蔡无炳	光緒《寶山縣志》卷十二
三〇	繡餘小草二卷	蔡秀倩	《歷代婦女著作考》卷十八

序號	書名	作者	出處
三一	鏞莪軒詩鈔	蔡英	光緒《松江府續志》卷三十七
三二	吾愛廬詩録	蔡英	光緒《寶山縣志》卷十二
三三	新菊譜	蔡泳	光緒《嘉定縣志》卷二十六
三四	魯川詩文稿	蔡洙	光緒《嘉定縣志》卷二十七
三五	曹氏族譜	曹炳曾、曹一士	光緒《松江府續志》卷三十七
三六	應驗方一集、覺言録六卷、明志堂全集、竹香亭詩餘	曹垂燦	嘉慶《松江府志》卷七十二
三七	科名果報録、片玉齋集、五石山房全集、且閒亭集、越游草	曹垂燦	同治《上海縣志》卷二十七
三八	茶隱居小草	曹垂星	嘉慶《松江府志》卷七十二
三九	鑾江雜草	曹純	光緒《松江府續志》卷三十七
四〇	清輝閣詞	曹鼎曾	嘉慶《松江府志》卷七十二
四一	道邇堂集	曹爾埏	嘉慶《松江府志》卷五十七

續表

序號	書名	作者	出處
四二	蓉鏡堂日鈔三卷	曹桂芳	光緒《嘉定縣志》卷二十六
四三	吟巢漫稿	曹桂芳	光緒《嘉定縣志》卷二十七
四四	蘆汀吟稿	曹國維	光緒《松江府續志》卷三十七
四五	雲溪詩鈔	曹漢郯	光緒《松江府續志》卷三十七
四六	慧香室詩草五卷	曹洪宜	《歷代婦女著作考》卷十四
四七	十七峰閒閣稿	曹鴻燾	光緒《松江府續志》卷三十七
四八	清閨吟、繡餘試硯稿、瑶臺宴傳奇	曹鑑冰	嘉慶《松江府志》卷七十二
四九	吹劍草、寒螿草	曹鑑臨	嘉慶《松江府志》卷七十二
五〇	田家詩一卷	曹鑑仁	光緒《松江府續志》卷三十七
五一	海棠雜詠一卷	曹鑑仁	光緒《金山縣志》卷十五
五二	香草居集	曹鑑咸	嘉慶《松江府志》卷七十二

續表

序號	書名	作者	出處
五三	秋帆集、古文雜著、讀詩百詠、郵筒偶集	曹鑑咸	光緒《金山縣志》卷十五
五四	達庵稿	曹景程	光緒《嘉定縣志》卷二十七
五五	采韻詞	曹炯曾	嘉慶《松江府志》卷七十二
五六	無聊吟、聽鶯軒稿	曹埈	光緒《金山縣志》卷十五
五七	鈍留齋稿	曹埈	光緒《重修華亭縣志》卷二十
五八	詩定	曹六龍	光緒《松江府續志》卷三十七
五九	深柳堂詩文集	曹鳴霄	光緒《松江府續志》卷三十七
六〇	蘭陔軒吟草	曹沐	光緒《松江府續志》卷三十七
六一	尺木居詞稿	曹培鯉	光緒《松江府續志》卷三十七
六二	同蘭館詩	曹培源	嘉慶《松江府志》卷七十二
六三	字韻合璧十二卷	曹球	光緒《松江府續志》卷三十七

續表

序號	書名	作者	出處
六四	詠典堂集十二卷、刻燭集一卷	曹仁虎	光緒《嘉定縣志》卷二十七
六五	曹知非詩文集	曹榮	光緒《松江府續志》卷三十七
六六	尚志軒集	曹紳	光緒《松江府續志》卷三十七
六七	賜硯齋集	曹詩	光緒《松江府續志》卷三十七
六八	二香四六	曹樹杏	同治《上海縣志》卷二十七
六九	絳帳遺規	曹樹真	同治《上海縣志》卷二十七
七〇	筆耕雜録、咫聞暇録	曹思邈	光緒《松江府續志》卷三十七
七一	芥仙吟稿	曹松年	光緒《松江府續志》卷三十七
七二	珠溪紀略	曹天名	光緒《松江府續志》卷三十七
七三	南陔集	曹偉謨	嘉慶《松江府志》卷七十二
七四	曌休吟草	曹文煃	光緒《寶山縣志》卷十二

序號	書名	作者	出處
七五	古詩約選、唐詩約選	曹錫寶	光緒《松江府續志》卷三十七
七六	半涇園詩餘	曹錫端	光緒《松江府續志》卷三十七
七七	碧鮮齋詩集	曹錫黼	嘉慶《松江府志》卷七十二
七八	杏花春雨樓稿	曹錫璜	光緒《松江府續志》卷三十七
七九	五老堂詩稿	曹錫堃	嘉慶《松江府志》卷七十二
八〇	静寂東軒詩鈔	曹錫堂	光緒《松江府續志》卷三十七
八一	倡隨集	曹相川	光緒《金山縣志》卷十五
八二	韻蘭詩集	曹　湘	光緒《寶山縣志》卷十二
八三	浮香舫未删稿	曹　燕	光緒《松江府續志》卷三十七
八四	濟寰詩鈔	曹一士	同治《上海縣志》卷二十七
八五	白村集	曹奕霞	光緒《松江府續志》卷三十七

續表

序號	書名	作者	出處
八六	長嘯軒詩六卷	曹應曾	嘉慶《松江府志》卷七十二
八七	長嘯軒詞	曹映曾	嘉慶《松江府志》卷七十二
八八	庸軒集	曹元義	光緒《松江府續志》卷三十七
八九	仙客詩函四卷	曹澐	光緒《嘉定縣志》卷二十七
九〇	愛日草堂詩	曹湛恩	光緒《松江府續志》卷三十七
九一	南村遺稿	曹質	光緒《寶山縣志》卷十二
九二	雙魚譜	曹重	《明清江蘇文人年表》康熙二十五年條
九三	曜錦詞十卷	曹重	嘉慶《松江府志》卷七十二
九四	墨林讌集	曹重	光緒《金山縣志》卷十五
九五	竹蝨集	長奐曾	嘉慶《松江府志》卷七十二
九六	止止語録二卷	超定	光緒《嘉定縣志》卷二十六

續表

序號	書名	作者	出處
九七	水經注正謁八卷	陳昌世	光緒《嘉定縣志》卷二十五
九八	静功集要三卷	陳俶	光緒《嘉定縣志》卷二十六
九九	凝致堂詩草	陳大經	民國《崇明縣志》卷十六
一〇〇	敦仁堂詩草六卷	陳大始	民國《崇明縣志》卷十六
一〇一	呵壁詞	陳嵦	嘉慶《松江府志》卷七十二
一〇二	祖硯堂集八卷	陳嵦	光緒《重修華亭縣志》卷二十
一〇三	寄嘯集	陳璠	民國《崇明縣志》卷十六
一〇四	四書物象考	陳繁昌	光緒《松江府續志》卷三十七
一〇五	凌霄榭詩集	陳烱	民國《崇明縣志》卷十六
一〇六	甜閒堂詩草	陳格	民國《崇明縣志》卷十六
一〇七	玉玲瓏吟稿	陳姞	光緒《嘉定縣志》卷二十七

續表

序號	書名	作者	出處
一〇八	藥性便蒙	陳古	光緒《嘉定縣志》卷二十六
一〇九	寓書樓稿	陳穀	嘉慶《松江府志》卷七十二
一一〇	三禮緒論	陳光褒	光緒《嘉定縣志》卷二十四
一一一	秋舫詩鈔一卷	陳光褒	光緒《嘉定縣志》卷二十七
一一二	蔚山吟草四卷	陳珪	光緒《嘉定縣志》卷二十七
一一三	茹蘗齋稿	陳桂	光緒《松江府續志》卷三十七
一一四	陳氏醫案二卷、地理囊書二卷	陳國彥	光緒《嘉定縣志》卷二十六
一一五	藏霞居詩鈔五卷	陳國彥	光緒《嘉定縣志》卷二十七
一一六	篆隸源流二卷、古藤齋印譜四卷	陳浩	光緒《嘉定縣志》卷二十六
一一七	百尺樓詩集、夢秋軒詞草、六宜唱和	陳浩	光緒《寶山縣志》卷十二
一一八	芝樹堂詩草	陳浩	民國《崇明縣志》卷十六

續表

序號	書名	作者	出處
一一九	寓婁草、東野吟	陳宏勳	光緒《嘉定縣志》卷二十七
一二〇	東野集	陳瑚	光緒《嘉定縣志》卷二十七
一二一	西園唱和詩一卷	陳瑚等	光緒《嘉定縣志》卷二十八
一二二	耕餘詩草	陳櫅生	光緒《寶山縣志》卷十二
一二三	三蕉書屋詩四卷	陳濟	嘉慶《松江府志》卷七十二
一二四	譚陽草舍集四卷	陳濟	光緒《金山縣志》卷十五
一二五	三魚堂賸言	陳濟編輯	嘉慶《松江府志》卷七十二
一二六	賓獲草、篔游草、詠史詩	陳嘉	光緒《嘉定縣志》卷二十七
一二七	保石齋吟稿	陳稼生	光緒《寶山縣志》卷十二
一二八	罷庵詩稿	陳介	光緒《松江府續志》卷三十七
一二九	園居雜録	陳金浩	嘉慶《松江府志》卷七十二

續表

序號	書名	作者	出處
一三〇	談經録	陳金治	光緒《松江府續志》卷三十七
一三一	梅影樓遺稿	陳　晉	光緒《寶山縣志》卷十二
一三二	南門志四卷	陳　瑨	光緒《嘉定縣志》卷二十五
一三三	修慝餘編、傳耕堂集	陳　藎	嘉慶《松江府志》卷七十二
一三四	薝香吟稿	陳　憬	光緒《松江府續志》卷三十七
一三五	繡餘雜詠、名媛繡鍼、古今名媛考略、倡隨集	陳　敬	《歷代婦女著作考》卷十五
一三六	月浦志、學詩堂草	陳　鈞	光緒《寶山縣志》卷十二
一三七	東南詩草	陳　逵	嘉慶《松江府志》卷七十二
一三八	谷香詩草二卷	陳蘭徵	《歷代婦女著作考》卷十五
一三九	環竹山房詩草	陳　鍊	嘉慶《松江府志》卷七十二
一四〇	荻翁偶談	陳令言	民國《崇明縣志》卷十六

續表

序號	書名	作者	出處
一四一	蓬行集十卷	陳龍	光緒《松江府續志》卷三十七
一四二	堅齋集五卷	陳邁	光緒《嘉定縣志》卷二十七
一四三	易窮三昧	陳明達	《販書偶記》卷一
一四四	清風涇竹枝詞	陳祁	光緒《松江府續志》卷三十七
一四五	雅言堂詩草	陳琦	民國《崇明縣志》卷十六
一四六	貞白堂集	陳恰	嘉慶《松江府志》卷七十二
一四七	説餅四卷、緑香堂詩稿四卷	陳汝霖	民國《崇明縣志》卷十六
一四八	雪巢詩集	陳汝秋	光緒《寶山縣志》卷十二
一四九	思補齋詩稿二卷	陳三合	民國《崇明縣志》卷十六
一五〇	墨莊小稿	陳上驤	光緒《嘉定縣志》卷二十七
一五一	花南詩集四卷	陳韶	嘉慶《松江府志》卷七十二

續表

序號	書名	作者	出處
一五二	梅莊小志三卷	陳　韶	光緒《松江府續志》卷三十七
一五三	紅葉山房稿	陳　昇	光緒《松江府續志》卷三十七
一五四	六香庵詩稿	陳詩桓	嘉慶《松江府志》卷七十二
一五五	稗堂詩集	陳詩桓	乾隆《婁縣志》卷十二
一五六	説文聲義八卷	陳詩庭	光緒《嘉定縣志》卷二十四
一五七	讀書瑣記四卷	陳詩庭	光緒《嘉定縣志》卷二十六
一五八	深柳居詩文集六卷	陳詩庭	光緒《嘉定縣志》卷二十七
一五九	五經直解十六卷	陳時叙	光緒《嘉定縣志》卷二十四
一六〇	金剛經注一卷	陳時叙	光緒《嘉定縣志》卷二十六
一六一	亦邇齋稿	陳時叙	光緒《嘉定縣志》卷二十七
一六二	醫規、女科選注、時氣會痛	陳士錦	光緒《松江府續志》卷三十七

續表

序號	書名	作者	出處
一六三	一則集	陳氏	嘉慶《松江府志》卷七十二
一六四	梅龕吟	陳氏	《歷代婦女著作考》卷十五
一六五	滇南紀游草、挹爽堂詩稿	陳世傑	民國《崇明縣志》卷十六
一六六	芝野集	陳仕	光緒《嘉定縣志》卷二十七
一六七	江上歸帆草	陳壽圖	光緒《嘉定縣志》卷二十七
一六八	疏簾閣詩鈔	陳淑	光緒《松江府續志》卷三十七
一六九	江右草	陳淑英	乾隆《婁縣志》卷十二
一七〇	紅餘小草	陳淑英	光緒《松江府續志》卷三十七
一七一	道山詩鈔	陳舒	光緒《嘉定縣志》卷二十七
一七二	三傳蒙拾六卷	陳樹德	光緒《嘉定縣志》卷二十四
一七三	抱經堂詩稿四卷、文稿二卷、粤游録三卷、舊存録三卷	陳松齡	光緒《嘉定縣志》卷二十七

續表

序號	書名	作者	出處
一七四	姑存稿	陳　坦	光緒《松江府續志》卷三十七
一七五	古華詩鈔二十卷	陳廷慶	嘉慶《松江府志》卷七十二
一七六	法帖集古録、謙受堂全集	陳廷慶	光緒《松江府續志》卷三十七
一七七	晚香草	陳　琬	光緒《寶山縣志》卷十二
一七八	懷古堂詩文集	陳王陛	光緒《松江府續志》卷三十七
一七九	易闡	陳　威	光緒《寶山縣志》卷十二
一八〇	龍巖山人詩稿	陳維城	光緒《松江府續志》卷三十七
一八一	寒香吟社稿	陳文炳	光緒《松江府續志》卷三十七
一八二	頤道堂詩選、頤道堂文鈔	陳文述	光緒《嘉定縣志》卷二十七
一八三	穀詒堂詩稿	陳　雯	光緒《松江府續志》卷三十七
一八四	澹遠山房詩鈔二卷、集李詩二卷、集杜詩二十卷詞一卷、西湖酬唱集、藻耘詩稿	陳　曦	光緒《嘉定縣志》卷二十七

續表

序號	書名	作者	出處
一八五	詩經集解	陳霞綿	光緒《嘉定縣志》卷二十四
一八六	芸窗輯要、曲阜述	陳霞錦	光緒《嘉定縣志》卷二十八
一八七	錫慶堂集	陳孝泳	嘉慶《松江府志》卷七十二
一八八	停梭吟草	陳秀英	《歷代婦女著作考》卷十五
一八九	紫薇吟館詩草	陳延溥	光緒《松江府續志》卷三十七
一九〇	依巢草	陳　耀	光緒《嘉定縣志》卷二十七
一九一	一則詩稿	陳一則	《歷代婦女著作考》卷十五
一九二	芝峰詩鈔、琴碁弓劍譜	陳　彝	光緒《寶山縣志》卷十二
一九三	經義樓文稿	陳以成	光緒《嘉定縣志》卷二十七
一九四	恕齋吟稿、覆盆草	陳　瑛	光緒《松江府續志》卷三十七
一九五	陳玉潤詩稿三卷	陳玉潤	光緒《嘉定縣志》卷二十七

續表

序號	書名	作者	出處
一九六	傷寒十劑新箋十卷	陳曰壽編校	光緒《嘉定縣志》卷二十六
一九七	慶餘堂吟稿	陳岳	民國《崇明縣志》卷十六
一九八	學庸講義、四書同音	陳雲翱	光緒《松江府續志》卷三十七
一九九	匡庵集二十卷	陳曾芝	光緒《嘉定縣志》卷二十七
二〇〇	藴山堂稿	陳沼	民國《崇明縣志》卷十六
二〇一	蘭秀堂文集十二卷	陳震	光緒《松江府續志》卷三十七
二〇二	拾香草堂集	陳志道	光緒《松江府續志》卷三十七
二〇三	證治大還	陳治	嘉慶《松江府志》卷七十二
二〇四	六九齋詩稿	陳瑑	光緒《嘉定縣志》卷二十七
二〇五	鄉黨圖考便讀	陳琢	光緒《寶山縣志》卷十二
二〇六	虚舟吟稿、夢雲集	陳祖培	光緒《寶山縣志》卷十二

續表

序號	書名	作者	出處
二〇七	南翔寺文鈔	成寀輯	光緒《嘉定縣志》卷二十八
二〇八	山村集	程　超	光緒《金山縣志》卷十五
二〇九	一枝樓吟草	程芳銘	光緒《寶山縣志》卷十二
二一〇	雙桂軒稿	程飛鳳	光緒《松江府續志》卷三十七
二一一	緝亭全集	程光熙	光緒《寶山縣志》卷十二
二一二	粵游草、開卷樓近什	程化龍	嘉慶《松江府志》卷七十二
二一三	古雪山房蘭竹譜一卷	程景春	光緒《嘉定縣志》卷二十六
二一四	師鷗山館吟草	程蘭錡	光緒《嘉定縣志》卷二十七
二一五	醴香詞稿一卷	程蘭泉	光緒《嘉定縣志》卷二十八
二一六	餐霞吟稿四卷詞稿一卷駢體文二卷、嶺南游草、熨紅書屋吟草、夢游草	程　鸞	光緒《嘉定縣志》卷二十七
二一七	破愁集	程千頃	光緒《松江府續志》卷三十七

續表

序號	書名	作者	出處
二一八	藕花居吟稿	程師濂	光緒《寶山縣志》卷十二
二一九	繡餘隨筆	程　氏	光緒《寶山縣志》卷十二
二二〇	繡餘集	程　氏	《歷代婦女著作考》卷十六
二二一	善補過齋劄記	程式筠	光緒《嘉定縣志》卷二十六
二二二	一粟居吟草、遺經堂古文稿	程式鈞	光緒《嘉定縣志》卷二十七
二二三	頤志山房蘭竹譜	程松雲	光緒《嘉定縣志》卷二十六
二二四	書法集要八卷	程天爵	光緒《松江府續志》卷三十七
二二五	塗松遺獻録	程廷鷺	光緒《嘉定縣志》卷二十五
二二六	息鯨録一卷、練水畫徵録一卷續一卷、篛庵畫麈二卷、紅蘅館印譜六册、竹堂消夏録、多暇録二卷、鄰樹軒筆記、畫十二鶴盟、三十六鷗亭雜録	程廷鷺	光緒《嘉定縣志》卷二十六
二二七	尊璞漫鈔、篛庵詩賸四卷、攟綫集	程廷鷺	光緒《嘉定縣志》卷二十七

續表

序號	書名	作者	出處
二二八	緪秋詞一卷、夢鷗詞一卷、紅蘅別譜一卷	程廷鷺	光緒《嘉定縣志》卷二十八
二二九	攜雪山房印譜	程庭浩	光緒《嘉定縣志》卷二十六
二三〇	攜雪山房稿二卷	程庭浩	光緒《嘉定縣志》卷二十七
二三一	鳴秋草、薙餘草	程萬里	嘉慶《松江府志》卷七十二
二三二	事類撮要	程維岳	光緒《松江府續志》卷三十七
二三三	松笠齋詩墨、觀我齋古文選、唐詩彙選	程維岳	光緒《金山縣志》卷十五
二三四	惜分書屋稿	程偉	光緒《嘉定縣志》卷二十七
二三五	吾土軒稿	程慰良	《歷代婦女著作考》卷十六
二三六	折漕彙編八卷	程銛	光緒《嘉定縣志》卷二十五
二三七	河干草堂集	程珣	嘉慶《松江府志》卷七十二
二三八	學庭吟稿四卷	程遜修	光緒《嘉定縣志》卷二十七

續表

序號	書名	作者	出處
二三九	枳軒閒吟一卷	程儀千	嘉慶《松江府志》卷七十二
二四〇	培香齋詩	程永潤	光緒《嘉定縣志》卷二十七
二四一	筆記四卷	程攸熙	光緒《嘉定縣志》卷二十六
二四二	謇堂散體文	程攸熙	光緒《嘉定縣志》卷二十七
二四三	琇怡詩集六卷	程元音	光緒《嘉定縣志》卷二十七
二四四	四書集説	程運	光緒《松江府續志》卷三十七
二四五	支頤草一卷、商餘草一卷	程瓚	光緒《嘉定縣志》卷二十七
二四六	燼餘吟稿	程藻	光緒《嘉定縣志》卷二十七
二四七	種梅軒吟稿	程增	光緒《嘉定縣志》卷二十七
二四八	玉碧居詩鈔、竹身稿	程芝筠	光緒《嘉定縣志》卷二十七
二四九	錦囊心法	程倬	光緒《寶山縣志》卷十二

續表

序號	書名	作者	出處
二五〇	吾土軒詩稿二卷	程宗傳	光緒《嘉定縣志》卷二十七
二五一	稚松廬詩集二卷	程宗倓	光緒《嘉定縣志》卷二十七
二五二	練川名人畫像四卷附名宦流寓二卷續編三卷	程祖慶	光緒《嘉定縣志》卷二十五
二五三	四書參辨	池南珍	光緒《松江府續志》卷三十七
二五四	霞郙印譜	仇墺	光緒《嘉定縣志》卷二十六
二五五	筠溪草堂集	儲才	同治《上海縣志》卷二十七
二五六	竹橋小詠	大休	光緒《嘉定縣志》卷二十七
二五七	藝菊軒吟稿	戴德溥	光緒《寶山縣志》卷十二
二五八	聽竹山房詩鈔	戴德洽	光緒《寶山縣志》卷十二
二五九	戴伊初詩稿二卷	戴范祈	光緒《嘉定縣志》卷二十七
二六〇	書窗遺稿	戴見元	光緒《松江府續志》卷三十七

續表

序號	書名	作者	出處
二六一	蒙難紀實	戴鑑	光緒《嘉定縣志》卷二十五
二六二	南邨詞二卷	戴鑑	光緒《嘉定縣志》卷二十八
二六三	嘉定詩徵	戴鑑輯	光緒《嘉定縣志》卷二十八
二六四	甘所集	戴駿龐	嘉慶《松江府志》卷七十二
二六五	字音辨正、算法正僞、尺步考	戴侃	光緒《松江府續志》卷三十七
二六六	元人事略憶事編年、輿圖備考	戴亮	光緒《嘉定縣志》卷二十五
二六七	潛夫詩草一卷、惕庵文集四卷	戴亮	光緒《嘉定縣志》卷二十七
二六八	一硯齋詩鈔	戴繩宗	嘉慶《松江府志》卷七十二
二六九	戴非略詩稿一卷	戴士誂	光緒《嘉定縣志》卷二十七
二七〇	南村殘稿	戴士誂	光緒《寶山縣志》卷十二
二七一	南邨自怡稿、跨下草一卷、薄遊草一卷、櫪下草一卷、且息草一卷、機坐草一卷、愁城草一卷	戴鎰	光緒《嘉定縣志》卷二十七

續表

序號	書名	作者	出處
二七二	尋樂齋集	戴有祺	嘉慶《松江府志》卷七十二
二七三	治家要語、警世録	戴祖源	光緒《松江府續志》卷三十七
二七四	樵餘草	德 徹	光緒《嘉定縣志》卷二十七
二七五	梅園漫稿	德 勝	光緒《嘉定縣志》卷二十七
二七六	貽燕堂詩集、睡燕吟鈔	刁 炘	光緒《松江府續志》卷三十七
二七七	效顰草	丁秉仁	光緒《寶山縣志》卷十二
二七八	好古堂詩稿	丁繁衍	光緒《金山縣志》卷十五
二七九	董屺瞻遺稿	董德其	光緒《嘉定縣志》卷二十七
二八〇	閨範傳書	董德其	光緒《嘉定縣志》卷二十八
二八一	三瞻録	董德其、祝愷、張雲章	光緒《寶山縣志》卷十二
二八二	霞篆集三百卷	董而中	光緒《金山縣志》卷十五

續表

序號	書名	作者	出處
二八三	盍簪感逝録	董　含	光緒《松江府續志》卷三十七
二八四	閒居草一卷	董　含	嘉慶《松江府志》卷七十二
二八五	安蔬堂全集二十八卷	董　含	光緒《重修華亭縣志》卷二十
二八六	易書詩纂、五峰詩文集	董　宏	光緒《寶山縣志》卷十二
二八七	君節詩略	董宏度	光緒《寶山縣志》卷十二
二八八	易翼注	董洪度	光緒《嘉定縣志》卷二十四
二八九	君節遺稿	董洪度	光緒《嘉定縣志》卷二十七
二九〇	董思訓集	董洪孺	光緒《嘉定縣志》卷二十七
二九一	高詠樓集	董　黄	《青浦詩傳》卷十七
二九二	董十媛詩合刻	董惠生等	光緒《嘉定縣志》卷二十八
二九三	疏庵詩集	董　均	光緒《松江府續志》卷三十七

續表

序號	書名	作者	出處
二九四	秋園詞鈔	董如蘭	《歷代婦女著作考》卷十七
二九五	飛霞閣詩草	董雪暉	嘉慶《松江府志》卷七十二
二九六	楚游草	董　俞	嘉慶《松江府志》卷七十二
二九七	芥舟詩稿、玉照堂集	董曰甫	民國《崇明縣志》卷十六
二九八	竹安齋稿	董　宰	嘉慶《松江府志》卷七十二
二九九	南來堂稿	讀微蒼雪	嘉慶《松江府志》卷七十二
三〇〇	藏行紀程	杜昌丁	嘉慶《松江府志》卷七十二
三〇一	西霞杜氏世譜	杜昌意	嘉慶《松江府志》卷七十二
三〇二	竹雲樓草	杜　瑽	嘉慶《松江府志》卷七十二
三〇三	江東耆舊傳	杜登春	嘉慶《松江府志》卷七十二
三〇四	遊燕草、遊滇草	杜時遇	光緒《松江府續志》卷三十七

續　表

序號	書名	作者	出處
三〇五	浣花盧印繩一卷、愛日樓印語二卷、陰騭文印譜一卷	杜世柏	光緒《嘉定縣志》卷二十六
三〇六	杜氏通族詩	杜世祺、杜世祉	光緒《松江府續志》卷三十七
三〇七	翠竹江邨聊存稿	杜世紳	光緒《嘉定縣志》卷二十七
三〇八	草堂唱和集	杜緯武輯	光緒《嘉定縣志》卷二十八
三〇九	傳心録輯注	樊嘉猷	民國《崇明縣志》卷十六
三一〇	一匏軒詩鈔	范嵲	乾隆《婁縣志》卷十二
三一一	夢松詩鈔	范邦彦	光緒《寶山縣志》卷十二
三一二	同叔詩學十二卷	范超	光緒《嘉定縣志》卷二十七
三一三	羅溪志、息廬吟稿	范朝佐	光緒《寶山縣志》卷十二
三一四	自怡草二卷、會心録一卷	范澂	光緒《嘉定縣志》卷二十七
三一五	墨竹三昧二卷	范澄	光緒《嘉定縣志》卷二十六

續表

序號	書名	作者	出處
三一一六	琴譜	范澄、孫匯同訂	光緒《嘉定縣志》卷二十六
三一一七	留硯堂硯譜	范傳柏	光緒《寶山縣志》卷十二
三一一八	一覽集	范孚中	民國《崇明縣志》卷十六
三一一九	説文綜	范供照	光緒《寶山縣志》卷十二
三一二〇	世澤彙編、瀛客詩鈔	范觀海	光緒《寶山縣志》卷十二
三一二一	三餘堂詩稿四卷	范光斗	光緒《嘉定縣志》卷二十七
三一二二	思圃贈言二卷	范光啓編	光緒《嘉定縣志》卷二十八
三一二三	陶村集	范光序	光緒《寶山縣志》卷十二
三一二四	陶郕集、煙月草	范光緒	光緒《嘉定縣志》卷二十七
三一二五	乾三堂詩草	范光祐	光緒《嘉定縣志》卷二十七
三一二六	夢窗詩草	范洪錦	光緒《寶山縣志》卷十二

續表

序號	書名	作者	出處
三一七	嘯餘瑣記、扶廬吟稿、百城樓文集、畫英花汧詞	范洪鑄	光緒《寶山縣志》卷十二
三一八	還讀草堂詩鈔	范景華	光緒《寶山縣志》卷十二
三一九	能改齋漫録補考、自怡軒編年集	范　璉	光緒《寶山縣志》卷十二
三二〇	三餘吟	范　鎏	嘉慶《松江府志》卷七十二
三二一	映雪堂詩	范品金	光緒《寶山縣志》卷十二
三二二	筠溪集七卷	范　青	嘉慶《松江府志》卷七十二
三二三	通鑑節補二百四十卷、澹秋容軒詞一卷	范　青	光緒《松江府續志》卷三十七
三二四	芙蓉影詩	范　青	同治《上海縣志》卷二十七
三二五	誠齋詩鈔二卷	范仁霑	嘉慶《松江府志》卷七十二
三二六	玉蕊甘棠贈言合集	范仕義輯	光緒《寶山縣志》卷十二
三二七	繡江集	范樹鍨	同治《上海縣志》卷二十七

續表

序號	書名	作者	出處
三三八	網羅見聞	范彤弧	嘉慶《松江府志》卷七十二
三三九	小山吟稿	范偉鵬	光緒《寶山縣志》卷十二
三四〇	寶山十家詩	范文焕等	光緒《寶山縣志》卷十二
三四一	挹爽樓吟稿、二酉山房小牘	范文焕	光緒《寶山縣志》卷十二
三四二	自擕草、來雨樓遺稿	范錫寶	光緒《嘉定縣志》卷二十七
三四三	范氏詩鈔	范䚡	光緒《松江府續志》卷三十七
三四四	澄志堂詩鈔	范洵	光緒《寶山縣志》卷十二
三四五	勸影樓稿	范逸	嘉慶《松江府志》卷七十二
三四六	芥軒初集十二卷二集四卷、四餘詩草七卷	范逸	光緒《嘉定縣志》卷二十七
三四七	杜詩彝得三卷	范逸	光緒《嘉定縣志》卷二十八
三四八	月畫軒稿、江皋吟社集	范逸	同治《上海縣志》卷二十七

續表

序號	書名	作者	出處
三四九	始存草	范應璧	光緒《松江府續志》卷三十七
三五〇	用拙齋存稿詩六卷、文二卷	范棫士	嘉慶《松江府志》卷七十二
三五一	鐵嘯樓詩集	范遇賓	光緒《寶山縣志》卷十二
三五二	吟雲閣詩鈔	范章史	《歷代婦女著作考》卷十二
三五三	范辛尹詩	范　箴	嘉慶《松江府志》卷七十二
三五四	學詩庭草	范宗彪	光緒《嘉定縣志》卷二十七
三五五	詞滀六十卷、四香樓詞鈔	范　纘	嘉慶《松江府志》卷七十二
三五六	易學童觀	方　廣	嘉慶《松江府志》卷七十二
三五七	圖新草、舒情草、尋樂草、硯廬草	方景文	嘉慶《松江府志》卷七十二
三五八	蜀遊草	方鵬翼	光緒《松江府續志》卷三十七
三五九	願學堂詩文集	方世求	光緒《松江府續志》卷三十七

續表

序號	書名	作者	出處
三六〇	傷寒經論	方文偉	光緒《嘉定縣志》卷二十六
三六一	旅庵稿、冷泉稿、嚴江稿	方璿	嘉慶《松江府志》卷七十二
三六二	陰騭文經語引證	費恭	同治《上海縣志》卷二十七
三六三	兩漢書地理考二卷	費葵	光緒《嘉定縣志》卷二十五
三六四	雪煩詩稿、滄舟文稿	費葵	光緒《嘉定縣志》卷二十七
三六五	悔吟餘稿十二卷、遯庵遺稿、葑園文稿	封毓秀	光緒《嘉定縣志》卷二十七
三六六	琢玉小志、椶風草堂詩稿、題畫小稿	馮承輝	光緒《松江府續志》卷三十七
三六七	兩漢碑跋	馮承輝	光緒《婁縣續志》卷十
三六八	漱玉軒吟稿	馮承烈	光緒《寶山縣志》卷十二
三六九	重訂捍海石塘録	馮敦宗	嘉慶《松江府志》卷七十二
三七〇	峰泖煙雲、鄉評録、松事雜録、雲間遺事、雲間舊話、五茸遺話、墨香居詩鈔	馮金伯	光緒《松江府續志》卷三十七

續表

序號	書名	作者	出處
三七一	鮫珠詞	馮蘭因	《歷代婦女著作考》卷十六
三七二	伴讀吟稿	馮履端	《歷代婦女著作考》卷十六
三七三	繡餘詩鈔、南湖吟稿	馮履瑩	《歷代婦女著作考》卷十六
三七四	棣華堂詞	馮瑞	嘉慶《松江府志》卷七十二
三七五	淞溪詩稿	馮文表	光緒《寶山縣志》卷十二
三七六	芝山詩文集八卷	馮致芳	光緒《嘉定縣志》卷二十七
三七七	吹萬堂集四卷	符兆昌	光緒《嘉定縣志》卷二十七
三七八	浩明詩稿	福聚	光緒《嘉定縣志》卷二十七
三七九	最樂堂詩草	甘杰	光緒《寶山縣志》卷十二
三八〇	北堂詩鈔	甘霈	光緒《寶山縣志》卷十二
三八一	升恒餘慶	甘宗懋	光緒《寶山縣志》卷十二

續表

序號	書名	作者	出處
三八二	竹題集一卷	紺雪老人	民國《崇明縣志》卷十六
三八三	月令輯要分注	高不騫	嘉慶《松江府志》卷七十二
三八四	方輿考略	高不騫	光緒《松江府續志》卷三十七
三八五	松圩書屋集	高不騫	乾隆《華亭縣志》卷十五
三八六	埤雅箋釋	高燦	嘉慶《松江府志》卷七十二
三八七	西厓吟稿二卷	高棟	光緒《嘉定縣志》卷二十七
三八八	吴農歲時雜志四十卷	高恩	嘉慶《松江府志》卷七十二
三八九	醫理逢源、歷代名醫姓氏緒論	高含清	光緒《寶山縣志》卷十二
三九〇	學庸觀理、觀復堂古今文集、松門詩鈔	高集	光緒《松江府續志》卷三十七
三九一	海防備考八卷、增訂海防纂要八卷、養氣齋集八卷	高培源	光緒《松江府續志》卷三十七
三九二	世澤堂附稿	高氏	光緒《松江府續志》卷三十七

續表

序號	書名	作者	出處
三九三	四書就正言	高廷亮	嘉慶《松江府志》卷七十二
三九四	復林吟稿	高廷亮	光緒《松江府續志》卷三十七
三九五	樵雲詩稿	高維岳	光緒《松江府續志》卷三十七
三九六	詩賦偶編	高　位	光緒《嘉定縣志》卷二十七
三九七	味陶軒詩集	高懿念	光緒《松江府續志》卷三十七
三九八	格致醫案、醫學鍼度	高應麟	光緒《寶山縣志》卷十二
三九九	隸評四卷	高徵桂	嘉慶《松江府志》卷七十二
四〇〇	若湖詩鈔	葛景中	嘉慶《松江府志》卷七十二
四〇一	堪輿發蒙、地理精語	葛丕璋	光緒《松江府續志》卷三十七
四〇二	歙庠亦正録八卷	葛其仁	光緒《嘉定縣志》卷二十五
四〇三	弟子職補注一卷、味經齋識小録一卷、蓿盤雜識六卷、瀋餘録四卷	葛其仁	光緒《嘉定縣志》卷二十六

續表

序號	書名	作者	出處
四〇四	求是堂詩集十四卷	葛其仁	光緒《嘉定縣志》卷二十七
四〇五	味經齋尺牘	葛其仁	光緒《嘉定縣志》卷二十八
四〇六	葛氏印譜	葛　起	嘉慶《松江府志》卷七十二
四〇七	醫學宗源四卷	葛人炳	光緒《松江府續志》卷三十七
四〇八	梅圃印則	葛師旦	光緒《寶山縣志》卷十二
四〇九	謙齋雜稿	葛士楷	光緒《寶山縣志》卷十二
四一〇	蘆坪詩鈔	葛維嵩	光緒《松江府續志》卷三十七
四一一	鋤雲莊小草、問世草	葛裕民	光緒《寶山縣志》卷十二
四一二	卧龍山人集、容膝居雜詠	葛　芝	光緒《嘉定縣志》卷二十七
四一三	南香詩文稿	龔芳桂	民國《崇明縣志》卷十六
四一四	瀛洲續聞見録	龔焕猷	民國《崇明縣志》卷十六

續表

序號	書名	作者	出處
四一五	筠丞詩鈔二卷、槎上吟草一卷	龔金廉	光緒《嘉定縣志》卷二十七
四一六	嫏嬛小築詩存、文存	龔汝霖	光緒《松江府續志》卷三十七
四一七	乾惕軒詩草三卷、客越吟、瓢寓齋集、北游草	龔穗縝	光緒《嘉定縣志》卷二十七
四一八	也似吟草	龔天復	光緒《嘉定縣志》卷二十七
四一九	隨齋自怡集四卷、蓼廬遺稿、惕庵詩草四卷、管廬草	龔元侃	光緒《嘉定縣志》卷二十七
四二〇	國語補遺、凝清堂隨筆、涓涓閣詩草	龔在明	民國《崇明縣志》卷十六
四二一	顧氏春秋	鵠　荃	光緒《嘉定縣志》卷二十八
四二二	姓氏聯珠二十四卷	顧廷祥	光緒《松江府續志》卷三十七
四二三	殢吟集、玉吾軒詩集、寫心草	顧闇如	民國《崇明縣志》卷十六
四二四	文選補解	顧秉源	光緒《松江府續志》卷三十七
四二五	周易摘鈔五卷、書經劄記、詩經序傳合參	顧　昺	嘉慶《松江府志》卷七十二

序號	書名	作者	出處
四二六	朱陸異同、質疑贅稿	顧炳	光緒《松江府續志》卷三十七
四二七	客窗雜著	顧炳元	民國《崇明縣志》卷十六
四二八	絮愁集	顧步	嘉慶《松江府志》卷七十二
四二九	所城顧氏家譜	顧昌朝	光緒《松江府續志》卷三十七
四三〇	衍範二卷	顧昌祚	嘉慶《松江府志》卷七十二
四三一	吴淞新志三卷	顧車輪	光緒《嘉定縣志》卷二十五
四三二	曙彩樓詩鈔、曙彩樓詞	顧成順	光緒《松江府續志》卷三十七
四三三	瞜志述聞一卷	顧成志	光緒《嘉定縣志》卷二十七
四三四	幼科精義四卷	顧承仁	光緒《松江府續志》卷三十七
四三五	河渠志十三卷、圖經、畫麈八卷	顧大申	嘉慶《松江府志》卷七十二
四三六	見在軒詩稿	顧調元	光緒《寶山縣志》卷十二

續表

序號	書名	作者	出處
四三七	楓江詩草四卷續草二卷、雞肋集四卷	顧鼎	民國《崇明縣志》卷十六
四三八	自如居率意草二卷、一庵文鈔二卷	顧棟	光緒《松江府續志》卷三十七
四三九	讀書紀略	顧恩澤	光緒《寶山縣志》卷十二
四四〇	勤有室文集一卷、勤有室詩集八卷	顧昉	光緒《嘉定縣志》卷二十七
四四一	梅園詩文集	顧紱	光緒《松江府續志》卷三十七
四四二	幻花軒詩稿	顧光照	乾隆《婁縣志》卷十二
四四三	殉節明臣哀輓詩十卷	顧國棟	嘉慶《松江府志》卷七十二
四四四	遜齋詩文集	顧鴻志	光緒《松江府續志》卷三十七
四四五	沈巷志十二卷	顧後興	光緒《松江府續志》卷三十七
四四六	折漕記略	顧際明	光緒《寶山縣志》卷十二
四四七	世美堂稿三卷	顧佳曾	光緒《嘉定縣志》卷二十七

序號	書名	作者	出處
四四八	静庵詩草	顧濬	嘉慶《松江府志》卷七十二
四四九	滇南游草	顧開雍	嘉慶《松江府志》卷七十二
四五〇	丙申日記	顧開雍	《明清江蘇文人年表》順治十三年條
四五一	城北草堂詞稿	顧夔	光緒《松江府續志》卷三十七
四五二	輟耕雜識、一覽詩鈔	顧其國	民國《崇明縣志》卷十六
四五三	廣川堂詩稿	顧啓	光緒《松江府續志》卷三十七
四五四	孝經吻義一得解	顧桀	嘉慶《松江府志》卷七十二
四五五	禹貢分合評訓、書法傳心、廣川堂劄記	顧桀	光緒《松江府續志》卷三十七
四五六	禹貢訂注、源經家塾緒言、淞雲草堂吟稿	顧清泰	光緒《寶山縣志》卷十二
四五七	蘇齋集四卷、問槎草一卷	顧荃	光緒《嘉定縣志》卷二十七
四五八	言行雜記二卷	顧如琳	民國《崇明縣志》卷十六

續表

序號	書名	作者	出處
四五九	滄海一粟樓詩稿	顧汝梁	光緒《寶山縣志》卷十二
四六〇	簪花亭初集、金陵覽古詩簪華樓四六	顧瑞麟	光緒《嘉定縣志》卷二十七
四六一	青蓮書屋詩鈔、晚節圃草	顧三錫	民國《崇明縣志》卷十六
四六二	鶴巢詩詞	顧紹聞	光緒《松江府續志》卷三十七
四六三	開江書四卷	顧士璉	嘉慶《松江府志》卷七十二
四六四	甘荼草	顧　氏	嘉慶《松江府志》卷七十二
四六五	尚書禹貢便蒙	顧世傑	嘉慶《松江府志》卷七十二
四六六	一齋詩稿	顧世傑	光緒《婁縣續志》卷十
四六七	西莊詩文集	顧抒忠	嘉慶《松江府志》卷七十二
四六八	醉白池詩草	顧思照	嘉慶《松江府志》卷七十二
四六九	西村唱和集	顧思照	光緒《婁縣續志》卷十

序號	書名	作者	出處
四七〇	香蟾詩草八卷	顧天桂	光緒《松江府續志》卷三十七
四七一	梅軒詩稿	顧廷吉	光緒《松江府續志》卷三十七
四七二	四朝藝文志四卷	顧維城	光緒《嘉定縣志》卷二十八
四七三	史統	顧偉器	光緒《松江府續志》卷三十七
四七四	漱香居詩存	顧文琴	《歷代婦女著作考》卷二十
四七五	蘭譜	顧錫弓	光緒《松江府續志》卷三十七
四七六	樸齋吟稿	顧修健	光緒《寶山縣志》卷十二
四七七	問津録	顧璿	光緒《松江府續志》卷三十七
四七八	梅花唱和詩	顧抑庵	民國《崇明縣志》卷十六
四七九	挹翠閣詩詞	顧英	嘉慶《松江府志》卷七十二
四八〇	蔗如詩鈔五卷	顧應桂	光緒《松江府續志》卷三十七

續　表

序號	書名	作者	出處
四八一	還素堂集	顧用楫	光緒《松江府續志》卷三十七
四八二	怡善堂印集	顧有凝	光緒《松江府續志》卷三十七
四八三	江樽詩稿二卷	顧　岳	光緒《松江府續志》卷三十七
四八四	易學拾補六卷	顧真誠	光緒《松江府續志》卷三十七
四八五	選擇正宗	顧中秀	光緒《松江府續志》卷三十七
四八六	小玉山草堂吟稿四卷	顧　柷	光緒《嘉定縣志》卷二十七
四八七	博齋詩鈔	顧　鑄	光緒《嘉定縣志》卷二十七
四八八	春秋左傳事類年表	顧宗瑋	嘉慶《松江府志》卷七十二
四八九	蟲聲集	管　恩	嘉慶《松江府志》卷七十二
四九〇	纂補詩經注八卷	歸　梁	光緒《嘉定縣志》卷二十四
四九一	讀史雜鈔	歸　梁	光緒《嘉定縣志》卷二十五

續表

序號	書名	作者	出處
四九二	峰秀閣詩鈔二卷	歸　梁	光緒《嘉定縣志》卷二十七
四九三	桂蘭玉詩集	桂蘭玉	《歷代婦女著作考》卷十三
四九四	中庸擬議	郭備琦	民國《崇明縣志》卷十六
四九五	易辨四卷	郭　純	民國《崇明縣志》卷十六
四九六	珊洲遺稿	郭爾泰	光緒《寶山縣志》卷十二
四九七	偶吟草	郭伊人	光緒《寶山縣志》卷十二
四九八	吟稿	海　洪	嘉慶《松江府志》卷七十二
四九九	懷蔭草堂文稿、柘溪詩集	韓　栮	光緒《松江府續志》卷三十七
五〇〇	易學啓蒙一卷、附録一卷	韓　松	《販書偶記》卷一
五〇一	易義闡、續萬姓通譜	韓昭松	光緒《松江府續志》卷三十七
五〇二	湖東平寇志略	何安世	光緒《松江府續志》卷三十七

續表

序號	書名	作者	出處
五〇三	枕經緒論	何　道	光緒《松江府續志》卷三十七
五〇四	適可居詩稿	何　道	光緒《婁縣續志》卷十
五〇五	瓶城詩文稿	何二渟	光緒《松江府續志》卷三十七
五〇六	玉簡堂集四卷	何國炎	光緒《松江府續志》卷三十七
五〇七	蚓籟集	何　亨	民國《崇明縣志》卷十六
五〇八	理氣發凡、水法備考	何恒信	光緒《松江府續志》卷三十七
五〇九	望益堂詩文集	何孟春	光緒《松江府續志》卷三十七
五一〇	書田印譜二卷	何名鑣	光緒《嘉定縣志》卷二十六
五一一	學圃亭詩三卷	何　平	光緒《嘉定縣志》卷二十七
五一二	何式傷寒纂要	何汝閾	嘉慶《松江府志》卷七十二
五一三	嘯客詩鈔	何　時	嘉慶《松江府志》卷七十二

續表

序號	書名	作者	出處
五一四	㪽山草堂醫案十六卷、福泉山房醫案十卷	何世仁	嘉慶《松江府志》卷七十二
五一五	治證要言	何世仁	光緒《松江府續志》卷三十七
五一六	涵碧山房詩鈔、十國宮詞、十六國宮詞、南宋雜事詩	何世英	《青浦續詩傳》
五一七	得閒小草三卷	何　霆	光緒《嘉定縣志》卷二十七
五一八	澤山詩鈔	何文雄	光緒《松江府續志》卷三十七
五一九	金匱要略方論本義、怡雲堂稿	何　炫	嘉慶《松江府志》卷七十二
五二〇	五橋説詩、五經説、四書説、四友堂文稿	何一碧	光緒《松江府續志》卷三十七
五二一	南北游草	何友晏	光緒《松江府續志》卷三十七
五二二	揄霞小草一卷	何　鈺	光緒《嘉定縣志》卷二十七
五二三	蕙洲詩餘一卷	何　鈺	光緒《嘉定縣志》卷二十八
五二四	定揚詩稿一卷	何元遜	光緒《嘉定縣志》卷二十七

續表

序號	書名	作者	出處
五二五	貞陽遺稿一卷	何振緒	光緒《嘉定縣志》卷二十七
五二六	幗簃遺稿	何志璇	光緒《松江府續志》卷三十七
五二七	詞話彙編、詞家紀事	何志璇	《歷代婦女著作考》卷九
五二八	北窗隨筆、二山雜著、二山詩文稿、楚詞定論	何忠相	民國《崇明縣志》卷十六
五二九	蘭言草堂詩文稿	洪　灝	光緒《嘉定縣志》卷二十七
五三〇	黄渡竹枝詞	洪　樸	光緒《松江府續志》卷三十七
五三一	嘯虹詩草	洪遵規	光緒《嘉定縣志》卷二十七
五三二	襄城縣志	侯博山	光緒《寶山縣志》卷十二
五三三	盆山閣詞鈔一卷	侯承恩	光緒《嘉定縣志》卷二十八
五三四	諸翟村志	侯承慶	同治《上海縣志》卷二十七
五三五	天浮子集	侯鼎暘	光緒《嘉定縣志》卷二十七

續表

序號	書名	作者	出處
五三六	後天立極圖解	侯 溎	光緒《寶山縣志》卷十二
五三七	貞壽遺稿六卷	侯艮暘	光緒《嘉定縣志》卷二十七
五三八	左國類雋	侯 涵	光緒《嘉定縣志》卷二十五
五三九	格致録三卷、燕喜樓日記十卷、玉臺金鏡録	侯 涵	光緒《嘉定縣志》卷二十六
五四〇	掌亭集略二十八卷、枕中集	侯 涵	光緒《嘉定縣志》卷二十七
五四一	春秋注疏大全集要四卷	侯開國	光緒《嘉定縣志》卷二十四
五四二	野乘彙編、吴船小識一卷、燕軺小識一卷	侯開國	光緒《嘉定縣志》卷二十五
五四三	南樓日劄十二卷	侯開國	光緒《嘉定縣志》卷二十六
五四四	鳳阿山房詩集六卷、春帆草一卷、樂山文集十卷	侯開國	光緒《嘉定縣志》卷二十七
五四五	吴嘐詩鈔一百卷	侯開國輯	光緒《嘉定縣志》卷二十八
五四六	尚志堂稿	侯 楷	光緒《寶山縣志》卷十二

續表

序號	書名	作者	出處
五四七	蓉坪詩鈔	侯坤	光緒《松江府續志》卷三十七
五四八	香雪坡詩鈔	侯錕	光緒《松江府續志》卷三十七
五四九	荷浦雜詠、臆存草	侯萊	光緒《嘉定縣志》卷二十七
五五〇	歷朝詠物詩選	侯萊輯	光緒《嘉定縣志》卷二十八
五五一	竹軒集	侯林	光緒《寶山縣志》卷十二
五五二	學易折衷	侯汸	光緒《嘉定縣志》卷二十四
五五三	侯文節行實類志一卷	侯汸	光緒《嘉定縣志》卷二十五
五五四	月蟬筆露二十卷、學古十函、昔病記	侯汸	光緒《嘉定縣志》卷二十六
五五五	潛確先生集四卷、明月詩、筒客滬集、槐榮堂次杜秬園集、西留詩草	侯汸	光緒《嘉定縣志》卷二十七
五五六	侯伯子詩文集二卷	侯檠	光緒《嘉定縣志》卷二十七
五五七	顏氏醫典	侯瑞豐	光緒《寶山縣志》卷十二

序號	書名	作者	出處
五五八	稼軒集	侯瑞陸	光緒《寶山縣志》卷十二
五五九	悦舟日事記略一卷	侯棠	光緒《嘉定縣志》卷二十六
五六〇	雲清閣詩稿三卷	侯棠	光緒《嘉定縣志》卷二十七
五六一	續大場志	侯廷銓	光緒《寶山縣志》卷十二
五六二	鞠庵草	侯廷宰	光緒《寶山縣志》卷十二
五六三	香雪齋草	侯王儼	光緒《嘉定縣志》卷二十七
五六四	岔山閣集一卷	侯旭	光緒《嘉定縣志》卷二十七
五六五	甲寅再來人草	侯玄汸	《明清江蘇文人年表》康熙十三年條
五六六	對春樓詩一卷、寄暢園詩一卷	侯永	光緒《嘉定縣志》卷二十七
五六七	溆篁文稿四卷、宜春閣草一卷	侯肇基	光緒《嘉定縣志》卷二十七
五六八	郡行日記一卷	侯承	光緒《嘉定縣志》卷二十五

續表

序號	書名	作者	出處
五六九	金溪草堂詩	胡闓	光緒《松江府續志》卷三十七
五七〇	瓶庵奏疏四卷、瓶庵詩文集	胡寶瑔	嘉慶《松江府志》卷七十二
五七一	裘杅居詩稿四卷、文稿一卷	胡澂	光緒《嘉定縣志》卷二十七
五七二	四宜閣詩草	胡大成	光緒《松江府續志》卷三十七
五七三	切韻指要	胡鼎	嘉慶《松江府志》卷七十二
五七四	崇古堂集	胡鼎	光緒《松江府續志》卷三十七
五七五	西橋遺稿	胡貴	民國《崇明縣志》卷十六
五七六	毛詩管窺、四書改錯辨、諸史異同、闡儒詩文集	胡集古	民國《崇明縣志》卷十六
五七七	志山雜俎	胡甲鰲	光緒《松江府續志》卷三十七
五七八	安貞齋小草	胡静嫻	《歷代婦女著作考》卷十二
五七九	片香吟稿	胡蓮塘	光緒《寶山縣志》卷十二

續表

序號	書名	作者	出處
五八〇	紅堂詩集	胡量海	光緒《婁縣續志》卷十
五八一	吟鷗詩鈔二卷	胡鳴玉	光緒《松江府續志》卷三十七
五八二	雪鴻詠四卷	胡虯	光緒《嘉定縣志》卷二十七
五八三	古香書屋詩鈔	胡師謙	《青浦續詩傳》卷二
五八四	安貞齋詩草	胡遐齡	嘉慶《松江府志》卷七十二
五八五	侍瑄草	胡憲曾	光緒《嘉定縣志》卷二十七
五八六	痘科摘錦	胡穎千	光緒《寶山縣志》卷十二
五八七	秋夜迴文唱和詩	胡有基、胡有源	光緒《寶山縣志》卷十二
五八八	鳴鶴堂詩稿	胡源	光緒《松江府續志》卷三十七
五八九	桐鳳園詩集	虎卧仙師	嘉慶《松江府志》卷七十二
五九〇	儒門保赤	華長源	光緒《松江府續志》卷三十七

序號	書名	作者	出處
五九一	百花草堂詩詞稿	華孟玉	光緒《松江府續志》卷三十七
五九二	羅陽旅和詩	華培祐	光緒《嘉定縣志》卷二十七
五九三	華氏族譜	華　謙	光緒《松江府續志》卷三十七
五九四	滌煩書屋詩草	華文思	光緒《松江府續志》卷三十七
五九五	讀史偶筆	華羲成	嘉慶《松江府志》卷七十二
五九六	必風軒詩文集四卷	黄安國	民國《崇明縣志》卷十六
五九七	書經達意	黄安國、黄申	民國《崇明縣志》卷十六
五九八	梟林小史	黄本銓	光緒《松江府續志》卷三十七
五九九	平夏録一卷	黄　標	光緒《松江府續志》卷三十七
六〇〇	昔夢草	黄秉德	光緒《嘉定縣志》卷二十七
六〇一	晚香圃草	黄　珵	民國《崇明縣志》卷十六

續表

序號	書名	作者	出處
六〇二	白沙志	黄程雲	光緒《寶山縣志》卷十二
六〇三	恩詠樓紀事詩	黄大成編	光緒《嘉定縣志》卷二十八
六〇四	芳野堂稿	黄大齡	光緒《寶山縣志》卷十二
六〇五	西湖續游草	黄殿邦	光緒《嘉定縣志》卷二十七
六〇六	雲水詩草	黄　鼎	光緒《松江府續志》卷三十七
六〇七	省心録	黄　瑄	民國《崇明縣志》卷十六
六〇八	爲溪詩餘	黄　珪	光緒《寶山縣志》卷十二
六〇九	地理指迷論三卷、雪心賦注	黄國楷	光緒《嘉定縣志》卷二十六
六一〇	任廬詩稿	黄　河	光緒《松江府續志》卷三十七
六一一	吾愛吾廬稿	黄河瑞	光緒《寶山縣志》卷十二
六一二	先正紀聞二十四卷	黄　鋐	光緒《嘉定縣志》卷二十五

續表

序號	書名	作者	出處
六一三	鶴皋遺響	黄鴻儒	《明清江蘇文人年表》順治十二年條
六一四	果亭詩草	黄　槐	光緒《松江府續志》卷三十七
六一五	周禮纂要、左氏參注、子史纂要、傷寒要義、證治集説、醫學名論	黄惠疇	光緒《寶山縣志》卷十二
六一六	耕餘吟草	黄金鐘	光緒《松江府續志》卷三十七
六一七	湘華館集	黄　鞠	光緒《松江府續志》卷三十七
六一八	穿學齋詩	黄　鈞	光緒《嘉定縣志》卷二十七
六一九	嘉定文略二十四卷	黄鈞輯	光緒《嘉定縣志》卷二十八
六二〇	詩傳拾遺三十卷	黄　烈	光緒《松江府續志》卷三十七
六二一	四書大全摘補	黄　烈	光緒《松江府續志》卷三十七
六二二	黄竹咸詩文集	黄令荀	光緒《金山縣志》卷十五

續表

序號	書名	作者	出處
六二三	雲門詩文鈔	黄　吕	民國《崇明縣志》卷十六
六二四	海查詩集、蠹餘續集	黄懋曾	民國《崇明縣志》卷十六
六二五	隱齋詩稿四卷	黄　盆	光緒《嘉定縣志》卷二十七
六二六	逸田詩稿	黄日恒	光緒《寶山縣志》卷十二
六二七	容安草堂詩文集	黄　鎔	光緒《松江府續志》卷三十七
六二八	春秋外傳疏	黄汝成	光緒《嘉定縣志》卷二十五
六二九	小涪詩稿	黄　森	光緒《松江府續志》卷三十七
六三〇	樸牛詩文集	黄埏撰	民國《崇明縣志》卷十六
六三一	月悔草八卷	黄　裳	光緒《嘉定縣志》卷二十七
六三二	雲蘭詞	黄　裳	光緒《寶山縣志》卷十二
六三三	古硯齋稿	黄上琮	光緒《嘉定縣志》卷二十七

續表

序號	書名	作者	出處
六三四	一隅本草、歸鄉雜綴、羅陽吟社集	黄上琮	光緒《寶山縣志》卷十二
六三五	晚香詩鈔	黄上林	光緒《寶山縣志》卷十二
六三六	永嘉紀行、讀書隨筆、泊北集、寒香詩稿、雞肋集、蘿月詩餘	黄　申	民國《崇明縣志》卷十六
六三七	繪香室遺稿	黄　氏	同治《上海縣志》卷二十七
六三八	桂花室詩稿	黄　氏	《歷代婦女著作考》卷十六
六三九	蠡測集、調養侍養法	黄　氏	《歷代婦女著作考》卷十六
六四〇	素愚集	黄世基	光緒《嘉定縣志》卷二十七
六四一	經學管窺	黄樹敏	光緒《寶山縣志》卷十二
六四二	詩解六卷	黄思悌	民國《崇明縣志》卷十六
六四三	四書集解、四書彙證	黄思孝	民國《崇明縣志》卷十六
六四四	詩易備旨、學庸要旨	黄思忠	民國《崇明縣志》卷十六

序號	書名	作者	出處
六四五	濤巖詩稿	黄松齡	光緒《寶山縣志》卷十二
六四六	煙霞閣詩集	黄素	嘉慶《松江府志》卷七十二
六四七	秋颿集	黄堂	光緒《松江府續志》卷三十七
六四八	石城集、廣陵集	黄濤楫	民國《崇明縣志》卷十六
六四九	快讀樓詩存	黄天錫	民國《崇明縣志》卷十六
六五〇	聽彝録	黄廷銓	光緒《松江府續志》卷三十七
六五一	學庸講義、綱目續説、當湖遺蹟	黄維玉	光緒《寶山縣志》卷十二
六五二	行素堂詩文集	黄煒	民國《崇明縣志》卷十六
六五三	澮寧堂詩鈔	黄文瑛	民國《崇明縣志》卷十六
六五四	東村吟稾	黄雯	民國《崇明縣志》卷十六
六五五	粤游草	黄熙寧	光緒《松江府續志》卷三十七

續表

序號	書名	作者	出處
六五六	槐軒遺稿	黄　相	民國《崇明縣志》卷十六
六五七	孝經順講一卷	黄向榮	民國《崇明縣志》卷十六
六五八	南浦集	黄　新	光緒《松江府續志》卷三十七
六五九	前後漢書斷脛録、南北史吮雋、菰野文集	黄　旭	民國《崇明縣志》卷十六
六六〇	延青屋詩草	黄學詩	民國《崇明縣志》卷十六
六六一	巢寄軒雜纂、東田尺牘	黄　焱	民國《崇明縣志》卷十六
六六二	增訂闢邪録	黄義成	光緒《寶山縣志》卷十二
六六三	釣臺詩集	黄漁逸	民國《崇明縣志》卷十六
六六四	東樵詩鈔	黄玉繩	光緒《寶山縣志》卷十二
六六五	陶然詩存、金閶雜詠	黄　煜	光緒《松江府續志》卷三十七
六六六	内經集注	黄元裳	光緒《松江府續志》卷三十七

序號	書名	作者	出處
六六七	嗟岵集、思可軒詩存	黄曰勉	民國《崇明縣志》卷十六
六六八	誦芬閣詩草	黄月書	《歷代婦女著作考》卷十六
六六九	秋圃詩集	黄知彰	嘉慶《松江府志》卷七十二
六七〇	煙霞閣畫寄、非非詞	黄知彰	光緒《松江府續志》卷三十七
六七一	薌林吟稿	黄中緒	光緒《寶山縣志》卷十二
六七二	禹貢匯參、春秋戰國合分圖説	黄中瓚	民國《崇明縣志》卷十六
六七三	浮舟唱和集	黄朱芾	嘉慶《松江府志》卷七十二
六七四	拙村詩草	黄　洙	光緒《松江府續志》卷三十七
六七五	心逸詩鈔	季逢春	民國《崇明縣志》卷十六
六七六	蘭芬詩鈔	季　氏	光緒《寶山縣志》卷十二
六七七	蒔花居詩存	季錫勳	嘉慶《松江府志》卷七十二

續表

序號	書名	作者	出處
六七八	愛日書屋詩稿	紀玉桂	光緒《松江府續志》卷三十七
六七九	負暄草、江楓集	計南陽	光緒《重修華亭縣志》卷二十
六八〇	山居雜詠一册	濟　雲	光緒《嘉定縣志》卷二十七
六八一	練川贈言一卷、永懷集二卷、流愛集三卷補編一卷	嘉定邑人	光緒《嘉定縣志》卷二十八
六八二	獨學編、燕雲集	賈　淞	光緒《松江府續志》卷三十七
六八三	江浩如稿	江　宏	光緒《嘉定縣志》卷二十七
六八四	苦口良藥	江駕鵬	同治《上海縣志》卷二十七
六八五	不求甚解詩	江良璧	光緒《嘉定縣志》卷二十七
六八六	拙巢詠物詩一卷	江　剡	光緒《嘉定縣志》卷二十七
六八七	閩中十詠	江萬泉	光緒《嘉定縣志》卷二十七
六八八	亭湖集	姜表正	嘉慶《松江府志》卷七十二

續表

序號	書名	作者	出處
六八九	秋居詩、篔簹集	姜垓	光緒《嘉定縣志》卷二十七
六九〇	海塘芻説	姜臯	光緒《松江府續志》卷三十七
六九一	梅花百詠	姜鼒	民國《崇明縣志》卷十六
六九二	豐城文集四卷、愚亭詩鈔二卷	姜思誠	光緒《松江府續志》卷三十七
六九三	三經通彙、傷暑全書、療飢良方	姜問岐	光緒《寶山縣志》卷十二
六九四	恩慶編	姜熙	光緒《松江府續志》卷三十七
六九五	條例約編七十八卷	姜曦	嘉慶《松江府志》卷七十二
六九六	易經參注	姜翼周	光緒《松江府續志》卷三十七
六九七	晉熙自在吟草	姜鋆如	嘉慶《松江府志》卷七十二
六九八	敬和堂稿	姜鋆如	光緒《松江府續志》卷三十七
六九九	巢燕樓詩鈔	姜雲	《歷代婦女著作考》卷十二

續表

序號	書名	作者	出處
七〇〇	巢燕樓詩鈔	姜韞紛	嘉慶《松江府志》卷七十二
七〇一	國朝松江駢體文見八卷	姜兆翀	嘉慶《松江府志》卷七十二
七〇二	松江明末忠節録二卷	姜兆翀	光緒《松江府續志》卷三十七
七〇三	谷西詩鈔	蔣賓元	嘉慶《松江府志》卷七十二
七〇四	太乙山房稿	蔣亨泰	光緒《寶山縣志》卷十二
七〇五	是亦書屋詩草、三益堂文稿、國朝名媛詩繡鍼	蔣機秀	光緒《松江府續志》卷三十七
七〇六	柳堂詩鈔	蔣吉士	光緒《松江府續志》卷三十七
七〇七	清芬閣詩草	蔣季錫	嘉慶《松江府志》卷七十二
七〇八	古鏡歌一卷	蔣平階	光緒《松江府續志》卷三十七
七〇九	懷舊吟一卷	蔣天錦	嘉慶《松江府志》卷七十二
七一〇	灌園書屋詩存	蔣維澧	光緒《松江府續志》卷三十七

續表

序號	書名	作者	出處
七一一	職思居稿	蔣維淦	光緒《松江府續志》卷三十七
七一二	澣心處詩鈔	蔣繡徵	《歷代婦女著作考》卷十八
七一三	自怡初稿	蔣學曾	光緒《嘉定縣志》卷二十七
七一四	吴淞風雅	蔣一元、許炳輯	光緒《寶山縣志》卷十二
七一五	四書彙講大全	蔣鉽	光緒《松江府續志》卷三十七
七一六	釀桂廬偶存草、郢中吟	蔣雲鳳	光緒《松江府續志》卷三十七
七一七	四在齋草、建昌集、偶憶編二卷	蔣雲師	光緒《松江府續志》卷三十七
七一八	醫學參醇	蔣韞山	同治《上海縣志》卷二十七
七一九	易解、春秋味旨、四書廣義、二香居詩文集	焦紹祖	光緒《松江府續志》卷三十七
七二〇	研溪偶存草	焦文達	光緒《松江府續志》卷三十七
七二一	侍江文集、輿中草十卷	焦以敬	嘉慶《松江府志》卷七十二

續表

序號	書名	作者	出處
七二二	硯雨齋詩古文集	焦以恕	光緒《松江府續志》卷三十七
七二三	此木軒紀年略五卷	焦袁熹	嘉慶《松江府志》卷七十二
七二四	不繫舟集、離鉤集、也云草	戒　蔭	光緒《嘉定縣志》卷二十七
七二五	學庸大全章句集説五卷、論語秉燭編八卷	金　潮	光緒《嘉定縣志》卷二十四
七二六	春秋四傳纂要、四書大全述解二十卷	金人名	光緒《嘉定縣志》卷二十四
七二七	小學章義	金大名	光緒《嘉定縣志》卷二十六
七二八	冬録一卷	金　燾	光緒《嘉定縣志》卷二十五
七二九	琢庵詩鈔四卷、竹莊詩鈔四卷、琢庵賦鈔一卷	金　燾	光緒《嘉定縣志》卷二十七
七三〇	碧玉壺纂杜詩	金德麟	光緒《寶山縣志》卷十二
七三一	碧雲紅豆編	金董治	光緒《寶山縣志》卷十二
七三二	紅梅閣雜鈔十卷	金鳳綸	光緒《嘉定縣志》卷二十六

續表

序號	書名	作者	出處
七三三	惺齋吟稿五卷	金鳳綸	光緒《嘉定縣志》卷二十七
七三四	槐眉山房吟稿六卷、駢體文四卷、和亭賦稿六卷	金鳳綬	光緒《嘉定縣志》卷二十七
七三五	賦蹟一卷	金鳳綬	光緒《嘉定縣志》卷二十八
七三六	南昀詩鈔	金鳳藻	光緒《嘉定縣志》卷二十七
七三七	金治彝詩稿六卷	金敷典	光緒《嘉定縣志》卷二十七
七三八	醫學傳心	金　鶴	同治《上海縣志》卷二十七
七三九	嶺西奏議一卷	金洪銓	光緒《嘉定縣志》卷二十五
七四〇	治心編四卷	金洪銓	光緒《嘉定縣志》卷二十六
七四一	十一硯山房詩鈔十一卷、驢背草	金洪銓	光緒《嘉定縣志》卷二十七
七四二	四靈詩選	金洪銓編	光緒《嘉定縣志》卷二十八
七四三	蘭雪吟稿三卷	金　鴻	光緒《嘉定縣志》卷二十七

續表

序號	書名	作者	出處
七四四	清省堂遺稿五卷	金鴻書	光緒《松江府續志》卷三十七
七四五	孝經易知解	金潢	光緒《寶山縣志》卷十二
七四六	蟠溪吟草二卷	金璜璋	《青浦續詩傳》卷一
七四七	梧岡餘稿五卷、燕喜樓餘課五卷	金集	光緒《嘉定縣志》卷二十七
七四八	增訂杜律趙虞注六卷	金集	光緒《嘉定縣志》卷二十八
七四九	梧岡文鈔、白雲居士集、曲室璅談	金集	光緒《寶山縣志》卷十二
七五〇	四書蠹餘録	金嘉遇	光緒《松江府續志》卷三十七
七五一	啓麟堂醫方	金堅	同治《上海縣志》卷二十七
七五二	亦庭詩草	金珏	光緒《寶山縣志》卷十二
七五三	鈍餘稿五卷	金濬	光緒《松江府續志》卷三十七
七五四	知止軒詩鈔	金夔誠	光緒《松江府續志》卷三十七

續表

序號	書名	作者	出處
七五五	醫驗一卷、選幽居詩稿、歷朝賦格	金　昺	光緒《松江府續志》卷三十七
七五六	水聲集	金　理	光緒《松江府續志》卷三十七
七五七	愁餘吟稿	金良謨	光緒《嘉定縣志》卷二十七
七五八	全孝集	金　邁	光緒《寶山縣志》卷十二
七五九	遺詩録三卷	金夢熊	光緒《婁縣續志》卷十
七六〇	醉山遺稿四卷	金　某	光緒《嘉定縣志》卷二十七
七六一	夢廬草	金潘寶	光緒《嘉定縣志》卷二十七
七六二	瑞和堂集	金平成	嘉慶《松江府志》卷七十二
七六三	琴　譜	金瓊階	嘉慶《松江府志》卷七十二
七六四	松谷散人詩鈔	金　銓	光緒《松江府續志》卷三十七
七六五	翠峰吟稿	金　纕	《歷代婦女著作考》卷十一

續表

序號	書名	作者	出處
七六六	聽鐘集二卷	金仁懷	光緒《嘉定縣志》卷二十七
七六七	醫方一卷	金仁榮	同治《上海縣志》卷二十七
七六八	懷新集三卷	金汝鈺	光緒《嘉定縣志》卷二十七
七六九	誦帚集、曬藥集、青芝集	金聲	光緒《寶山縣志》卷十二
七七〇	聽雨軒集、不掩齋稿	金世瑜	光緒《寶山縣志》卷十二
七七一	鳳栖山房稿	金式珪	光緒《松江府續志》卷三十七
七七二	蓬山集八卷	金是瀛	《明清江蘇文人年表》康熙九年條
七七三	貞恒草	金塈	光緒《嘉定縣志》卷二十七
七七四	南郵集四卷	金恕	光緒《嘉定縣志》卷二十七
七七五	月蘿吟館始存稿	金松	光緒《嘉定縣志》卷二十七
七七六	蘭渚小草	金廷紱	光緒《寶山縣志》卷十二

續表

序號	書名	作者	出處
七七七	卧游齋印譜	金惟驎	光緒《嘉定縣志》卷二十六
七七八	秋谷雜編三卷	金維寧	嘉慶《松江府志》卷七十二
七七九	逸郵詩草	金　煒	光緒《嘉定縣志》卷二十七
七八〇	緑雨山房吟稿十二卷	金慰祖	光緒《嘉定縣志》卷二十七
七八一	曼陀羅花館遺詩二卷	金熙彬	光緒《嘉定縣志》卷二十七
七八二	四香齋詩文稿	金　襄	光緒《嘉定縣志》卷二十七
七八三	雙清閣詩稿	金嚴慎	嘉慶《松江府志》卷七十二
七八四	赤霞詩鈔	金以城	光緒《寶山縣志》卷十二
七八五	虎薈續集四卷、别集二卷、餘集二卷、閏集二卷、姓氏聯珠三卷	金以埏	光緒《嘉定縣志》卷二十六
七八六	葵溥集	金以埒	光緒《寶山縣志》卷十二
七八七	種書圃詩文集	金應元	嘉慶《松江府志》卷七十二

續表

序號	書名	作者	出處
七八八	我我書屋詩鈔	金瑩	民國《崇明縣志》卷十六
七八九	就圃詩文集、吹豳草	金俞邁	光緒《嘉定縣志》卷二十七
七九〇	猶存草堂詩集十二卷	金玉	光緒《松江府續志》卷三十七
七九一	安雅堂詩稿	金元賡	光緒《寶山縣志》卷十二
七九二	海紅仙館詩鈔	金曰瀛	光緒《嘉定縣志》卷二十七
七九三	十三經文字異同考	金曰追	光緒《嘉定縣志》卷二十四
七九四	游記日録二卷	金鉞	光緒《嘉定縣志》卷二十五
七九五	雙桂樓稿	金雲琬	光緒《嘉定縣志》卷二十七
七九六	多聞擇善	金造士	光緒《嘉定縣志》卷二十六
七九七	署香詩稿	金掌絲	光緒《寶山縣志》卷十二
七九八	金來瞻詩文稿六卷	金肇泰	光緒《嘉定縣志》卷二十七

序號	書名	作者	出處
七九九	僅存草	金奏鈞	光緒《嘉定縣志》卷二十七
八〇〇	詩文語録二十卷	浄斯	光緒《嘉定縣志》卷二十八
八〇一	羅亭文集	闞選	光緒《嘉定縣志》卷二十七
八〇二	同善詩鈔	闞選、浦非瑕等	光緒《嘉定縣志》卷二十八
八〇三	酌齋詩文稿、晚娱堂初二集	康濟	嘉慶《松江府志》卷七十二
八〇四	三硯齋吟草	康愷	嘉慶《松江府志》卷七十二
八〇五	詩經釋略八卷、四書正講六卷、四書釋略、孟子釋略七卷、孝經釋略二卷	柯炌	光緒《嘉定縣志》卷二十四
八〇六	集庵詩草四卷	柯炌	光緒《嘉定縣志》卷二十七
八〇七	四難記、暇日詩編、可名公集、達生編	柯炌	光緒《寶山縣志》卷十二
八〇八	月山詩箋	空江	嘉慶《松江府志》卷七十二
八〇九	蓮君駢體文	孔廣琳	光緒《松江府續志》卷三十七

續表

序號	書名	作者	出處
八一〇	蘭齋稿二卷、飛霞閣題畫詩二卷、畫跋一卷	孔素瑛	光緒《嘉定縣志》卷二十七
八一一	詩寀筆記二卷、蓮社詞	雷葆廉	光緒《松江府續志》卷三十七
八一二	雷氏宗譜、西行紀事	雷琳	光緒《松江府續志》卷三十七
八一三	湘秋閣詩鈔	雷畹	光緒《松江府續志》卷三十七
八一四	懷讓堂吟稿	雷王棟	光緒《寶山縣志》卷十二
八一五	玉岾山莊詩鈔	雷瑩	光緒《松江府續志》卷三十七
八一六	枚一遺稿	雷左材	光緒《松江府續志》卷三十七
八一七	希古堂詩文集十卷、閩遊草一卷、郡遊草一卷	李安世	光緒《嘉定縣志》卷二十七
八一八	槎溪唱和詩	李安世等	光緒《嘉定縣志》卷二十八
八一九	訂正診家正眼、訂正證治彙編	李邦俊	同治《上海縣志》卷二十七
八二〇	畬生居同人尺牘	李保泰輯	光緒《寶山縣志》卷十二

序號	書名	作者	出處
八二一	漁村鐵筆、漁村遺草	李槎源	光緒《松江府續志》卷三十七
八二二	春風沈醉樓詩餘	李昌熾	光緒《寶山縣志》卷十二
八二三	釀花小草、棘棲草、自怡草、雪鴻居吟稿、巢燕集	李成鳳	光緒《寶山縣志》卷十二
八二四	春柳唱和詩一卷	李春祺	光緒《松江府續志》卷三十七
八二五	删訂尚書會纂六卷	李　琮	光緒《松江府續志》卷三十七
八二六	養疴集一卷	李大成	光緒《松江府續志》卷三十七
八二七	天仙大道金丹正傳一卷	李德洽	光緒《嘉定縣志》卷二十六
八二八	恒山餘蹟	李登雲	民國《崇明縣志》卷十六
八二九	白馬堤記	李登雲	《明清江蘇文人年表》順治六年條
八三〇	尚書標旨、五經淵流、圖璇一覽	李　迪	嘉慶《松江府志》卷七十二
八三一	輿圖備考、楷園文鈔	李　迪	光緒《松江府續志》卷三十七

續表

序號	書名	作者	出處
八三二	範蓮詩文集	李杜詩	民國《崇明縣志》卷十六
八三三	玉煙樓詩鈔	李爾玉	光緒《寶山縣志》卷十二
八三四	四留堂文稿、淑蘇稿、楚游草	李逢春	光緒《松江府續志》卷三十七
八三五	紅餘小草、沁園集	李馥玉	嘉慶《松江府志》卷七十二
八三六	來復堂稿、瓶笙吟稿六卷	李根	光緒《松江府續志》卷三十七
八三七	香雪齋焚餘草	李亘	光緒《嘉定縣志》卷二十七
八三八	賸齋詩鈔、自吟草	李更	光緒《嘉定縣志》卷二十七
八三九	稽古吟	李觀濤	光緒《嘉定縣志》卷二十七
八四〇	痘疹祕訣二卷、醫案一卷	李桂	同治《上海縣志》卷二十七
八四一	掖雅堂稿、燕遊紀概、并州百詠	李鴻達	光緒《寶山縣志》卷十二
八四二	問花吟、擊聯環樂府	李懷	《歷代婦女著作考》卷九

續表

序號	書名	作者	出處
八四三	易經彙參十卷	李焕	光緒《嘉定縣志》卷二十四
八四四	榮園集四卷	李焕	光緒《嘉定縣志》卷二十七
八四五	吾國春雪集箌	李嘉	光緒《松江府續志》卷三十七
八四六	淞陽紀事詩	李嘉祥	光緒《寶山縣志》卷十二
八四七	益學資聞	李潤著，孫景董續	光緒《嘉定縣志》卷二十六
八四八	西枝詩稿	李進	乾隆《婁縣志》卷十二
八四九	李仲子詩稿	李景董	光緒《嘉定縣志》卷二十七
八五〇	蔚雲詩屋文稿	李炯	光緒《松江府續志》卷三十七
八五一	夢花廬詩稿	李雋	光緒《松江府續志》卷三十七
八五二	傳世録	李魁春	光緒《寶山縣志》卷十二
八五三	禮運二卷、大學古義私述一卷、中庸禮説一卷、通韻便覽一卷	李林松	光緒《松江府續志》卷三十七

續表

序號	書名	作者	出處
八五四	觀雲樓文存三卷、續文存三卷、詩鈔十卷	李夢璁	光緒《嘉定縣志》卷二十七
八五五	滌軒集二卷	李凝祺	光緒《嘉定縣志》卷二十七
八五六	天韻閣詩集	李蘋香	《歷代婦女著作考》卷九
八五七	敝掃千金集	李慶熊	光緒《松江府續志》卷三十七
八五八	拱月樓詩草	李榮春	光緒《嘉定縣志》卷二十七
八五九	北湄詩稿	李如稼	光緒《松江府續志》卷三十七
八六〇	石湖詩稿	李尚美	民國《崇明縣志》卷十六
八六一	外岡詩鈔	李少白輯	光緒《嘉定縣志》卷二十八
八六二	衡霞山人集一百六十卷	李聖芝	光緒《嘉定縣志》卷二十七
八六三	猶得住樓詩詞稿	李　湜	光緒《松江府續志》卷三十七
八六四	家禮輯要	李士達	光緒《松江府續志》卷三十七

續表

序號	書名	作者	出處
八六五	功過閣輯要	李士達	同治《上海縣志》卷二十七
八六六	映緑軒吟稿	李士浚	光緒《嘉定縣志》卷二十七
八六七	自怡山房稿	李士榮	光緒《嘉定縣志》卷二十七
八六八	雪岑詩選四卷、鷗侶軒稿三卷、萍游草二卷、戊申詩二卷	李　禔	光緒《嘉定縣志》卷二十七
八六九	讀易初纂	李思中	光緒《嘉定縣志》卷二十四
八七〇	譚劍廬古文稿	李思中	光緒《嘉定縣志》卷二十七
八七一	陶莊詩鈔五卷、吴山詩草二卷	李　燧	光緒《嘉定縣志》卷二十七
八七二	功行録廣義三十卷	李蓀其	光緒《嘉定縣志》卷二十六
八七三	鵑啼集	李　眺	《歷代婦女著作考》卷九
八七四	四書博議、崇明名賢記略、古今體詩鈔	李通理	民國《崇明縣志》卷十六
八七五	半萬卷齋詩文集	李同文	光緒《寶山縣志》卷十二

續表

序號	書名	作者	出處
八七六	幽蘭草	李雯、宋徵輿	嘉慶《松江府志》卷七十二
八七七	義寧記略	李錫秦	光緒《嘉定縣志》卷二十五
八七八	柳絮集一卷	李湘芝	光緒《嘉定縣志》卷二十七
八七九	金川瑣記六卷	李心衡	同治《上海縣志》卷二十七
八八〇	香岩詩鈔	李心怡	光緒《松江府續志》卷三十七
八八一	生花書屋吟稿	李興翥	光緒《嘉定縣志》卷二十七
八八二	女史六卷、修竹廬詩集	李行南	光緒《松江府續志》卷三十七
八八三	芸窗雜識	李行南	同治《上海縣志》卷二十七
八八四	蕉石山房雜著、蕉石山房詩集、蕉石山房駢體、玉山集	李休徵	光緒《寶山縣志》卷十二
八八五	陸侍御年譜	李　鉉	光緒《松江府續志》卷三十七
八八六	淨香詩草	李學本	光緒《松江府續志》卷三十七

續表

序號	書名	作者	出處
八八七	醫學口訣	李延昰	光緒《松江府續志》卷三十七
八八八	疹全書	李延昰	光緒《嘉定縣志》卷二十六
八八九	南征稿	李延昰	《明清江蘇文人年表》順治七年條
八九〇	辨毁十二卷、商刻十六卷	李宜之	光緒《嘉定縣志》卷二十六
八九一	猗園詩集四卷、猗園文集三十卷	李宜之	光緒《嘉定縣志》卷二十七
八九二	步非煙	李宜之	《明清江蘇文人年表》順治十年條
八九三	旅吟集	李　瀛	民國《崇明縣志》卷十六
八九四	披雲書屋詩稿	李元龍	光緒《嘉定縣志》卷二十七
八九五	挺生遺稿二卷、集杜詩二卷	李元植	光緒《嘉定縣志》卷二十七
八九六	逡崍山館題跋二卷	李雲棟	光緒《嘉定縣志》卷二十七

續表

序號	書名	作者	出處
八九七	燕游草一卷、續留草一卷	李雲鵬	光緒《嘉定縣志》卷二十七
八九八	二十一史提綱歌二卷	李兆六	同治《上海縣志》卷二十七
八九九	抱素堂自鳴稿	李肇夏	光緒《嘉定縣志》卷二十七
九〇〇	四耕齋集	李之駒	光緒《松江府續志》卷三十七
九〇一	内經指要、醫宗約貫、醫林證驗	李枝桂	光緒《松江府續志》卷三十七
九〇二	醫學指要	李枝源	同治《上海縣志》卷二十七
九〇三	至聖四字經一卷	李　灼	光緒《嘉定縣志》卷二十八
九〇四	鋤月軒小草	李　濯	光緒《寶山縣志》卷十二
九〇五	先哲嘉言	李宗沆	同治《上海縣志》卷二十七
九〇六	南軒雜草	李宗袁	光緒《松江府續志》卷三十七
九〇七	香南草堂集	廖賡謨	乾隆《婁縣志》卷十二

續表

序號	書名	作者	出處
九〇八	快帆詩稿	廖賡軒	嘉慶《松江府志》卷七十二
九〇九	檀園詩話	廖景文	嘉慶《松江府志》卷七十二
九一〇	爾雅證	廖守謙	光緒《嘉定縣志》卷二十四
九一一	益智隨録四卷	廖惟璜	光緒《嘉定縣志》卷二十六
九一二	問心詩賦鈔	廖惟勳	光緒《嘉定縣志》卷二十七
九一三	傷心集一卷	廖惟珍	光緒《嘉定縣志》卷二十七
九一四	慧花軒稿、借凡居稿	廖惟珍	《歷代婦女著作考》卷十七
九一五	讀史摭略二卷	廖文錦	光緒《嘉定縣志》卷二十五
九一六	佳想軒雜録二十二卷	廖文錦	光緒《嘉定縣志》卷二十六
九一七	仙霞閣集	廖雲錦	光緒《松江府續志》卷三十七
九一八	織雲樓詩稿	廖雲錦	《歷代婦女著作考》卷十七

續表

序號	書名	作者	出處
九一九	練雅一百卷	林大中編	光緒《嘉定縣志》卷二十八
九二〇	知非集	林斗光	民國《崇明縣志》卷十六
九二一	梅溪詩文集	林皞恩	民國《崇明縣志》卷十六
九二二	增訂從政約言、戒訟説	林　鈞	光緒《重修奉賢縣志》卷十七
九二三	墨香樓集三十二卷、錦城記	林令旭	嘉慶《松江府志》卷七十二
九二四	楚粵吟、晉游草	林企俊	嘉慶《松江府志》卷七十二
九二五	四禮雜式	林企俊	光緒《松江府續志》卷三十七
九二六	林宮聲詩文集	林企俊	光緒《金山縣志》卷十五
九二七	詩史龍江集	林企佩	光緒《松江府續志》卷三十七
九二八	翠露軒詞	林企忠	嘉慶《松江府志》卷七十二
九二九	月舫集	林　喬	民國《崇明縣志》卷十六

序號	書名	作者	出處
九三〇	青蓮舫詩鈔	林氏	嘉慶《松江府志》卷七十二
九三一	經史要略	林希顥	嘉慶《松江府志》卷七十二
九三二	養正篇	林逸	民國《崇明縣志》卷十六
九三三	仲葵詩鈔	林懌煒	光緒《松江府續志》卷三十七
九三四	林氏詩集	林雍士	民國《崇明縣志》卷十六
九三五	吹藜閣詩草	林元度	民國《崇明縣志》卷十六
九三六	素園詩稿十二卷	林子卿	嘉慶《松江府志》卷七十二
九三七	貞娛草堂稿	林子威	嘉慶《松江府志》卷七十二
九三八	存遺稿	林子襄	光緒《重修華亭縣志》卷二十
九三九	西山雜詠、粤游草	凌存淳	光緒《松江府續志》卷三十七
九四〇	切韻證訛	凌鈞	光緒《松江府續志》卷三十七

續表

序號	書名	作者	出處
九四一	應制詩集、黄華集、麥都草、楚湘草、黄梅草、紀遊草	凌如焕	嘉慶《松江府志》卷七十二
九四二	禮記節粹	凌如焕	光緒《松江府續志》卷三十七
九四三	讀史小稿、燕都草、向日槎小詠	凌如焕	同治《上海縣志》卷二十七
九四四	飛卿遺草	凌孝熊	光緒《松江府續志》卷三十七
九四五	静圃詩草六卷	凌應蘭	嘉慶《松江府志》卷七十二
九四六	古歎堂稿	凌應曾	嘉慶《松江府志》卷七十二
九四七	花溪紀年詩鈔	留昭達	光緒《嘉定縣志》卷二十七
九四八	惺齋焚餘草	劉　赤	光緒《寶山縣志》卷十二
九四九	醫學心印、證脈合參、傷寒探微	劉道深	同治《上海縣志》卷二十七
九五〇	漫園小草	劉　鼎	民國《崇明縣志》卷十六
九五一	延賞齋集四卷、燕游草	劉爾棨	光緒《松江府續志》卷三十七

續表

序號	書名	作者	出處
九五二	大雅堂駢體文、瘦吟生詩詞稿	劉福疇	光緒《松江府續志》卷三十七
九五三	續金山衛志、陸舟稿	劉垓	光緒《松江府續志》卷三十七
九五四	易學觳音、清書體要、古今類書、居家懿訓	劉幹	光緒《寶山縣志》卷十二
九五五	荻涇草	劉榦	光緒《嘉定縣志》卷二十七
九五六	南軒詩草	劉簡	光緒《寶山縣志》卷十二
九五七	航南漫吟	劉涇香	民國《崇明縣志》卷十六
九五八	續吴淞所志	劉暻	光緒《寶山縣志》卷十二
九五九	新齋集	劉立正	光緒《寶山縣志》卷十二
九六〇	蘭譜	劉楠	光緒《寶山縣志》卷十二
九六一	培青軒小詠	劉沛霖	光緒《寶山縣志》卷十二
九六二	覆瓿集	劉起編	光緒《嘉定縣志》卷二十八

續表

序號	書名	作者	出處
九六三	訂正地理闡幽注釋、地鈐、葬法十則	劉　仁	同治《上海縣志》卷二十七
九六四	然乙山房詩詞集	劉瑞琮	光緒《寶山縣志》卷十二
九六五	書山詩鈔	劉繩祖	光緒《寶山縣志》卷十二
九六六	鴻甫年録	劉　樞	光緒《松江府續志》卷三十七
九六七	四本堂詩草	劉廷柱	光緒《松江府續志》卷三十七
九六八	雙虹自在吟稿	劉維謙	乾隆《婁縣志》卷十二
九六九	雲岑存稿	劉興宗	民國《崇明縣志》卷十六
九七〇	翰西雜著	劉丁蕃	光緒《松江府續志》卷三十七
九七一	亦園雜存稿、亦園雜存曲	劉玉田	光緒《寶山縣志》卷十二
九七二	歷代史論、躍雲池館文集	劉貞吉	嘉慶《松江府志》卷七十二
九七三	四書題解	劉志章	光緒《寶山縣志》卷十二

序號	書名	作者	出處
九七四	鶯囀詞	柳聲	《歷代婦女著作考》卷十二
九七五	簑笠軒詩詞存稿	樓嚴	嘉慶《松江府志》卷七十二
九七六	蓑笠軒僅存稿	樓儼	光緒《嘉定縣志》卷二十七
九七七	洗硯齋集	樓儼	光緒《嘉定縣志》卷二十八
九七八	望山樓稿	盧玉成	《歷代婦女著作考》卷十九
九七九	思美廬稿	盧元昌	嘉慶《松江府志》卷七十二
九八〇	稀餘留稿、半林詞	盧元昌	光緒《松江府續志》卷三十七
九八一	東柯鼓離草	盧元昌	《明清江蘇文人年表》康熙三十二年條
九八二	來翠樓詩草一卷	魯所詹	光緒《嘉定縣志》卷二十七
九八三	溵山寺志	陸昂	嘉慶《松江府志》卷七十二
九八四	劍泉歷遊吟稿	陸寶鍔	光緒《松江府續志》卷三十七

續表

序號	書名	作者	出處
九八五	不離道者詩文集	陸必達	光緒《寶山縣志》卷十二
九八六	雲間予謚諸臣傳贊、松南小隱集、葵霑雜稿、唐宋律賦舉隅	陸秉笏	嘉慶《松江府志》卷七十二
九八七	四書補釋、覺亭詩文集	陸秉鑑	光緒《寶山縣志》卷十二
九八八	揖星樓詩文稿、集古類編	陸秉紹	嘉慶《松江府志》卷七十二
九八九	片石居詩草	陸秉泰	光緒《松江府續志》卷三十七
九九〇	玉笥山房集	陸伯焜	《青浦續詩傳》卷二
九九一	四書詳解	陸　裁	光緒《松江府續志》卷三十七
九九二	醫論一卷、方論輯要二卷	陸承祖	光緒《松江府續志》卷三十七
九九三	咀丸居就正稿二卷	陸　椿	《青浦續詩傳》卷三
九九四	周天經緯考十卷	陸大鼎	光緒《松江府續志》卷三十七
九九五	紅影小莊詩鈔	陸大均	光緒《松江府續志》卷三十七

續表

序號	書名	作者	出處
九九六	蠹餘草二卷	陸　焍	光緒《嘉定縣志》卷二十七
九九七	游浙小草	陸斗標	光緒《嘉定縣志》卷二十七
九九八	秀林草堂存稿	陸惇宗	嘉慶《松江府志》卷七十二
九九九	陸秀才遺詩	陸范鏞	光緒《松江府續志》卷三十七
一〇〇〇	存澤樓詩文集、皖江吟草、果齋詩鈔	陸芳槐	光緒《寶山縣志》卷十二
一〇〇一	曉亭詩稿	陸飛熊	光緒《寶山縣志》卷十二
一〇〇二	梯仙閣遺稿	陸鳳池	嘉慶《松江府志》卷七十二
一〇〇三	學庸解、桐林集	陸鳳池	光緒《松江府續志》卷三十七
一〇〇四	自鳴草十卷	陸光世	《青浦續詩傳》
一〇〇五	一枝春館吟稿	陸　海	光緒《松江府續志》卷三十七
一〇〇六	夢初集	陸　海	光緒《嘉定縣志》卷二十七

續表

序號	書名	作者	出處
一〇〇七	畫囊七十二卷、四寶録四卷、酒史二十卷、酒愚雜俎二卷、附録一卷	陸含薰	光緒《嘉定縣志》卷二十六
一〇〇八	南槎詩草二卷	陸洪恩	光緒《嘉定縣志》卷二十七
一〇〇九	南軒文鈔	陸虎岑	嘉慶《松江府志》卷七十二
一〇一〇	賜書堂存稿	陸箕永	嘉慶《松江府志》卷七十二
一〇一一	畫史、竹譜	陸　濟	光緒《松江府續志》卷三十七
一〇一二	萬年安阜書	陸嘉賓	光緒《寶山縣志》卷十二
一〇一三	蓬軒集	陸嘉選	光緒《嘉定縣志》卷二十七
一〇一四	銀鹿春秋一卷	陸嘉穎	光緒《嘉定縣志》卷二十六
一〇一五	硯隱集	陸嘉穎	光緒《嘉定縣志》卷二十七
一〇一六	二知堂文集、雪樵吟稿	陸見瑗	光緒《松江府續志》卷三十七
一〇一七	恒新堂詩稿	陸江藻	光緒《松江府續志》卷三十七

序號	書名	作者	出處
一〇一八	廣慧編二十卷	陸金和	嘉慶《松江府志》卷七十二
一〇一九	戰國策考異	陸金節	光緒《嘉定縣志》卷二十五
一〇二〇	訓子隨筆一卷	陸　縉	光緒《嘉定縣志》卷二十六
一〇二一	笏峰集一卷、聊存軒詩草一卷	陸　縉	光緒《嘉定縣志》卷二十七
一〇二二	四書合參二十卷	陸景純	光緒《松江府續志》卷三十七
一〇二三	傷寒論正宗	陸敬銘	嘉慶《松江府志》卷七十二
一〇二四	景雲堂詩稿	陸雋東	光緒《松江府續志》卷三十七
一〇二五	兩鴿因緣、清寧集三卷	陸君暘	《明清江蘇文人年表》康熙十一年條
一〇二六	臨雲樓稿	陸崑曾	嘉慶《松江府志》卷七十二
一〇二七	歎逝編	陸崑曾	光緒《松江府續志》卷三十七
一〇二八	桃溪志	陸　立	光緒《寶山縣志》卷十二

續表

序號	書名	作者	出處
一〇二九	朝鮮紀遊詩	陸琳	嘉慶《松江府志》卷七十二
一〇三〇	儼若齋存稿	陸琳	《國朝三槎風雅》卷一
一〇三一	遺安堂集	陸璘	光緒《松江府續志》卷三十七
一〇三二	青鳥世授四卷	陸霖	光緒《嘉定縣志》卷二十六
一〇三三	荆園詩稿	陸敏時	光緒《松江府續志》卷三十七
一〇三四	三藩紀事本末補、茸城望族譜二卷、幾求二社姓氏譜、時憲志十卷附鉤元一卷、佔畢偶録一百卷、劄記二十四種、耕雲釣雪齋古文二十卷	陸明睿	光緒《松江府續志》卷三十七
一〇三五	陸氏族譜	陸鳴皋續修	嘉慶《松江府志》卷七十二
一〇三六	使蜀草一卷	陸鳴珂	嘉慶《松江府志》卷七十二
一〇三七	幼學集、廣陵吟、陵吟、金門集、萊青集、湖濱集、文集	陸鳴珂	同治《上海縣志》卷二十七
一〇三八	日涉園稿	陸鳴球	嘉慶《松江府志》卷七十二

續表

序號	書名	作者	出處
一〇三九	鞠懷草、憶舊詩	陸鳴球	同治《上海縣志》卷二十七
一〇四〇	稽古齋文集	陸鳴虞	嘉慶《松江府志》卷七十二
一〇四一	偶然吟稿	陸鳴虞	同治《上海縣志》卷二十七
一〇四二	建元録	陸　某	光緒《嘉定縣志》卷二十八
一〇四三	泖香詩鈔	陸南謣	光緒《松江府續志》卷三十七
一〇四四	萬翠軒詩草六卷	陸　寧	光緒《嘉定縣志》卷二十七
一〇四五	曉齋詩稿	陸其質	《國朝三槎風雅》卷一
一〇四六	石倉詩稿	陸　淇	光緒《嘉定縣志》卷二十七
一〇四七	周易述講	陸　琦	光緒《嘉定縣志》卷二十四
一〇四八	養生編	陸　琦	光緒《嘉定縣志》卷二十六
一〇四九	見南閣詩四卷	陸　琦	光緒《嘉定縣志》卷二十七

續表

序號	書名	作者	出處
一〇五〇	靖江年譜	陸起嵊	同治《上海縣志》卷二十七
一〇五一	褒山家傳、裒山集十四卷、續集十卷	陸起城	嘉慶《松江府志》卷七十二
一〇五二	正學編十卷	陸起城	光緒《松江府續志》卷三十七
一〇五三	映玉堂稿	陸起鳳	嘉慶《松江府志》卷七十二
一〇五四	性理易簡編	陸起龍	光緒《松江府續志》卷三十七
一〇五五	不羈生焚餘草	陸清詒	光緒《嘉定縣志》卷二十七
一〇五六	嘉慶上海縣志修例	陸慶循	光緒《松江府續志》卷三十七
一〇五七	薺庵詩稿	陸慶臻	光緒《重修華亭縣志》卷二十
一〇五八	簡庵遺稿	陸　銓	光緒《嘉定縣志》卷二十七
一〇五九	香林詩文集	陸榮秬	嘉慶《松江府志》卷七十二
一〇六〇	分翠閣詩草	陸如蓉	《歷代婦女著作考》卷十五

續表

序號	書名	作者	出處
一〇六一	古瀛聞見録	陸瑞符	民國《崇明縣志》卷十六
一〇六二	霍山縣志	陸沈明	光緒《嘉定縣志》卷二十五
一〇六三	熊葉堂詩稿	陸沈暘	光緒《嘉定縣志》卷二十七
一〇六四	春夢詞	陸沈暘	光緒《嘉定縣志》卷二十八
一〇六五	尋樂山房文集、讀書録、飲篠齋詩集、滄浪一葉吟	陸　晟	嘉慶《松江府志》卷七十二
一〇六六	畷邑人物考、乙酉紀事、發潛録	陸時隆	光緒《嘉定縣志》卷二十五
一〇六七	性理删正	陸時隆	光緒《嘉定縣志》卷二十六
一〇六八	郭亭三編、郭亭樂府	陸時隆	光緒《嘉定縣志》卷二十七
一〇六九	道類函	陸時隆	光緒《寶山縣志》卷十二
一〇七〇	梅花草堂詩存、覆甌草	陸時英	光緒《松江府續志》卷三十七
一〇七一	機杼餘音集	陸　氏	《歷代婦女著作考》卷十五

續表

序號	書名	作者	出處
一〇七二	鶴巢吟稿二卷	陸授詩	光緒《嘉定縣志》卷二十七
一〇七三	春秋左傳集評、四書精言	陸思誠	光緒《松江府續志》卷三十七
一〇七四	慎初堂文集	陸思誠	嘉慶《松江府志》卷七十二
一〇七五	花韻閣詩稿	陸誦芬	《歷代婦女著作考》卷十五
一〇七六	庚除詩稿四卷	陸　坦	光緒《嘉定縣志》卷二十七
一〇七七	松滋草一卷、游草	陸廷燦	光緒《嘉定縣志》卷二十七
一〇七八	納瓢吟稿	陸廷錕	光緒《嘉定縣志》卷二十七
一〇七九	寶篆堂稿	陸廷鏞	光緒《嘉定縣志》卷二十七
一〇八〇	中吴軼史二十卷、愞軒類稿十卷、陶詩注三卷	陸　緯	嘉慶《松江府志》卷七十二
一〇八一	餘園詩詞稿	陸文鍵	光緒《寶山縣志》卷十二
一〇八二	興觀集	陸文榮	光緒《松江府續志》卷三十七

序號	書名	作者	出處
一〇八三	西震詞一卷	陸文蔚	嘉慶《松江府志》卷七十二
一〇八四	芝田吟稿	陸文蔚	光緒《嘉定縣志》卷二十七
一〇八五	南臺小志、莆田水利志、雲羅仙館詩話六卷	陸我嵩	光緒《松江府續志》卷三十七
一〇八六	耕餘詩草	陸錫嘏	光緒《嘉定縣志》卷二十七
一〇八七	補陳壽禮志	陸錫熊	嘉慶《松江府志》卷七十二
一〇八八	石埭縣志糾謬	陸錫熊	光緒《松江府續志》卷三十七
一〇八九	陸氏家言	陸咸寧	光緒《松江府續志》卷三十七
一〇九〇	漱芳詞、然脂碎錦	陸襄	光緒《寶山縣志》卷十二
一〇九一	瀓簡堂集	陸硎	光緒《嘉定縣志》卷二十七
一〇九二	敬亭詩文稿	陸旭照	光緒《松江府續志》卷三十七
一〇九三	富豐莊陸氏家譜、南匯縣副志十六卷	陸學淵	光緒《松江府續志》卷三十七

續表

序號	書名	作者	出處
一〇九四	辛未迎鑾恭紀、崇聖録、惠民策	陸壎	民國《崇明縣志》卷十六
一〇九五	毛詩集義二卷	陸珣	光緒《嘉定縣志》卷二十四
一〇九六	卯君雜識	陸珣	光緒《嘉定縣志》卷二十六
一〇九七	三養齋詩鈔三卷、文集二卷	陸珣	光緒《嘉定縣志》卷二十七
一〇九八	藝菊譜三卷、容膝齋稿	陸一諤	光緒《嘉定縣志》卷二十六
一〇九九	寄傲軒詩鈔	陸逸	光緒《嘉定縣志》卷二十七
一一〇〇	槎溪遺文	陸逸輯	光緒《嘉定縣志》卷二十八
一一〇一	學製初編四卷	陸繹	光緒《嘉定縣志》卷二十五
一一〇二	不群居詩草	陸瀛蕚	嘉慶《松江府志》卷七十二
一一〇三	山左閒吟	陸瀛蕚	同治《上海縣志》卷二十七
一一〇四	恒堂詩文稿	陸瀛亮	嘉慶《松江府志》卷七十二

續表

序號	書名	作者	出處
一一〇五	濯煙閣未定稿	陸瀛亮	同治《上海縣志》卷二十七
一一〇六	姓譜新編二卷、雞窗隨筆二卷、仰山雜記二卷、穆如録四卷、吟壇修綆四卷、斑管書四卷、禄隱漫筆四卷、退閒録四卷、贅翁賸語四卷、古今詩話	陸瀛齡	嘉慶《松江府志》卷七十二
一一〇七	姓譜新編二卷	陸瀛齡	光緒《松江府續志》卷三十七
一一〇八	中艸集、金臺集、白門集	陸瀛齡	同治《上海縣志》卷二十七
一一〇九	煦亭詩草	陸瀛儒	光緒《松江府續志》卷三十七
一一一〇	醉餘畫譜	陸永堅	光緒《松江府續志》卷三十七
一一一一	數理承先六卷	陸永淇	光緒《嘉定縣志》卷二十六
一一一二	墨稼軒詩文鈔	陸永淇	光緒《嘉定縣志》卷二十七
一一一三	紫來閣吟草	陸詠金	光緒《嘉定縣志》卷二十七
一一一四	病機輯要二卷、棣萼堂草	陸友松	光緒《松江府續志》卷三十七

續表

序號	書名	作者	出處
一一一五	東虬草堂詩集	陸豫	光緒《寶山縣志》卷十二
一一一六	默仙詩稿	陸元炳	光緒《松江府續志》卷三十七
一一一七	讀史隨筆十二卷	陸元鼎	光緒《嘉定縣志》卷二十五
一一一八	心學編四卷、尚友編	陸元鼎	光緒《嘉定縣志》卷二十六
一一一九	圯上草四卷、邢漊邨稿、内省樓草、老退吟	陸元鼎	光緒《嘉定縣志》卷二十七
一一二〇	唐詩參	陸元鼎	光緒《嘉定縣志》卷二十八
一一二一	合訂删補大易集釋粹言八十卷、學易折衷十二卷、周易參四卷、儀禮集説、禮記陳氏集説補正三十八卷、四書參六卷、十三經注疏類鈔四十卷、十三經辨疑十卷	陸元輔	光緒《嘉定縣志》卷二十四
一一二二	争光録三卷	陸元輔	光緒《嘉定縣志》卷二十五
一一二三	道學類涵思誠録五卷、菊隱紀聞十六卷	陸元輔	光緒《嘉定縣志》卷二十六
一一二四	經義述略	陸元藻	光緒《嘉定縣志》卷二十四

續表

序號	書名	作者	出處
一一二五	經史隨筆四卷	陸元藻	光緒《嘉定縣志》卷二十六
一一二六	拜庚樓詩稿	陸元藻	光緒《嘉定縣志》卷二十七
一一二七	澂齋遺稿	陸張湘	光緒《松江府續志》卷三十七
一一二八	鑄山詩鈔	陸之棉	《青浦續詩傳》卷七
一一二九	潄墨齋詩稿	陸之綱	光緒《松江府續志》卷三十七
一一三〇	大雅樓集	陸　芝	嘉慶《松江府志》卷七十二
一一三一	潤鴻堂集、益堂自怡集、碌碌山人草三卷、蔚亭詩選	陸宗績	光緒《嘉定縣志》卷二十七
一一三二	林慮山人稿	陸祖彬	嘉慶《松江府志》卷七十二
一一三三	老是庵詩鈔	陸祖修	嘉慶《松江府志》卷七十二
一一三四	七十二峰考二卷	陸遵書	光緒《嘉定縣志》卷二十五
一一三五	得岑館畫跋十卷	陸遵書	光緒《嘉定縣志》卷二十六

續表

序號	書名	作者	出處
一一三六	燕臺稿一卷、豫游稿一卷、停雲稿一卷、練川竹枝詞一卷、得岑館題畫詩	陸遵書	光緒《嘉定縣志》卷二十七
一一三七	醫説金鍼	路藩周	光緒《松江府續志》卷三十七
一一三八	問山草	路瑶林	嘉慶《松江府志》卷七十二
一一三九	路氏家言	路耀文	光緒《松江府續志》卷三十七
一一四〇	鷗村集	路雲彪	嘉慶《松江府志》卷七十二
一一四一	香萸詩鈔	閭邱德堅	光緒《松江府續志》卷三十七
一一四二	大方全璧、補注診家正眼、本草選志	閭邱銘	嘉慶《松江府志》卷七十二
一一四三	講義彙參十五卷	閭邱銘	光緒《松江府續志》卷三十七
一一四四	方記俚言	閭邱煜	嘉慶《松江府志》卷七十二
一一四五	留山草	吕　濬	光緒《松江府續志》卷三十七
一一四六	四診集成二卷、證治彙辨六卷	吕紹元、陳經國	光緒《松江府續志》卷三十七

續表

序號	書名	作者	出處
一一四七	東萊草堂集	吕王輔	光緒《嘉定縣志》卷二十七
一一四八	終南詩集二卷、環谿集十卷	吕樾	嘉慶《松江府志》卷七十二
一一四九	石鼓山莊詩集	羅燾	光緒《松江府續志》卷三十七
一一五〇	趙鬲釋一卷	馬昂	光緒《松江府續志》卷三十七
一一五一	馬仲田詩文稿、仲田詩文草	馬德溥	光緒《松江府續志》卷三十七
一一五二	香聞軒詩	馬德淵	光緒《金山縣志》卷十五
一一五三	松菊堂詩	馬靖	光緒《松江府續志》卷三十七
一一五四	春岡詩鈔	馬亮	光緒《松江府續志》卷三十七
一一五五	師忍堂稿	馬汝林	光緒《寶山縣志》卷十二
一一五六	經書證謬十卷	馬舒	光緒《嘉定縣志》卷二十四
一一五七	筒堂學文、懷舊詩一卷	馬舒	光緒《嘉定縣志》卷二十七

續表

序號	書名	作者	出處
一一五八	然之詩集	馬衰	光緒《寶山縣志》卷十二
一一五九	旃檀閣史論三卷	馬萬	光緒《嘉定縣志》卷二十五
一一六〇	旃檀閣風人稿四卷	馬萬	光緒《嘉定縣志》卷二十七
一一六一	旃檀閣詩話六卷、讀昭明太子錦帶書一卷	馬萬	光緒《嘉定縣志》卷二十八
一一六二	留春堂詩文集六十卷	馬翼	光緒《嘉定縣志》卷二十七
一一六三	詩經叶韻參考二卷	馬瑩	光緒《嘉定縣志》卷二十四
一一六四	九達詩文稿	馬瑩	光緒《嘉定縣志》卷二十七
一一六五	問奇亭集	馬于捷	嘉慶《松江府志》卷七十二
一一六六	墨香樓詩鈔	馬中立	光緒《寶山縣志》卷十二
一一六七	地理精要、野吟編	毛瀠	光緒《寶山縣志》卷十二
一一六八	藜校堂詩鈔	毛純	光緒《寶山縣志》卷十二

續表

序號	書名	作者	出處
一一六九	齊音續詠二卷	毛大瀛	光緒《嘉定縣志》卷二十七
一一七〇	醉嘯軒集、戲鷗居詩文集、戲鷗居雜著、戲鷗居叢話、箋愁集、菊泉詩選	毛大瀛	光緒《寶山縣志》卷十二
一一七一	白崖山人集	毛大洲	光緒《寶山縣志》卷十二
一一七二	卷石山房詩文稿	毛　棟	光緒《松江府續志》卷三十七
一一七三	開成石經考異一卷	毛際盛	光緒《嘉定縣志》卷二十五
一一七四	山邨子文稿四卷、雪坪詩草八卷、登岱草、楚游草	毛際盛	光緒《嘉定縣志》卷二十七
一一七五	雪坪詞一卷	毛際盛	光緒《嘉定縣志》卷二十八
一一七六	午餘睡話	毛翔耀	光緒《松江府續志》卷三十七
一一七七	元史考正稿	毛嶽生	光緒《嘉定縣志》卷二十五
一一七八	毛詩存説二十卷、毛詩音義三十卷、四書精義二卷、紀積詩七卷、東山存稿	毛肇烈	嘉慶《松江府志》卷七十二

續　表

序號	書名	作者	出處
一一七九	恒説	毛肇烈	光緒《松江府續志》卷三十七
一一八〇	淞陽豳籥	毛正坦輯	光緒《寶山縣志》卷十二
一一八一	玉山吟	茅藩	光緒《松江府續志》卷三十七
一一八二	四勿齋駢體文六卷、詩六卷	梅邦佐	光緒《嘉定縣志》卷二十七
一一八三	香域内外集	敏膺	光緒《嘉定縣志》卷二十七
一一八四	貯月山房集	閔潮	嘉慶《松江府志》卷七十二
一一八五	讀畫齋稿	閔蕙	《歷代婦女著作考》卷十六
一一八六	筠庵詩文集	閔峻	嘉慶《松江府志》卷七十二
一一八七	吴越二十家詩鈔	閔峻	光緒《松江府續志》卷三十七
一一八八	照海堂集	閔峻	《明清江蘇文人年表》康熙九年條
一一八九	花醒詞	閔連	光緒《松江府續志》卷三十七

續表

序號	書名	作者	出處
一一九〇	小渭川詩	閔模	光緒《松江府續志》卷三十七
一一九一	香草詞	閔世倩	光緒《松江府續志》卷三十七
一一九二	環庵道人稿二卷	閔爲輪	嘉慶《松江府志》卷七十二
一一九三	芝廛詩稿	閔維垣	光緒《松江府續志》卷三十七
一一九四	閔氏歷代詩詞略	閔震	光緒《松江府續志》卷三十七
一一九五	靈鷲語録、詩偈	明誠	光緒《嘉定縣志》卷二十六
一一九六	禪餘草	明暹	光緒《嘉定縣志》卷二十七
一一九七	漏雲詩草二卷	明照	嘉慶《松江府志》卷七十二
一一九八	禪餘草	明智	嘉慶《松江府志》卷七十二
一一九九	繆雪莊詩集八卷、雪莊樂府	繆謨	嘉慶《松江府志》卷七十二
一二〇〇	墨莊詩存	繆聞泰	光緒《寶山縣志》卷十二

續表

序號	書名	作者	出處
一二〇一	采隱草	莫秉清	光緒《嘉定縣志》卷二十七
一二〇二	秦游草	莫　琛	光緒《松江府續志》卷三十七
一二〇三	望千樓詩	莫　端	光緒《松江府續志》卷三十七
一二〇四	西佘偶吟	莫毓桂	光緒《松江府續志》卷三十七
一二〇五	文山堂詩八卷	莫之璘	嘉慶《松江府志》卷七十二
一二〇六	知樂園集	莫之璋	嘉慶《松江府志》卷七十二
一二〇七	焚餘稿	慕德琰	《歷代婦女著作考》卷十八
一二〇八	慕渡子稿	倪　補	光緒《松江府續志》卷三十七
一二〇九	醉吟集三卷	倪宸斌	民國《崇明縣志》卷十六
一二一〇	禹貢錐指節録、上海縣節孝闡幽釐正編	倪福穰輯	同治《上海縣志》卷二十七
一二一一	古音集成	倪康壽	民國《崇明縣志》卷十六

續表

序號	書名	作者	出處
一二一二	讀左類粹、讀史管窺、南史集腋	倪鸞翬	民國《崇明縣志》卷十六
一二一三	雍門吟稿二卷	倪綸	光緒《松江府續志》卷三十七
一二一四	笠鷺小草	倪慶榴	《青浦續詩傳》卷四
一二一五	文選音義訂正八卷、二初齋算法五卷	倪思寬	嘉慶《松江府志》卷七十二
一二一六	志樂輯略、老子参注、莊子詮	倪思寬	光緒《松江府續志》卷三十七
一二一七	竹譜	倪廷梅	嘉慶《松江府志》卷七十二
一二一八	鳴劍閣集	倪蜕	光緒《松江府續志》卷三十七
一二一九	盤山圖詩刊	倪爲炳	民國《崇明縣志》卷十六
一二二〇	留香閣詩草	倪爲賢	民國《崇明縣志》卷十六
一二二一	集唐詩十五卷	倪文德	民國《崇明縣志》卷十六
一二二二	雲章詩集	倪文輝	民國《崇明縣志》卷十六

續　表

序號	書名	作者	出處
一二二二三	學易管窺、潮災記略、檇園文集、女工百詠、桂馨書屋詩草	倪文瀾	民國《崇明縣志》卷十六
一二二二四	茜溪吟草	倪錫燕	光緒《嘉定縣志》卷二十七
一二二二五	黔游草	倪錫湛	光緒《松江府續志》卷三十七
一二二二六	斯堂吟	倪　小	光緒《松江府續志》卷三十七
一二二二七	二如軒詩稿	倪　鈺	民國《崇明縣志》卷十六
一二二二八	虚白書屋詩集	倪朱撰	民國《崇明縣志》卷十六
一二二二九	春暉詩草一卷	寧若生	光緒《嘉定縣志》卷二十七
一二二三〇	俞塘鈕氏宗譜、劍巖詩鈔	鈕馮锟	光緒《松江府續志》卷三十七
一二二三一	戴記講義	鈕夢鶴	民國《崇明縣志》卷十六
一二二三二	三餘草堂稿	鈕思恪	嘉慶《松江府志》卷七十二
一二二三三	掞藻堂集八卷	鈕　沅	光緒《松江府續志》卷三十七

續表

序號	書名	作者	出處
一二三四	薌南吟稿	鈕　珍	民國《崇明縣志》卷十六
一二三五	愛閒閣偶吟草	潘　璧	光緒《松江府續志》卷三十七
一二三六	不掃軒詞	潘　端	光緒《松江府續志》卷三十七
一二三七	潘氏上海支譜二卷	潘漢成	同治《上海縣志》卷二十七
一二三八	十三經釋詁	潘鴻誥	光緒《嘉定縣志》卷二十四
一二三九	種棉直訣、粲花軒詩稿、天芬閣文集一卷	潘鴻誥	光緒《嘉定縣志》卷二十六
一二四〇	芸窗小草	潘　階	光緒《寶山縣志》卷十二
一二四一	三秦雜記	潘金支	光緒《松江府續志》卷三十七
一二四二	游秦紀略	潘陸蕤	光緒《松江府續志》卷三十七
一二四三	聲香外集	潘　牧	嘉慶《松江府志》卷七十二
一二四四	琴譜、姓譜略十卷、東江詩選八卷、東江詩餘	潘其彬	光緒《松江府續志》卷三十七

續表

序號	書名	作者	出處
一二四五	五經集要、讀史彙覽	潘屺	光緒《松江府續志》卷三十七
一二四六	緑窗吟稿	潘氏	《歷代婦女著作考》卷十八
一二四七	素春詩鈔	潘素春	光緒《松江府續志》卷三十七
一二四八	雜證類編十六卷	潘廷標	光緒《嘉定縣志》卷二十六
一二四九	詁經小記、大學古訓	潘孝曾	光緒《嘉定縣志》卷二十四
一二五〇	婁塘續志三卷	潘孝曾	光緒《嘉定縣志》卷二十五
一二五一	問學日鈔、琴書小史、所見録	潘孝曾	光緒《嘉定縣志》卷二十六
一二五二	讀經日劄三卷	潘應繵	光緒《嘉定縣志》卷二十四
一二五三	震堂文集三卷、詩集一卷	潘應繵	光緒《嘉定縣志》卷二十七
一二五四	臨山印藪	潘璵璠	光緒《松江府續志》卷三十七
一二五五	繡餘遺草	潘玉珊	《歷代婦女著作考》卷十八

續表

序號	書名	作者	出處
一二五六	樹桑私議	潘元長	光緒《嘉定縣志》卷二十六
一二五七	遺安堂稿	潘肇振	嘉慶《松江府志》卷七十二
一二五八	感秋吟	潘徵蘭	光緒《松江府續志》卷三十七
一二五九	達公詩稿一卷	龐鴻	光緒《嘉定縣志》卷二十七
一二六〇	寄庵吟稿	龐鴻	光緒《寶山縣志》卷十二
一二六一	四書解	龐時行	光緒《嘉定縣志》卷二十四
一二六二	壬寅小草	龐書種	光緒《寶山縣志》卷十二
一二六三	攬翠閣吟草	龐瑶珍	《歷代婦女著作考》卷二十
一二六四	搜遺稿四卷	彭賓	嘉慶《松江府志》卷七十二
一二六五	東皋吟、北堂瓿稿、利涉草、歸夢草	彭金度	嘉慶《松江府志》卷七十二
一二六六	臨清州志	彭金度	光緒《松江府續志》卷三十七

續表

序號	書名	作者	出處
一二六七	平分煙靄草堂詩稿	彭金度	同治《上海縣志》卷二十七
一二六八	藝香閣稿	彭金華	光緒《金山縣志》卷十五
一二六九	易演究微	彭喬年	光緒《松江府續志》卷三十七
一二七〇	詠物諸體詩	彭　淑	光緒《松江府續志》卷三十七
一二七一	見聞隨筆二卷	彭　述	光緒《嘉定縣志》卷二十六
一二七二	苔月軒稿	彭彦昭	光緒《松江府續志》卷三十七
一二七三	落花詩一卷	彭志古	光緒《嘉定縣志》卷二十七
一二七四	醫貫直指	平神照	同治《上海縣志》卷二十七
一二七五	經驗良方	平希豫	同治《上海縣志》卷二十七
一二七六	金陵遊記	濮宿貞	《歷代婦女著作考》卷十九
一二七七	君香遺詩	浦君香	光緒《嘉定縣志》卷二十七

序號	書名	作者	出處
一二七八	助山詩稿	浦鯤	光緒《嘉定縣志》卷二十七
一二七九	農圃考實、勞安集三十卷	浦鷗	光緒《嘉定縣志》卷二十六
一二八〇	南洲小稿	浦若海	光緒《嘉定縣志》卷二十七
一二八一	鷗郙詩草二卷	浦士璋	光緒《嘉定縣志》卷二十七
一二八二	來禽館印譜二卷	浦廷標	光緒《嘉定縣志》卷二十六
一二八三	來禽館詩稿	浦廷標	光緒《嘉定縣志》卷二十七
一二八四	聽月樓詩一卷	浦琬香	光緒《嘉定縣志》卷二十七
一二八五	易義消息考四卷、説文解字廣釋十二卷	浦文鳳	光緒《嘉定縣志》卷二十四
一二八六	怡道堂詩録八卷、笠亭野唱一卷	浦文俊	光緒《嘉定縣志》卷二十七
一二八七	鶴天稿	浦翔春	光緒《嘉定縣志》卷二十七
一二八八	老去吟、去思吟	浦翔春	光緒《寶山縣志》卷十二

續表

序號	書名	作者	出處
一一八九	初亭吟稿二卷	浦有成	光緒《嘉定縣志》卷二十七
一一九〇	隸學辨譌	浦兆麟	光緒《嘉定縣志》卷二十六
一一九一	碧雲書屋吟稿	戚鼎佐	光緒《嘉定縣志》卷二十七
一一九二	瀫湄草廬詩存五卷	錢柏齡	嘉慶《松江府志》卷七十二
一一九三	吴越舊聞三卷	錢賓	光緒《嘉定縣志》卷二十五
一一九四	讀書辨十卷、文房四寶録八卷	錢賓	光緒《嘉定縣志》卷二十六
一一九五	崇蘭書屋吟草、西雝詩鈔二卷	錢賓	光緒《嘉定縣志》卷二十七
一一九六	續詩話總龜前集三十卷後集二十卷、晚香詞二卷	錢賓	光緒《嘉定縣志》卷二十八
一一九七	梅村草堂集	錢棅	乾隆《婁縣志》卷十二
一一九八	守廷詩稿	錢昶	光緒《嘉定縣志》卷二十七
一一九九	鄭氏易補注	錢焯	光緒《嘉定縣志》卷二十四

續表

序號	書名	作者	出處
一三〇〇	讀書辨	錢焯	光緒《嘉定縣志》卷二十六
一三〇一	校經堂詩文集、虚白廬吟稿、寄槎稿、北游紀程詩鈔、崇蘭詩草	錢焯	光緒《嘉定縣志》卷二十七
一三〇二	月邃秋獻詩餘、北游日記	錢焯	光緒《嘉定縣志》卷二十八
一三〇三	雲懷吟稿	錢成	光緒《嘉定縣志》卷二十七
一三〇四	竹外草堂稿、我閣齋詩鈔	錢澂	光緒《嘉定縣志》卷二十七
一三〇五	大田印存八卷	錢充耘	光緒《嘉定縣志》卷二十六
一三〇六	五經異義輯存二卷	錢大昕	光緒《嘉定縣志》卷二十四
一三〇七	唐學士年表一卷、五代學士年表一卷、宋中興學士年表一卷、元書紀傳稿、南北史雋一卷、吴興舊德録四卷、文選著作人名一卷、方輿紀里地名考、宋制謚法考、金石待訪録四卷、鳳墅帖釋文二卷、天一閣碑目二卷	錢大昕	光緒《嘉定縣志》卷二十五
一三〇八	元詩紀事五卷、曝書亭詩集注	錢大昕	光緒《嘉定縣志》卷二十八

續表

序號	書名	作者	出處
一三〇九	明朔閏考補一卷	錢大昕著，王體仁補	光緒《嘉定縣志》卷二十六
一三一〇	經説十卷、信古編十卷	錢大昭	光緒《嘉定縣志》卷二十四
一三一一	練川紀聞二卷、嘉定金石文字記四卷	錢大昭	光緒《嘉定縣志》卷二十五
一三一二	尊聞齋雜識六卷、尊閒齋文集六卷詩集四卷、集杜詩三卷、得自怡齋詩集四卷、海岱紀游四卷	錢大昭	光緒《嘉定縣志》卷二十六
一三一三	葦簾閣集二卷	錢德耀	光緒《嘉定縣志》卷二十七
一三一四	内則注三卷	錢　坫	光緒《嘉定縣志》卷二十四
一三一五	史記補注一百三十卷、漢書十表注十卷、聖賢冢墓考一卷	錢　坫	光緒《嘉定縣志》卷二十五
一三一六	鏡銘集録四卷、篆人録八卷	錢　坫	光緒《嘉定縣志》卷二十六
一三一七	十蘭駢體文、金鳳玉笙詩	錢　坫	光緒《嘉定縣志》卷二十七
一三一八	夢漁隨筆二卷、夢漁筆記	錢東璧	光緒《嘉定縣志》卷二十六

續表

序號	書名	作者	出處
一三一九	三休亭長遺詩一卷	錢東壁	光緒《嘉定縣志》卷二十七
一三二〇	石橋偶存稿、琴道堂詩鈔一卷、月波樓題畫詩一卷	錢東塾	光緒《嘉定縣志》卷二十七
一三二一	孟子解誼十四卷、小爾雅校證二卷	錢東垣	光緒《嘉定縣志》卷二十四
一三二二	稽古録辨譌一卷、補經義考稿、青華閣帖考異三卷、吴興著述類聚二卷	錢東垣	光緒《嘉定縣志》卷二十五
一三二三	錢志二卷	錢東垣	光緒《嘉定縣志》卷二十六
一三二四	勤有堂文集六卷、詩集六卷	錢東垣	光緒《嘉定縣志》卷二十七
一三二五	孟子正義十四卷、日本孝經鄭注、説文音韻表五卷、説文重文小箋二卷、説文孳乳表二卷、方言義證六卷、釋聲八卷、吴語詮六卷、群經古音鉤沉四卷、正名録四卷	錢侗	光緒《嘉定縣志》卷二十四
一三二六	至聖世系表一卷、續隸續三卷、讀書日流十卷	錢侗	光緒《嘉定縣志》卷二十五
一三二七	趙堂日記四卷、樂斯堂印存三卷、古錢待訪録二卷、集古印證八卷、客杭日記二卷	錢侗	光緒《嘉定縣志》卷二十六

續表

序號	書名	作者	出處
一三二八	爾雅疏證十九卷	錢　鐸	光緒《嘉定縣志》卷二十四
一三二九	錢介修詩草三卷	錢方明	光緒《嘉定縣志》卷二十七
一三三〇	東溟草、詞輭	錢芳標	嘉慶《松江府志》卷七十二
一三三一	周易彙纂六卷	錢　高	光緒《嘉定縣志》卷二十四
一三三二	釋疑録一卷	錢　高	光緒《嘉定縣志》卷二十六
一三三三	敦厚堂稿	錢　穀	光緒《寶山縣志》卷十二
一三三四	洪武正韻辨誤三卷	錢桂發	光緒《嘉定縣志》卷二十四
一三三五	望仙橋志四卷	錢桂發	光緒《嘉定縣志》卷二十五
一三三六	自箴録五卷	錢桂發	光緒《嘉定縣志》卷二十六
一三三七	養新堂詩文稿十卷、小山詩鈔	錢桂發	光緒《嘉定縣志》卷二十七
一三三八	望仙橋鎮詩文選三卷	錢桂發編	光緒《嘉定縣志》卷二十八

續表

序號	書名	作者	出處
一三三九	大成集八卷	錢煌	光緒《嘉定縣志》卷二十四
一三四〇	女書癡存稿三卷	錢蕙纕	光緒《嘉定縣志》卷二十七
一三四一	經史異同辨	錢鈞	光緒《嘉定縣志》卷二十六
一三四二	藝蘭吟草二卷	錢鈞	光緒《嘉定縣志》卷二十七
一三四三	和春居詩稿	錢楷書	光緒《嘉定縣志》卷二十七
一三四四	葭汀鐵筆	錢良源	光緒《松江府續志》卷三十七
一三四五	東岡吟草四卷	錢璘	光緒《嘉定縣志》卷二十七
一三四六	子份詩稿、詩香館學古録	錢璘	光緒《嘉定縣志》卷二十七
一三四七	懷蓮堂自怡集	錢龍翔	光緒《嘉定縣志》卷二十七
一三四八	四書類編十卷	錢民	光緒《嘉定縣志》卷二十四
一三四九	論學書二十四卷	錢民	光緒《嘉定縣志》卷二十六

續表

序號	書名	作者	出處
一三五〇	存養廛文集八卷	錢民	光緒《嘉定縣志》卷二十七
一三五一	藜照閣二卷	錢茗	光緒《松江府續志》卷三十七
一三五二	醉墨軒詩鈔	錢起	光緒《松江府續志》卷三十七
一三五三	娱情閣集	錢洽	光緒《嘉定縣志》卷二十七
一三五四	説文部居表三卷、蒙雅一卷	錢慶曾	光緒《嘉定縣志》卷二十四
一三五五	采訪録、浯溪居士年譜一卷、方名别考二卷	錢慶曾	光緒《嘉定縣志》卷二十五
一三五六	魚衣廛隨筆、養痾雜志二卷、饋貧糧一卷	錢慶曾	光緒《嘉定縣志》卷二十六
一三五七	魚衣廛文稿二卷、魚衣廛詩稿二卷、酬世集二卷、周甲詩一卷	錢慶曾	光緒《嘉定縣志》卷二十七
一三五八	魚衣廛詞稿一卷	錢慶曾	光緒《嘉定縣志》卷二十八
一三五九	醉月樓草	錢瑞垣	光緒《嘉定縣志》卷二十七
一三六〇	詩經纂注八卷	錢昇	光緒《嘉定縣志》卷二十四

續表

序號	書名	作者	出處
一三六一	江邨集	錢昇	光緒《嘉定縣志》卷二十七
一三六二	許庭詩草一卷、詞二卷、賦二卷	錢師滇	光緒《嘉定縣志》卷二十七
一三六三	聽松亭印存四卷	錢師璟	光緒《嘉定縣志》卷二十六
一三六四	鄭鄉詩文集十四卷、百花詩一卷、游京草	錢師康	光緒《嘉定縣志》卷二十七
一三六五	説文繫傳刊誤二卷	錢師慎	光緒《嘉定縣志》卷二十四
一三六六	五代史補注、金石文字管見録二卷、漢玉剛卯考一卷	錢師徵	光緒《嘉定縣志》卷二十五
一三六七	破愁吟	錢氏	光緒《寶山縣志》卷十二
一三六八	枕善居詩稿	錢氏	《歷代婦女著作考》卷十九
一三六九	錢氏存稿一卷	錢氏	光緒《嘉定縣志》卷二十七
一三七〇	一點閣文選	錢樹本	光緒《松江府續志》卷三十七
一三七一	經餘必讀	錢樹棠、錢樹立	光緒《金山縣志》卷十五

續表

序號	書名	作者	出處
一三七二	莪洲詩草	錢思本	光緒《寶山縣志》卷十二
一三七三	五經人物考四十卷	錢松	光緒《嘉定縣志》卷二十四
一三七四	易緯稽覽圖考正一卷、春秋左傳古義六卷、春秋三傳釋疑十卷、說文聲系二十卷	錢塘	光緒《嘉定縣志》卷二十四
一三七五	續漢書律曆志補注二卷	錢塘	光緒《嘉定縣志》卷二十五
一三七六	溉亭詩文集、四益齋詩三卷、默耕齋吟稿一卷	錢塘	光緒《嘉定縣志》卷二十七
一三七七	曝書亭集釋注	錢塘	光緒《嘉定縣志》卷二十八
一三七八	陟屺小稿	錢塘	光緒《松江府續志》卷三十七
一三七九	南村集	錢萬里	嘉慶《松江府志》卷七十二
一三八〇	大學各本參考二卷、字學海珠一卷	錢王炯	光緒《嘉定縣志》卷二十四
一三八一	蘇州府志辨正一卷	錢王炯	光緒《嘉定縣志》卷二十五
一三八二	振鐸一卷、星命瑣言一卷	錢王炯	光緒《嘉定縣志》卷二十六

續表

序號	書名	作者	出處
一三八三	迎曦閣詩鈔	錢文彬	光緒《嘉定縣志》卷二十七
一三八四	昂青閣吟稿	錢錫奎	光緒《嘉定縣志》卷二十七
一三八五	心逸堂詩鈔	錢曦等	光緒《嘉定縣志》卷二十八
一三八六	涇陽殘稿	錢祥	光緒《寶山縣志》卷十二
一三八七	耕餘詩草	錢興諧	光緒《松江府續志》卷三十七
一三八八	語新	錢學綸	光緒《松江府續志》卷三十七
一三八九	周易精義	錢嚴曦	光緒《嘉定縣志》卷二十四
一三九〇	四書要旨	錢嚴曦	光緒《嘉定縣志》卷二十四
一三九一	學稼樓詩存	錢倚雲	光緒《松江府續志》卷三十七
一三九二	説文解字讀若考三卷、闕疑補一卷、訓詁類纂一百六卷、釋大一卷、釋小一卷、釋曲一卷	錢繹	光緒《嘉定縣志》卷二十四
一三九三	信芳館印存四卷	錢繹	光緒《嘉定縣志》卷二十六

續表

序號	書名	作者	出處
一三九四	湘青閣詩草、紀游草一卷	錢鋏	光緒《嘉定縣志》卷二十七
一三九五	怡亭吟草	錢玉貞	光緒《松江府續志》卷三十七
一三九六	偉堂詩詞稿	錢元衡	光緒《嘉定縣志》卷二十七
一三九七	山花閣吟稿一卷、續稿一卷	錢元亮	光緒《嘉定縣志》卷二十七
一三九八	書三味齋吟稿一卷	錢元章	光緒《嘉定縣志》卷二十七
一三九九	周易虞義指要一卷、稽古編音義一卷、春秋提綱傳證二卷、篆學易知四卷	錢璋	光緒《嘉定縣志》卷二十四
一四〇〇	説文分韻十卷、六書考	錢肇鼇	光緒《嘉定縣志》卷二十四
一四〇一	巢雲詩草	錢肇鼇	光緒《嘉定縣志》卷二十七
一四〇二	歷朝詩選	錢肇鼇輯	光緒《嘉定縣志》卷二十八
一四〇三	回春約言四卷、時氣論一卷、蘭室醫案一卷	錢肇然	光緒《嘉定縣志》卷二十六
一四〇四	紀夢詩草一卷	錢肇然	光緒《嘉定縣志》卷二十七

續表

序號	書名	作者	出處
一四〇五	祁岡詩拾遺集	錢肇然輯	光緒《嘉定縣志》卷二十八
一四〇六	藥庭詩稿	錢肇熙	光緒《嘉定縣志》卷二十七
一四〇七	篆書集略、爾齋印譜六卷	錢楨	光緒《嘉定縣志》卷二十六
一四〇八	梅花老屋存稿	錢振聲	光緒《松江府續志》卷三十七
一四〇九	樂斯堂詩文集十二卷、蓬萊山館詩鈔	錢制	光緒《嘉定縣志》卷二十七
一四一〇	焚餘詩草二卷	錢仲淑	光緒《嘉定縣志》卷二十七
一四一一	潭西草堂集	錢宗潢	嘉慶《松江府志》卷七十二
一四一二	易象論	强公室	光緒《嘉定縣志》卷二十四
一四一三	漱石吟稿	强公室	光緒《嘉定縣志》卷二十七
一四一四	蒲州府志八十卷	喬光烈	嘉慶《松江府志》卷七十二
一四一五	冬餘集詩鈔十卷	喬景濂	光緒《松江府續志》卷三十七

續表

序號	書名	作者	出處
一四一六	藹軒集	喬龍	嘉慶《松江府志》卷七十二
一四一七	傳經堂文集	喬龍	光緒《松江府續志》卷三十七
一四一八	詩餘圖譜	喬彭年	光緒《松江府續志》卷三十七
一四一九	葆堂詩草	喬洤	光緒《松江府續志》卷三十七
一四二〇	燕喜堂集	喬世埴	嘉慶《松江府志》卷七十二
一四二一	玉版陽秋十卷	喬世埴	光緒《松江府續志》卷三十七
一四二二	紉蘭草	喬世埴	同治《上海縣志》卷二十七
一四二三	周易象貫、老子注、莊子集解、列子辨、參同契注釋	喬廷選	嘉慶《松江府志》卷七十二
一四二四	形家輯要	喬廷選	光緒《松江府續志》卷三十七
一四二五	勸世瑣言	喬庭	同治《上海縣志》卷二十七
一四二六	東軒隨筆、香浦詩稿、越游草	喬鍾晉	光緒《松江府續志》卷三十七

續表

序號	書名	作者	出處
一四二七	宜亭詩鈔二十二卷	喬鍾吴	嘉慶《松江府志》卷七十二
一四二八	營屯要略、農政古今編二十四卷、琴譜、洮南隨筆、參同契補注、讀雪草堂詞集四卷	喬鍾吴	光緒《松江府續志》卷三十七
一四二九	静軒年譜	喬鍾吴	同治《上海縣志》卷二十七
一四三〇	道沖堂稿	喬鍾沂	光緒《松江府續志》卷三十七
一四三一	金剛經注疏一卷、心經輯注一卷	秦大成	光緒《嘉定縣志》卷二十六
一四三二	冬榮齋詩集二卷、春暉堂文集四卷	秦大成	光緒《嘉定縣志》卷二十七
一四三三	雲溪詩集	秦道煦	光緒《寶山縣志》卷十二
一四三四	濟生録八卷	秦　鉷	光緒《嘉定縣志》卷二十六
一四三五	朱子語類纂要	秦　楫	光緒《嘉定縣志》卷二十六
一四三六	抑齋詩文集	秦　楫	光緒《嘉定縣志》卷二十七
一四三七	澡石子小詩四卷	秦　鑒	光緒《嘉定縣志》卷二十七

續表

序號	書名	作者	出處
一四三八	南軒稿	秦景禮	光緒《嘉定縣志》卷二十七
一四三九	讀左正僞三卷	秦立	光緒《嘉定縣志》卷二十四
一四四〇	練川野録十六卷	秦立輯	光緒《嘉定縣志》卷二十五
一四四一	勖德録、訓學雜語一卷、見聞雜識十二卷	秦立	光緒《嘉定縣志》卷二十六
一四四二	芝齋文集六卷、詩集二卷	秦立	光緒《嘉定縣志》卷二十七
一四四三	鏡煙集	秦眉	《歷代婦女著作考》卷十三
一四四四	誠齋吟稿二卷	秦綿	光緒《嘉定縣志》卷二十七
一四四五	崧甫詩鈔一卷	秦慶實	光緒《嘉定縣志》卷二十七
一四四六	四書大全微言合參二十卷	秦潤	光緒《嘉定縣志》卷二十四
一四四七	嘉言録四卷、課餘隨筆二卷	秦潤	光緒《嘉定縣志》卷二十六
一四四八	繡霞閣吟稿二卷	秦氏	光緒《嘉定縣志》卷二十七

續表

序號	書名	作者	出處
一四四九	折漕始末	秦廷貢	光緒《嘉定縣志》卷二十五
一四五〇	四書心解	秦　煒	光緒《嘉定縣志》卷二十四
一四五一	小學約説	秦　煒	光緒《嘉定縣志》卷二十六
一四五二	還讀齋稿五卷、東峰草、錦鳩草、硯亭集	秦　偕	光緒《嘉定縣志》卷二十七
一四五三	晚翠山房吟稿、讀書廬詩文集十卷	秦嚴玉	光緒《嘉定縣志》卷二十七
一四五四	雙柑書屋詩稿三卷	秦羽鼎	光緒《嘉定縣志》卷二十七
一四五五	疁城世系一卷	秦羽泰	光緒《嘉定縣志》卷二十六
一四五六	焚餘詩稿一卷	秦羽泰	光緒《嘉定縣志》卷二十七
一四五七	南華經注	秦　淵	光緒《松江府續志》卷三十七
一四五八	疁邑文人小傳三卷	秦　藻	光緒《嘉定縣志》卷二十五
一四五九	逸事瑣談四卷	秦　藻	光緒《嘉定縣志》卷二十六

續表

序號	書名	作者	出處
一四六〇	信齋文集四卷、信齋吟稿	秦藻	光緒《嘉定縣志》卷二十七
一四六一	嘯嚴詩集二卷	秦昭績	光緒《嘉定縣志》卷二十七
一四六二	陽初吟稿四卷	秦兆暉	光緒《嘉定縣志》卷二十七
一四六三	資治通鑑備編三百卷、仕學雜記一卷、宦游始末一卷、訥庵日記五十二卷、滇黔雜記一卷、九溪雜記一卷、江川志略一卷、政務紀要一卷、恤災末議一卷、壽治政績一卷、抱陽毓秀一卷	秦倬	光緒《嘉定縣志》卷二十五
一四六四	求志録四十卷、南窗夢一卷	秦倬	光緒《嘉定縣志》卷二十六
一四六五	三餘詩集三卷文集三卷續詩集四卷續文集三卷雜著五卷別集十五卷、歸田雜詠一卷、滇黔雜詠一卷	秦倬	光緒《嘉定縣志》卷二十七
一四六六	歷朝文選二十四卷詩選二十四卷、歷朝詞選六卷、三餘含咀一百卷	秦倬	光緒《嘉定縣志》卷二十八
一四六七	金蘭譜	秦倬	光緒《寶山縣志》卷十二
一四六八	非庵草	清柱	光緒《嘉定縣志》卷二十七

續表

序號	書名	作者	出處
一四六九	儀禮考證、祠堂規制祭先定式、四書詳説	邱道登	光緒《嘉定縣志》卷二十四
一四七〇	遯翁年譜	邱道登	光緒《嘉定縣志》卷二十五
一四七一	經史淵源、天星垣局	邱道登	光緒《嘉定縣志》卷二十六
一四七二	素軒小草	邱道登	光緒《嘉定縣志》卷二十七
一四七三	陰陽家室	邱道登	光緒《嘉定縣志》卷二十八
一四七四	煙雲供養齋詩鈔四卷	邱　煥	光緒《松江府續志》卷三十七
一四七五	輟耕吟草	邱嘉範	光緒《寶山縣志》卷十二
一四七六	午橋吟草	邱均熣	光緒《松江府續志》卷三十七
一四七七	青山吟草	邱思燕	光緒《松江府續志》卷三十七
一四七八	蟫餕録	邱　爚	光緒《嘉定縣志》卷二十六
一四七九	客窗賸稿	邱　爚	光緒《嘉定縣志》卷二十七

續表

序號	書名	作者	出處
一四八〇	織餘草	邱　珠	《歷代婦女著作考》卷十一
一四八一	思親吟一卷	裘瑞甲	光緒《嘉定縣志》卷二十七
一四八二	望益軒吟草三卷	裘　珍	光緒《嘉定縣志》卷二十七
一四八三	醫略六書十九卷	瞿煥文	光緒《松江府續志》卷三十七
一四八四	讀經識小編	瞿麟微	光緒《松江府續志》卷三十七
一四八五	竹林肄草	瞿邁隱	光緒《松江府續志》卷三十七
一四八六	平原山人集	瞿然恭	嘉慶《松江府志》卷七十二
一四八七	蚓竅鶯聲集、僅存稿一卷	瞿樹寶	光緒《嘉定縣志》卷二十七
一四八八	南齋詩稿	瞿樹本	光緒《嘉定縣志》卷二十七
一四八九	心甌詩草	瞿樹辰	光緒《嘉定縣志》卷二十七
一四九〇	禮記約編	瞿王基	光緒《松江府續志》卷三十七

序號	書名	作者	出處
一四九一	説文地名考異一卷	瞿中溶	光緒《嘉定縣志》卷二十四
一四九二	三體石經辨證一卷	瞿中溶	光緒《嘉定縣志》卷二十五
一四九三	古泉山館印存、百鏡軒圖録二卷	瞿中溶	光緒《嘉定縣志》卷二十六
一四九四	弈載堂詩集十卷	瞿中溶	光緒《嘉定縣志》卷二十七
一四九五	志林六十一卷	瞿中溶、秦鑒同編	光緒《嘉定縣志》卷二十五
一四九六	文學教禪師語録六卷	闕名	光緒《嘉定縣志》卷二十六
一四九七	梅竹齋詩稿	任澥	光緒《松江府續志》卷三十七
一四九八	南軒唱和集	任濆	嘉慶《松江府志》卷七十二
一四九九	藏山堂詩集十四卷	任鏞	嘉慶《松江府志》卷七十二
一五〇〇	芻蕘七説	任湧	光緒《松江府續志》卷三十七
一五〇一	愁餘小草	汝蕙芳	光緒《松江府續志》卷三十七

續表

序號	書名	作者	出處
一五〇二	上堂語八卷、鶴山外録八卷	僧濟志	嘉慶《松江府志》卷七十二
一五〇三	圓津禪院小志	僧覺銘	嘉慶《松江府志》卷七十二
一五〇四	離言語録	僧離言	嘉慶《松江府志》卷七十二
一五〇五	天台山志	僧牧成	嘉慶《松江府志》卷七十二
一五〇六	五宗嚴統	僧通容	嘉慶《松江府志》卷七十二
一五〇七	學禪語録	僧元瓏	嘉慶《松江府志》卷七十二
一五〇八	三禮摘要、檬軒詩文鈔	邵成禎	嘉慶《松江府志》卷七十二
一五〇九	紀遊草	邵淮	光緒《松江府續志》卷三十七
一五一〇	四村稿	邵崑	光緒《松江府續志》卷三十七
一五一一	抱璞軒詩草	邵璞	《青浦續詩傳》卷二
一五一二	村居唱和集四卷	邵玘	光緒《松江府續志》卷三十七

續表

序號	書名	作者	出處
一五一三	承志堂詩集十卷	邵士洙	光緒《嘉定縣志》卷二十七
一五一四	東圃草堂詩草四卷	邵式誥	嘉慶《松江府志》卷七十二
一五一五	承雲樓賸稿	邵思	嘉慶《松江府志》卷七十二
一五一六	玉蕖遺詩	邵炎	光緒《松江府續志》卷三十七
一五一七	古今約説	邵元龍	嘉慶《松江府志》卷七十二
一五一八	皐川散草	邵致旦	嘉慶《松江府志》卷七十二
一五一九	滇南草	單乾元	嘉慶《松江府志》卷七十二
一五二〇	世滋堂集	單乾元	光緒《金山縣志》卷十五
一五二一	枯樹齋集、瓶庵集、竹香庵詞、遼宫詞	單恂	《明清江蘇文人年表》康熙十年條
一五二二	從淳堂詩稿	單禹	嘉慶《松江府志》卷七十二
一五二三	南村唱和集、讀易堂集	單昭儒	光緒《松江府續志》卷三十七

續表

序號	書名	作者	出處
一五二四	海郵詩鈔八卷	申成基	光緒《嘉定縣志》卷二十七
一五二五	見聞隨筆二十卷	申艇	光緒《嘉定縣志》卷二十五
一五二六	聖宗集要八卷	申毓來增訂	光緒《嘉定縣志》卷二十六
一五二七	容城詩稿、未達草	申毓來	光緒《嘉定縣志》卷二十七
一五二八	樗亭稿	沈白	嘉慶《松江府志》卷七十二
一五二九	賁園文集	沈白	光緒《嘉定縣志》卷二十七
一五三〇	臨江唱和集	沈白編	光緒《嘉定縣志》卷二十八
一五三一	香雪草堂詞、蛾術編、隨筆、雜著	沈璧璉	光緒《松江府續志》卷三十七
一五三二	文詠樓隨筆二十卷	沈璧璉	嘉慶《松江府志》卷七十二
一五三三	語類精蘊、東岡雜誌、東岡詩草、曲江遺詠、曲江彙草	沈秉鐸	光緒《寶山縣志》卷十二
一五三四	景白遺稿二卷	沈卜琦	光緒《嘉定縣志》卷二十七

續表

序號	書名	作者	出處
一五三五	辨惑論二卷、藥性賦一卷、本草輯略	沈步青	光緒《嘉定縣志》卷二十六
一五三六	硯傭筆記、香蔭詩鈔	沈燦然	光緒《寶山縣志》卷十二
一五三七	泖東書屋詩詞稿	沈辰吉	光緒《松江府續志》卷三十七
一五三八	香雪山房吟草二卷	沈　誠	光緒《嘉定縣志》卷二十七
一五三九	紀游草	沈春元	光緒《嘉定縣志》卷二十七
一五四〇	洪範明義鈔、孝經集傳鈔、勾股小述、九章解	沈大成	嘉慶《松江府志》卷七十二
一五四一	易經原、繫辭津、四書貫、綱鑒要	沈大至	光緒《松江府續志》卷三十七
一五四二	鴻迹軒詩草	沈道映	光緒《松江府續志》卷三十七
一五四三	蘭軒詩集	沈得朋	光緒《寶山縣志》卷十二
一五四四	金蘭集指南一卷	沈德祖	同治《上海縣志》卷二十七
一五四五	魯珍醫案、駁正醫宗必讀剳記一卷	沈　璠	光緒《松江府續志》卷三十七

續表

序號	書名	作者	出處
一五四六	行素堂易學十二卷、梧岡淪易編三卷、大易粹言節抄六卷	沈鳳輝	光緒《嘉定縣志》卷二十四
一五四七	曉珂初稿	沈光溶	光緒《松江府續志》卷三十七
一五四八	六壬啓鑰	沈光溶	同治《上海縣志》卷二十七
一五四九	西園初集、城南草	沈　翰	嘉慶《松江府志》卷七十二
一五五〇	春秋編年録、竹窗隨筆、群雅雜録、三餘漫録、見聞録、臯廡卮言、緑筠堂集	沈昊初	光緒《松江府續志》卷三十七
一五五一	雪峰詩稿	沈浩然	光緒《松江府續志》卷三十七
一五五二	願學篇、遺刻詩	沈　淏	民國《崇明縣志》卷十六
一五五三	籌算新法四卷、易知算法七卷、九章總要五卷	沈　宏	光緒《嘉定縣志》卷二十六
一五五四	竹窗隨筆	沈宏郁	光緒《嘉定縣志》卷二十六
一五五五	易憲	沈　泓	乾隆《婁縣志》卷十二
一五五六	矜細齋文集	沈　湖	光緒《松江府續志》卷三十七

續表

序號	書名	作者	出處
一五五七	懷美集、南園唱和集	沈黄舒	光緒《寶山縣志》卷十二
一五五八	古香詩稿	沈煇	民國《崇明縣志》卷十六
一五五九	無名樹軒詩集、海市雜詩	沈慧孫	光緒《寶山縣志》卷十二
一五六〇	曇影樓遺稿	沈吉雲	《歷代婦女著作考》卷十
一五六一	楚事紀略、沈宏濟詩文集	沈楫	光緒《松江府續志》卷三十七
一五六二	鍼灸機要	沈嘉貞	嘉慶《松江府志》卷七十二
一五六三	醉吟草	沈兼	光緒《嘉定縣志》卷二十七
一五六四	鸞嘯臺集	沈健行	光緒《嘉定縣志》卷二十七
一五六五	惜芳居詩鈔	沈金臺	光緒《嘉定縣志》卷二十七
一五六六	于野吟	沈晉公	光緒《嘉定縣志》卷二十七
一五六七	信古齋北曲	沈晉公	光緒《嘉定縣志》卷二十八

續表

序號	書名	作者	出處
一五六八	悱齋詩集	沈晉公	光緒《寶山縣志》卷十二
一五六九	雲車集	沈景旦	光緒《松江府續志》卷三十七
一五七〇	潛確堂詩稿	沈　迥	嘉慶《松江府志》卷七十二
一五七一	懷閣詩草	沈巨仲	光緒《嘉定縣志》卷二十七
一五七二	歷朝賦鈔	沈鈞德	光緒《松江府續志》卷三十七
一五七三	客吴閒草	沈　侃	光緒《嘉定縣志》卷二十七
一五七四	紫隄村志	沈葵增	光緒《松江府續志》卷三十七
一五七五	閑閑草	沈　蘭	光緒《寶山縣志》卷十二
一五七六	醫學通論注、東籬詩草	沈朗然	光緒《寶山縣志》卷十二
一五七七	希亭算草	沈　蓮	光緒《松江府續志》卷三十七
一五七八	榮贈樓兩世集	沈良、沈文明	光緒《嘉定縣志》卷二十八

續表

序號	書名	作者	出處
一五七九	編年考	沈麟	嘉慶《松江府志》卷七十二
一五八〇	笵金集	沈陸澂	光緒《嘉定縣志》卷二十七
一五八一	大樵山人集	沈倫	民國《崇明縣志》卷十六
一五八二	倚樓吟、妙香詩草	沈懋功	光緒《松江府續志》卷三十七
一五八三	貞溪沈氏譜	沈懋官	嘉慶《松江府志》卷七十二
一五八四	心耕文草	沈敏	光緒《嘉定縣志》卷二十七
一五八五	沈與可詩文集	沈鳴求	光緒《嘉定縣志》卷二十七
一五八六	海門遺詩	沈默	光緒《松江府續志》卷三十七
一五八七	四書講略	沈沐	嘉慶《松江府志》卷七十二
一五八八	碧梧秋館詩集、茗翠詞	沈穆孫	光緒《寶山縣志》卷十二
一五八九	藝蘭齋稿二卷	沈凝	光緒《嘉定縣志》卷二十七

續表

序號	書名	作者	出處
一五九〇	秋綺軒吟草	沈珮桂	嘉慶《松江府志》卷七十二
一五九一	樗園吟稿	沈　鵬	光緒《嘉定縣志》卷二十七
一五九二	學醫必讀四卷、杏庵詩集	沈　溥	民國《崇明縣志》卷十六
一五九三	春秋考義	沈　樸	民國《崇明縣志》卷十六
一五九四	寒松齋稿、贈言集	沈其佐	光緒《寶山縣志》卷十二
一五九五	藍峰詩稿	沈淇宗	光緒《寶山縣志》卷十二
一五九六	沈亦寒詩	沈　琦	光緒《嘉定縣志》卷二十七
一五九七	雜著一卷、筆乘四卷、樂府三卷、外集三卷	沈齊曾	民國《崇明縣志》卷十六
一五九八	嶺雲草	沈青藜	民國《崇明縣志》卷十六
一五九九	柳陰軒詩稿	沈清華	民國《崇明縣志》卷十六
一六〇〇	鷗亭詩稿	沈清正	嘉慶《松江府志》卷七十二

序號	書名	作者	出處
一六〇一	裁花詩館吟稿	沈　遒	光緒《松江府續志》卷三十七
一六〇二	尚書講義、經濟草	沈　蕖	光緒《松江府續志》卷三十七
一六〇三	充齋集	沈　荃	嘉慶《松江府志》卷七十二
一六〇四	南帆詠	沈　荃	《青浦詩傳》卷十八
一六〇五	素書注一卷	沈日京	光緒《嘉定縣志》卷二十六
一六〇六	自知草二卷、留已散人詩鈔三卷	沈日京	光緒《嘉定縣志》卷二十七
一六〇七	貴客軒全集	沈日炘	光緒《寶山縣志》卷十二
一六〇八	伴先小草	沈日宣	光緒《嘉定縣志》卷二十七
一六〇九	易書詩四書集解五十卷、資治通鑑廣目三十卷、宋元通鑑廣目十二卷	沈　儒	光緒《松江府續志》卷三十七
一六一〇	懷英堂集	沈尚元	民國《崇明縣志》卷十六
一六一一	月瀣山房集	沈紹寶	光緒《松江府續志》卷三十七

續表

序號	書名	作者	出處
一六一二	竹君詩鈔	沈師杰	光緒《寶山縣志》卷十二
一六一三	缶音集	沈士偁	光緒《松江府續志》卷三十七
一六一四	香祖閣詩集	沈士蘭	光緒《嘉定縣志》卷二十七
一六一五	焚餘草	沈氏	光緒《松江府續志》卷三十七
一六一六	園居詩草	沈樹聲	嘉慶《松江府志》卷七十二
一六一七	小雲巢文集	沈崧	光緒《嘉定縣志》卷二十七
一六一八	苑詩類選	沈嵩	光緒《松江府續志》卷三十七
一六一九	隨燈録	沈嵩	同治《上海縣志》卷二十七
一六二〇	聽鵑集	沈天成	嘉慶《松江府志》卷七十二
一六二一	閒中草	沈天涯	民國《崇明縣志》卷十六
一六二二	自怡集	沈挺	光緒《嘉定縣志》卷二十七

續表

序號	書名	作者	出處
一六二三	醫譜十二卷	沈彤	光緒《嘉定縣志》卷二十六
一六二四	織簾居士集四卷	沈王士	光緒《嘉定縣志》卷二十七
一六二五	次韻落花詩、梅花百詠	沈王士	光緒《寶山縣志》卷十二
一六二六	天籟集、哀絃集	沈王志	民國《崇明縣志》卷十六
一六二七	詩經解、匪莪詩草	沈王卓	光緒《寶山縣志》卷十二
一六二八	友蘭齋詩草	沈文淵	光緒《寶山縣志》卷十二
一六二九	東齋詩鈔	沈文璋	光緒《嘉定縣志》卷二十七
一六三〇	醫學津要	沈聞典	光緒《嘉定縣志》卷二十六
一六三一	一瓢草、雲門草、韋齋草、滇游草、楚游草、閩游草	沈吴銓	光緒《嘉定縣志》卷二十七
一六三二	沈氏詩文集	沈希純	民國《崇明縣志》卷十六
一六三三	春船集、焦桐集	沈希軾	光緒《寶山縣志》卷十二

續表

序號	書名	作者	出處
一六三四	語鶴山房詩稿六卷	沈熙載	民國《崇明縣志》卷十六
一六三五	春秋講義	沈辛洲	民國《崇明縣志》卷十六
一六三六	性存稿	沈性存	《歷代婦女著作考》卷十
一六三七	沈上引詩稿四卷	沈許燦	光緒《嘉定縣志》卷二十七
一六三八	醫案、醫方補論、功深補救軒詩集	沈學煒	光緒《寶山縣志》卷十二
一六三九	春秋地理考、福建省志列傳、福建經籍志、福建金石志、蕭縣志、練川碑録、桂留山房文集	沈學淵	光緒《寶山縣志》卷十二
一六四〇	鐃笑堂詩集	沈伊炳	光緒《寶山縣志》卷十二
一六四一	杏耕堂詩集四卷	沈伊炘	光緒《嘉定縣志》卷二十七
一六四二	韜略集覽	沈伊煜	光緒《寶山縣志》卷十二
一六四三	霞嵋詩稿	沈伊炤	光緒《寶山縣志》卷十二
一六四四	不匱編	沈伊灼	光緒《寶山縣志》卷十二

續表

序號	書名	作者	出處
一六四五	靈素諸家要論、本草發明、醫案	沈以義	光緒《嘉定縣志》卷二十六
一六四六	紫芝軒集、蕉窗隨筆	沈以義	光緒《寶山縣志》卷十二
一六四七	吾山詩稿	沈亦元	民國《崇明縣志》卷十六
一六四八	玉雪齋集、游吴閶草一卷	沈音	光緒《嘉定縣志》卷二十七
一六四九	玉屑齋集、客吴間草	沈英	光緒《寶山縣志》卷十二
一六五〇	鍼餘草	沈瑛	嘉慶《松江府志》卷七十二
一六五一	石村詩草	沈于鵬	光緒《松江府續志》卷三十七
一六五二	自怡草四卷	沈余信	民國《崇明縣志》卷十六
一六五三	字學辨	沈宇	光緒《嘉定縣志》卷二十四
一六五四	讀史偶記二十卷	沈宇	光緒《嘉定縣志》卷二十五
一六五五	識小録	沈宇	光緒《嘉定縣志》卷二十六

續表

序號	書名	作者	出處
一六五六	子衡吟稿	沈宇	光緒《嘉定縣志》卷二十七
一六五七	勃溲草	沈禹霖	光緒《松江府續志》卷三十七
一六五八	紅餘詩鈔	沈玉	《歷代婦女著作考》卷十
一六五九	四書講義糾謬	沈元禄	光緒《嘉定縣志》卷二十四
一六六〇	明德録	沈元禄	光緒《嘉定縣志》卷二十六
一六六一	卿雲堂集	沈元禄	光緒《嘉定縣志》卷二十七
一六六二	古處堂詩文集	沈藻	光緒《松江府續志》卷三十七
一六六三	江東續志、春雨雜録、魯齋詩集	沈瞻泰	光緒《寶山縣志》卷十二
一六六四	相杵吟一卷	沈徵俊	光緒《嘉定縣志》卷二十七
一六六五	青浦里志二卷	沈徵佺	光緒《嘉定縣志》卷二十五
一六六六	江東志、兵餘紀事、里中紀述	沈徵佺	光緒《寶山縣志》卷十二

續表

序號	書名	作者	出處
一六六七	墨癡吟草	沈中黄	光緒《松江府續志》卷三十七
一六六八	校正傷寒全生集四卷	沈忠謹	光緒《松江府續志》卷三十七
一六六九	辨惑論	沈朱青	光緒《寶山縣志》卷十二
一六七〇	練川十景詩一卷	沈 柷	光緒《嘉定縣志》卷二十七
一六七一	貴客軒詩集	沈宗敏	光緒《寶山縣志》卷十二
一六七二	薖歌軒詩草	沈 最	光緒《寶山縣志》卷十二
一六七三	春草聯吟	沈最、沈王士	光緒《嘉定縣志》卷二十八
一六七四	翰香閣詩詞稿	盛 璨	光緒《寶山縣志》卷十二
一六七五	學庸翼注、捃摭録、午堂詩文稿	盛昌祚	光緒《寶山縣志》卷十二
一六七六	浪遊草	盛朝綱	光緒《松江府續志》卷三十七
一六七七	燕超堂詩集	盛當時	光緒《婁縣續志》卷十

續表

序號	書名	作者	出處
一六七八	二十一史纂異、老圃志	盛國芳	光緒《松江府續志》卷三十七
一六七九	龍山集	盛　嶠	光緒《松江府續志》卷三十七
一六八〇	昨非庵集	盛孔卓	光緒《松江府續志》卷三十七
一六八一	讀律辨僞、律注附恭	盛孔卓	乾隆《婁縣志》卷十二
一六八二	玉海集	盛　蓮	光緒《松江府續志》卷三十七
一六八三	性理名言、明心寶鏡説	盛　麟	光緒《松江府續志》卷三十七
一六八四	西隅草堂稿	盛　鋆	光緒《寶山縣志》卷十二
一六八五	友梅軒稿	盛萬紀	光緒《嘉定縣志》卷二十七
一六八六	東園夢鈔、虹亭存稿	盛文模	光緒《松江府續志》卷三十七
一六八七	塗説	盛希范	民國《崇明縣志》卷十六
一六八八	南田吟、遊嵩草、釣臺雜詠	盛　熙	嘉慶《松江府志》卷七十二

序號	書名	作者	出處
一六八九	鄉黨順文、忠報編、江灣志、循陔樓詩文集、小曲江詩匯	盛鏞	光緒《寶山縣志》卷十二
一六九〇	寄笠零稿一卷	盛韞貞	光緒《嘉定縣志》卷二十七
一六九一	寄笠遺稿	盛蘊	嘉慶《松江府志》卷七十二
一六九二	東南西北吟	盛兆晉	嘉慶《松江府志》卷七十二
一六九三	博古説解	盛兆榮	嘉慶《松江府志》卷七十二
一六九四	三禮通考、春秋辨論、庸言録	盛執	光緒《松江府續志》卷三十七
一六九五	脈理精要二十卷、經驗志奇三卷	施不矜	光緒《松江府續志》卷三十七
一六九六	惜分書屋詩草	施城	民國《崇明縣志》卷十六
一六九七	寫心瑣言	施崇道	光緒《松江府續志》卷三十七
一六九八	臨淵書屋詩鈔	施大成	光緒《寶山縣志》卷十二
一六九九	是山詩稿、是山填詞	施大鶴	民國《崇明縣志》卷十六

續表

序號	書名	作者	出處
一七〇〇	吟花三集、南城集、碧雲書屋詩文稿	施大智	民國《崇明縣志》卷十六
一七〇一	淞陽居士集四卷	施洞春	光緒《嘉定縣志》卷二十七
一七〇二	西橋詩鈔二卷	施尌宗	光緒《嘉定縣志》卷二十七
一七〇三	荆溪詩鈔、天放翁近集	施尌宗	光緒《寶山縣志》卷十二
一七〇四	傷寒析意四卷、瘟疫辨難二卷、脈學證疑、本草分經類纂	施　鎬	民國《崇明縣志》卷十六
一七〇五	玉環樓賸稿	施光祖	光緒《松江府續志》卷三十七
一七〇六	風木吟	施國彦	民國《崇明縣志》卷十六
一七〇七	大易講義、讀史偶志、補唐詩類選	施國治	民國《崇明縣志》卷十六
一七〇八	賣癡詩文稿	施　涵	民國《崇明縣志》卷十六
一七〇九	荃魚詩文稿、北遊小草	施　灝	光緒《寶山縣志》卷十二
一七一〇	史鞶二卷、梅陸詩文、一山詩選、白水詩集	施何牧	民國《崇明縣志》卷十六

續表

序號	書名	作者	出處
一七一一	冷香集選、功園詩鈔	施鴻勳	民國《崇明縣志》卷十六
一七一二	闇齋詩稿、勤筆軒詩詞	施煌	民國《崇明縣志》卷十六
一七一三	樹滋堂集	施迴瀾	民國《崇明縣志》卷十六
一七一四	箋坡詩文集	施繼曾	民國《崇明縣志》卷十六
一七一五	春藻堂史考八卷	施嘉會	光緒《嘉定縣志》卷二十五
一七一六	課餘小草十卷	施嘉會	光緒《嘉定縣志》卷二十七
一七一七	施氏醫案	施鑑	民國《崇明縣志》卷十六
一七一八	燕遊草、筆花草	施鑑儀	民國《崇明縣志》卷十六
一七一九	日省書樓雜録、兩間書屋藏稿	施鑑源	民國《崇明縣志》卷十六
一七二〇	岱沂雜録二卷	施金鑑	光緒《嘉定縣志》卷二十五
一七二一	燕游酬唱詩二卷	施金鑑	光緒《嘉定縣志》卷二十七

續　表

序號	書名	作者	出處
一七二二	楞伽集、江天嘯集、雙桂軒集	施錦韜	民國《崇明縣志》卷十六
一七二三	偶存草	施禮潼	嘉慶《松江府志》卷七十二
一七二四	四書大全集解	施立	民國《崇明縣志》卷十六
一七二五	學詩詠八卷	施立範	民國《崇明縣志》卷十六
一七二六	篔谷集、仰高齋録十二卷	施麟瑞	光緒《嘉定縣志》卷二十七
一七二七	易䌛十卷、成周郊祀志、春秋列國世系考、韻通、千字文四言九言頌、淀津頌、種藕山房詩稿、經史雜編二卷、元經直指、崇明竹枝辭一百五十六首	施鑾坡	民國《崇明縣志》卷十六
一七二八		施玫	光緒《寶山縣志》卷十二
一七二九	四書廣義、詠易百篇	施夢城	民國《崇明縣志》卷十六
一七三〇	北游草	施能立	民國《崇明縣志》卷十六
一七三一	半巖詩鈔	施岷宗	光緒《嘉定縣志》卷二十七

序號	書名	作者	出處
一七三二	竹坡詩稿	施其桐	民國《崇明縣志》卷十六
一七三三	藜暉軒詩集	施榮詔	民國《崇明縣志》卷十六
一七三四	紅榴館詩存、閩游草	施汝林	光緒《寶山縣志》卷十二
一七三五	消證彙編	施汝諧	民國《崇明縣志》卷十六
一七三六	讀左咀華、典類清英	施　潤	光緒《松江府續志》卷三十七
一七三七	戴記講義十餘卷、粵游集	施上治	民國《崇明縣志》卷十六
一七三八	疁城吟稿一卷	施紹武	光緒《嘉定縣志》卷二十七
一七三九	古虞録別集	施繩武	民國《崇明縣志》卷十六
一七四〇	咀華齋詩草、咀華齋詩餘	施士愷	嘉慶《松江府志》卷七十二
一七四一	妝零集	施　氏	《歷代婦女著作考》卷十二
一七四二	蓉鏡堂詩稿	施壽昌	民國《崇明縣志》卷十六

續表

序號	書名	作者	出處
一七四三	怡燕堂詩稿	施壽康	民國《崇明縣志》卷十六
一七四四	筠坡集	施　燧	光緒《嘉定縣志》卷二十七
一七四五	思穎堂詩集	施　燧	光緒《寶山縣志》卷十二
一七四六	且住齋文集、詩集	施　韜	民國《崇明縣志》卷十六
一七四七	風塵綴筆、静川存稿、消夏詩鈔	施希泰	民國《崇明縣志》卷十六
一七四八	東田尺牘三卷	施行時	民國《崇明縣志》卷十六
一七四九	方屏小草、荷薪集、戴星集	施行義	民國《崇明縣志》卷十六
一七五〇	春庭詩鈔、紅江草	施學澍	光緒《寶山縣志》卷十二
一七五一	歷代編年大事記、宗賢考	施彦士	民國《崇明縣志》卷十六
一七五二	拗花居吟稿	施耀堃	光緒《寶山縣志》卷十二
一七五三	古香齋詩稿	施耀祖	民國《崇明縣志》卷十六

續表

序號	書名	作者	出處
一七五四	艮思堂詩文稿	施一桂	民國《崇明縣志》卷十六
一七五五	也是詩草	施應奎	民國《崇明縣志》卷十六
一七五六	思親苦吟集	施瀛選	民國《崇明縣志》卷十六
一七五七	蟲吟草	施增	民國《崇明縣志》卷十六
一七五八	文廟彙纂十六卷、弟子衍義、家塾證源四卷、爲學指南八卷、臨池佩録名言二卷、夢游記、至言録、詩話録雅四卷	施鐘	民國《崇明縣志》卷十六
一七五九	周易集解、書經補注、三禮彙參、兩間書屋文集、對緑軒詩鈔、豫游草、塞垣草、白田詩草	施莊臨	民國《崇明縣志》卷十六
一七六〇	海運道鍼譜要略	施作舟	民國《崇明縣志》卷十六
一七六一	讀易初編四卷、毛詩考異録、周南召南解、説文篇辨三卷	石丕烈	光緒《嘉定縣志》卷二十四
一七六二	蜻游集二卷	石丕烈	光緒《嘉定縣志》卷二十七
一七六三	擊壺吟稿	石綺	光緒《嘉定縣志》卷二十七

續表

序號	書名	作者	出處
一七六四	舌鑑從新	石文焕	民國《崇明縣志》卷十六
一七六五	留餘堂草	石　瀟	光緒《嘉定縣志》卷二十七
一七六六	岫雲詩稿四卷	石　繒	光緒《嘉定縣志》卷二十七
一七六七	痰癧論	石中玉	民國《崇明縣志》卷十六
一七六八	周易解、四書集義	時　炳	光緒《嘉定縣志》卷二十四
一七六九	壽芝草一卷	時　炳	光緒《嘉定縣志》卷二十七
一七七〇	萍庵草一卷	時　采	光緒《嘉定縣志》卷二十七
一七七一	亦詩香館賸稿一卷	時格沖	光緒《嘉定縣志》卷二十七
一七七二	西巖詩文鈔、羅浮吟一卷	時鈞轍	光緒《嘉定縣志》卷二十七
一七七三	六壬録要十卷、筆算籌算圖一卷	時　銘	光緒《嘉定縣志》卷二十六
一七七四	掃落葉齋文稿二卷	時　銘	光緒《嘉定縣志》卷二十七

續表

序號	書名	作者	出處
一七七五	宋詩選六十四卷	時銘輯	光緒《嘉定縣志》卷二十八
一七七六	文選旁訓	時圮授	光緒《嘉定縣志》卷二十八
一七七七	疾行日鈔十卷、畫論一卷	時起荃	光緒《嘉定縣志》卷二十六
一七七八	香布詩鈔二十卷	時起荃	光緒《嘉定縣志》卷二十七
一七七九	明詩淒婉集六卷	時起荃編	光緒《嘉定縣志》卷二十八
一七八〇	周禮旁訓八卷、增訂四書備考十二卷	時　叙	光緒《嘉定縣志》卷二十四
一七八一	伴鷗草一卷	時　叙	光緒《嘉定縣志》卷二十七
一七八二	西岡詩草四卷、愛月樓吟稿	時彦英	光緒《嘉定縣志》卷二十七
一七八三	求一術指、百雞術衍二卷	時曰醇	光緒《嘉定縣志》卷二十六
一七八四	古梅吟	史　槐	光緒《松江府續志》卷三十七
一七八五	耕餘草	世　鑑	嘉慶《松江府志》卷七十二

續表

序號	書名	作者	出處
一七八六	執帚集二卷、支那	釋鶴山	光緒《松江府續志》卷三十七
一七八七	古龍華志	釋際魯	光緒《松江府續志》卷三十七
一七八八	龍華詩稿	釋雷淵	同治《上海縣志》卷二十七
一七八九	晶溪集	釋興徹	同治《上海縣志》卷二十七
一七九〇	推篷室稿、續機緣集	釋漪雲	光緒《松江府續志》卷三十七
一七九一	草蘭龕遺稿	釋智函	同治《上海縣志》卷二十七
一七九二	東墅集	壽敬	光緒《寶山縣志》卷十二
一七九三	痧疹從源、地理易象圖考、地理三字青囊經注釋、静中天吟稿	壽如椿	光緒《寶山縣志》卷十二
一七九四	大曆十才子詩鈔	宋草堂	嘉慶《松江府志》卷七十二
一七九五	文恪公制草一卷、奏議一卷、莊史辨誣、宋文恪公詩稿一卷	宋德宜	民國《崇明縣志》卷十六
一七九六	羅浮山志會編二十二卷、臨城縣志、粵游記程、惇行會編、蘭皋詩鈔	宋廣業	民國《崇明縣志》卷十六

序號	書名	作者	出處
一七九七	介山古文	宋和	光緒《松江府續志》卷三十七
一七九八	闞里廣志	宋際	嘉慶《松江府志》卷七十二
一七九九	脩吉堂集、惜陰草	宋家禎	乾隆《婁縣志》卷十二
一八〇〇	崇明志略、張志辨誣、太倉志辨誤、傷寒辨	宋孔傳	民國《崇明縣志》卷十六
一八〇一	海上詩選	宋蓮花	光緒《松江府續志》卷三十七
一八〇二	春秋書法辨、菊莊文稿	宋龍	《明清江蘇文人年表》康熙十年條
一八〇三	歷府鉤元	宋敏	光緒《松江府續志》卷三十七
一八〇四	學吟草	宋嗣華	嘉慶《松江府志》卷七十二
一八〇五	竹堂草	宋天寵	民國《崇明縣志》卷十六
一八〇六	雨窗暇録一卷	宋廷選	光緒《嘉定縣志》卷二十四
一八〇七	夢橋詩鈔四卷	宋廷選	光緒《嘉定縣志》卷二十七

續表

序號	書名	作者	出處
一八〇八	陸宣公集注	宋廷選	光緒《嘉定縣志》卷二十八
一八〇九	紅餘草	宋玉音	嘉慶《松江府志》卷七十二
一八一〇	吕氏春秋注、鷗舫蠡測二卷、研齋詩鈔	宋玉詔	光緒《松江府續志》卷三十七
一八一一	天籟閣四種、繡餘草	宋　貞	《歷代婦女著作考》卷九
一八一二	三秋詞	宋徵璧	光緒《重修華亭縣志》卷二十
一八一三	西春雜吟、唐五代詞選	宋徵璧	《明清江蘇文人年表》順治九年條
一八一四	金剛經注解三卷	宋徵輿	光緒《松江府續志》卷三十七
一八一五	全閩詩選	宋徵輿	嘉慶《松江府志》卷七十二
一八一六	廣平雜記一卷	宋徵輿	《明清江蘇文人年表》康熙六年條
一八一七	唐宋詞選	宋徵輿輯	光緒《重修華亭縣志》卷二十

續表

序號	書名	作者	出處
一八一八	蘇繼蕙詩	蘇繼蕙	《歷代婦女著作考》卷二十
一八一九	雪堂詩草、落花絶句	蘇楷	光緒《嘉定縣志》卷二十七
一八二〇	静節居遺稿	蘇涜	光緒《嘉定縣志》卷二十五
一八二一	小斜川吟稿	蘇湄	光緒《寶山縣志》卷十二
一八二二	申西聞見録	蘇瀜	光緒《嘉定縣志》卷二十五
一八二三	愓庵稿八卷	蘇瀜	光緒《嘉定縣志》卷二十七
一八二四	續練音稿	蘇瀜輯	光緒《嘉定縣志》卷二十八
一八二五	黄峰道人集	蘇廷燦	光緒《嘉定縣志》卷二十七
一八二六	暘谷小草	蘇廷煜	光緒《寶山縣志》卷十二
一八二七	地理萃玉二十四卷	蘇毓輝	嘉慶《松江府志》卷七十二
一八二八	易經傳義集約十卷	蘇淵	光緒《嘉定縣志》卷二十四

續表

序號	書名	作者	出處
一八二九	或齋文集六卷、詩稿四卷、砣雲草	蘇淵	光緒《嘉定縣志》卷二十七
一八三〇	三甲詩稿	蘇淵	光緒《寶山縣志》卷十二
一八三一	東涯詩稿四卷	蘇震	光緒《嘉定縣志》卷二十七
一八三二	舒嘯山房詩鈔	孫鏊	光緒《寶山縣志》卷十二
一八三三	苕偈集、歸善集、�亭詩文稿	孫炳烈	嘉慶《松江府志》卷七十二
一八三四	五聲切韻	孫炳烈	光緒《松江府續志》卷三十七
一八三五	焚餘稿一卷	孫淡霞	光緒《松江府續志》卷三十七
一八三六	石鼓文辨證一卷	孫和斗	光緒《嘉定縣志》卷二十五
一八三七	雁字詩、次韻落花詩集	孫繼統	光緒《松江府續志》卷三十七
一八三八	緑照堂詩草七卷	孫敬道	光緒《嘉定縣志》卷二十七
一八三九	永折漕糧志略	孫敬屺	光緒《嘉定縣志》卷二十五

序號	書名	作者	出處
一八四〇	吟臺詩草	孫　芑	光緒《松江府續志》卷三十七
一八四一	折漕報功述略	孫書祥	光緒《嘉定縣志》卷二十五
一八四二	杕左堂自怡草	孫思曾	光緒《寶山縣志》卷十二
一八四三	紅樹軒詩草	孫禹建	嘉慶《松江府志》卷七十二
一八四四	客遊近草	孫雲鵬	嘉慶《松江府志》卷七十二
一八四五	勸世編	孫　章	同治《上海縣志》卷二十七
一八四六	宛巢學詩記、宛巢雜著、壤音詩集、一枝草堂稿	孫之煦	光緒《寶山縣志》卷十二
一八四七	未申集一卷、樂在堂稿	孫致彌	光緒《嘉定縣志》卷二十七
一八四八	朝鮮采風録三卷	孫致彌輯	光緒《嘉定縣志》卷二十八
一八四九	詞譜	孫致彌	光緒《寶山縣志》卷十二
一八五〇	芳草廬吟稿	孫鍾泰	光緒《寶山縣志》卷十二

續表

序號	書名	作者	出處
一八五一	周官餘論、春秋彙釋	孫鍾英	光緒《松江府續志》卷三十七
一八五二	毛詩擬題要略、春秋左氏考、通鑑注備考、魏藏俚言文集、藏拙詞集	孫　梓	光緒《寶山縣志》卷十二
一八五三	屏山詩稿	泰長治	光緒《嘉定縣志》卷二十七
一八五四	狎鷗集	談德馨	光緒《嘉定縣志》卷二十七
一八五五	小學大全	談　楙	光緒《嘉定縣志》卷二十六
一八五六	補左始末八十卷、藝苑擷英三十卷	湯士俊	光緒《松江府續志》卷三十七
一八五七	碧雪庵詩文集、半瓦齋詩草、集唐鎔金集、雪樵吟稿二卷	湯文雋	光緒《嘉定縣志》卷二十七
一八五八	惺齋詩鈔	湯咸一	光緒《寶山縣志》卷十二
一八五九	子璇詩稿	湯應星	光緒《松江府續志》卷三十七
一八六〇	易徵、遼史補遺六卷、緑籖山房集	湯運泰	光緒《松江府續志》卷三十七
一八六一	讀史隨筆、石峰詩草六卷	湯之鈞	光緒《松江府續志》卷三十七

序號	書名	作者	出處
一八六二	粵游草	湯祖壽	光緒《松江府續志》卷三十七
一八六三	青珊瑚館剩稿	唐備銈	《青浦續詩傳》卷二
一八六四	覺庵詩鈔	唐秉鐸	光緒《嘉定縣志》卷二十七
一八六五	半甏印譜一卷	唐材	光緒《嘉定縣志》卷二十六
一八六六	黔遊草	唐材	光緒《嘉定縣志》卷二十七
一八六七	晚香堂稿	唐采	嘉慶《松江府志》卷七十二
一八六八	柴場灣唐氏家乘	唐存晉	光緒《松江府續志》卷三十七
一八六九	傷寒會集	唐爾貞	同治《上海縣志》卷二十七
一八七〇	青藜餘照、惘惘集	唐方沂	光緒《松江府續志》卷三十七
一八七一	見天閣詩稿	唐芬	嘉慶《松江府志》卷七十二
一八七二	韓子摘雋、冬榮居詩稿十卷	唐瑄	嘉慶《松江府志》卷七十二

續表

序號	書名	作者	出處
一八七三	酸窩存稿	唐宏	光緒《松江府續志》卷三十七
一八七四	醫蔀通辨	唐宏	同治《上海縣志》卷二十七
一八七五	上黨雜詠二卷、蜀道吟、紀游編	唐熀	光緒《嘉定縣志》卷二十七
一八七六	信筆録、唐詩臆選四卷	唐熀	光緒《嘉定縣志》卷二十八
一八七七	冰心遺稿	唐惠叔	《歷代婦女著作考》卷十三
一八七八	音義辨同、音韻辨同	唐繼勳	民國《崇明縣志》卷十六
一八七九	唐氏族譜六卷	唐家桀	同治《上海縣志》卷二十七
一八八〇	南樓草	唐璟	嘉慶《松江府志》卷七十二
一八八一	瀉珠閣遺稿	唐静嫺	嘉慶《松江府志》卷七十二
一八八二	菽亭吟稿	唐凌秋	光緒《松江府續志》卷三十七
一八八三	畏齋稿二卷	唐楙芝	光緒《嘉定縣志》卷二十七

序號	書名	作者	出處
一八八四	樸庵集四卷	唐鳴鑾	光緒《嘉定縣志》卷二十七
一八八五	慎餘堂錢譜	唐念曾	光緒《寶山縣志》卷十二
一八八六	柳東閣詩草六卷、紀遊編	唐蟠	光緒《嘉定縣志》卷二十七
一八八七	周易詮義、禹貢圖書指掌、毛詩粹腋、子學類要	唐千頃	光緒《松江府續志》卷三十七
一八八八	教蒙楷式三卷、長生指要二卷、本草分經分治六卷、内經注疏、傷寒論注疏、文房肆考圖説八卷	唐千頃	光緒《嘉定縣志》卷二十六
一八八九	脈燈	唐千頃	同治《上海縣志》卷二十七
一八九〇	容膝齋詩稿	唐荃	光緒《寶山縣志》卷十二
一八九一	春秋鏡	唐日馭	光緒《松江府續志》卷三十七
一八九二	冶父集	唐鎔	《明清江蘇文人年表》順治十年條
一八九三	事類駢珠三十二卷	唐汝猷	光緒《松江府續志》卷三十七

續表

序號	書名	作者	出處
一八九四	廷一詩文集	唐聲傳	光緒《松江府續志》卷三十七
一八九五	詩經正義	唐時琳	嘉慶《松江府志》卷七十二
一八九六	學庸集説	唐時琳	光緒《松江府續志》卷三十七
一八九七	嵩少集	唐士恂	嘉慶《松江府志》卷七十二
一八九八	東湖目録四卷	唐士恂	光緒《松江府續志》卷三十七
一八九九	翠雲軒詩稿	唐氏	《歷代婦女著作考》卷十三
一九〇〇	南樓詞、南樓詞話	唐崧	光緒《寶山縣志》卷十二
一九〇一	烱庵雜記	唐文	光緒《松江府續志》卷三十七
一九〇二	庶咸詩稿	唐熙績	光緒《嘉定縣志》卷二十七
一九〇三	澄觀堂詩稿、海襟墅詩鈔一卷	唐閑	光緒《松江府續志》卷三十七
一九〇四	革瓢集二卷、分年耕煙草二卷、寓陶小草一卷、求心草一卷、信芳草一卷	唐象鈞	光緒《嘉定縣志》卷二十七

續表

序號	書名	作者	出處
一九〇五	唐元良稿	唐易箕	光緒《嘉定縣志》卷二十七
一九〇六	夢餘小草二卷	唐　英	光緒《嘉定縣志》卷二十七
一九〇七	春浮堂稿	唐于逵	嘉慶《松江府志》卷七十二
一九〇八	楞嚴直解	唐于逵	光緒《松江府續志》卷三十七
一九〇九	寓槎詩一卷、邱隅草、破甑草、竹西草	唐　瑀	光緒《嘉定縣志》卷二十七
一九一〇	本草刪書、傷寒類書、脈學定本	唐玉書	同治《上海縣志》卷二十七
一九一一	青雲齋詩文集	唐玉書	光緒《松江府續志》卷三十七
一九一二	劍花齋草二卷、焦尾餘音一卷、倚枕吟一卷	唐裕功	光緒《嘉定縣志》卷二十七
一九一三	率意草四卷、自鳴草	唐　鈺	光緒《嘉定縣志》卷二十七
一九一四	蓮峰詩草	唐元成	光緒《嘉定縣志》卷二十七
一九一五	竹鴨吟	唐　瑗	嘉慶《松江府志》卷七十二

序號	書名	作者	出處
一九一六	羹牆録二卷	唐曾愛	光緒《松江府續志》卷三十七
一九一七	聽琴軒詩稿	唐曾颺	光緒《松江府續志》卷三十七
一九一八	唐氏家訓	唐曾瑗	嘉慶《松江府志》卷七十二
一九一九	耕餘詩鈔	唐鍾洛	光緒《松江府續志》卷三十七
一九二〇	畢節縣志八卷	唐朱英輯	光緒《嘉定縣志》卷二十五
一九二一	息廬詩一卷	陶爾穟	嘉慶《松江府志》卷七十二
一九二二	遵渚集六卷	陶爾穟	《明清江蘇文人年表》康熙三十年條
一九二三	問菊軒集	陶龍徵	光緒《松江府續志》卷三十七
一九二四	楚游日記	陶南望	光緒《松江府續志》卷三十七
一九二五	瓢鄉草、浮萍草	陶南望	光緒《嘉定縣志》卷二十七
一九二六	南邨詩文集二十四卷	陶　然	光緒《嘉定縣志》卷二十七

序號	書名	作者	出處
一九二七	白苧吟	陶婉儀	《歷代婦女著作考》卷十五
一九二八	白雲樓詩草	陶文柔	嘉慶《松江府志》卷七十二
一九二九	悱齋集、大雅堂集	田茂遇	嘉慶《松江府志》卷七十二
一九三〇	石奇語録六種	通雲	光緒《嘉定縣志》卷二十六
一九三一	活人録六卷	童大鐘	光緒《嘉定縣志》卷二十六
一九三二	静逸軒吟草一卷	童仁	光緒《嘉定縣志》卷二十七
一九三三	錢門塘鎮志	童善	光緒《嘉定縣志》卷二十五
一九三四	淞南詩草二卷	童士鶚	光緒《松江府續志》卷三十七
一九三五	十三經集字統釋	童奏雲	光緒《嘉定縣志》卷二十四
一九三六	醉經堂詩草、滄浪漁笛譜	屠宸禎	嘉慶《松江府志》卷七十二
一九三七	漫吟草詩餘草	屠文滿	嘉慶《松江府志》卷七十二

續表

序號	書名	作者	出處
一九三八	删餘草	屠　旭	嘉慶《松江府志》卷七十二
一九三九	繪賢彙集	萬　弼	光緒《松江府續志》卷三十七
一九四〇	隨園雜著十六卷	萬　珍	光緒《嘉定縣志》卷二十六
一九四一	還堵室賸詩集	汪蟾桂	光緒《寶山縣志》卷十二
一九四二	紫隄邨志、黄溪雜志一卷	汪存夜	光緒《嘉定縣志》卷二十五
一九四三	静怡山房吟稿二卷	汪大猷	光緒《嘉定縣志》卷二十七
一九四四	石門詩鈔	汪　岱	光緒《嘉定縣志》卷二十七
一九四五	秋霞圃題詠四卷	汪鳳來輯	光緒《嘉定縣志》卷二十八
一九四六	貽孫閣詩鈔	汪佛珍	嘉慶《松江府志》卷七十二
一九四七	國香詩鈔	汪國香	光緒《松江府續志》卷三十七
一九四八	三邊舉要、草野聞見録	汪國柱	《明清江蘇文人年表》康熙九年條

續表

序號	書名	作者	出處
一九四九	玉函堂集四卷	汪鶴齡	光緒《嘉定縣志》卷二十七
一九五〇	周文賸稿	汪嘉禾	光緒《嘉定縣志》卷二十七
一九五一	剪燈吟一卷	汪嘉淑	光緒《嘉定縣志》卷二十七
一九五二	儂雅十一卷	汪价	光緒《嘉定縣志》卷二十四
一九五三	中州雜俎三十五卷	汪价	光緒《嘉定縣志》卷二十五
一九五四	蟹春秋四卷、人林别考三十卷、化化書二卷、火山客譙十五卷、廣禪喜一卷、鼠嚇五卷、俗語三絶到三卷、妙喜老人瑣記四卷	汪价	光緒《嘉定縣志》卷二十六
一九五五	半舫詞、草木春秋、增訂陽關詞譜四卷	汪价	光緒《嘉定縣志》卷二十八
一九五六	十國宫詞二卷	汪景龍等	光緒《嘉定縣志》卷二十八
一九五七	紡愚集	汪珏	光緒《松江府續志》卷三十七
一九五八	彙氏碎金二十卷	汪楷	光緒《嘉定縣志》卷二十六

續表

序號	書名	作者	出處
一九五九	晴香閣詩鈔	汪　楷	光緒《嘉定縣志》卷二十七
一九六〇	雪庵詞一卷、詩話選雋	汪　楷	光緒《嘉定縣志》卷二十八
一九六一	雲憑詩草、雪庵詩話	汪　楷	光緒《寶山縣志》卷十二
一九六二	話語齋詩文集	汪來成	光緒《嘉定縣志》卷二十七
一九六三	春及堂稿八卷	汪來許	光緒《嘉定縣志》卷二十七
一九六四	佩秋軒詩鈔	汪　烈	乾隆《婁縣志》卷十二
一九六五	扶雲吟稿	汪紉青	光緒《松江府續志》卷三十七
一九六六	蘅皋詩鈔二卷	汪　森	光緒《嘉定縣志》卷二十七
一九六七	拙齋詩集	汪時鳳	光緒《松江府續志》卷三十七
一九六八	莊子内篇注釋、芟閒詩文集	汪士剛	光緒《松江府續志》卷三十七
一九六九	日報録	汪士剛	同治《上海縣志》卷二十七

序號	書名	作者	出處
一九七〇	潭西草堂稿一卷、潭西詩餘	汪思遵	嘉慶《松江府志》卷七十二
一九七一	兩漢發微	汪騰鳳	光緒《松江府續志》卷三十七
一九七二	琴譜摘要二卷	汪廷燧	光緒《松江府續志》卷三十七
一九七三	貽安堂草	汪文炳	光緒《嘉定縣志》卷二十七
一九七四	節孝傳	汪　旭	光緒《松江府續志》卷三十七
一九七五	天馬山房詩草	汪巽東	光緒《松江府續志》卷三十七
一九七六	周易本義拾遺、考工記圖釋、禮記合參、春秋大旨、學庸粹義四卷、地理辨證發微	汪宜耀	光緒《松江府續志》卷三十七
一九七七	建文紀年、歷朝改元録、擬古樂府、怡雲詩集、古文草、吟匏詩餘	汪永安	光緒《松江府續志》卷三十七
一九七八	村閬彙編	汪永安	同治《上海縣志》卷二十七
一九七九	聽雨樓詩鈔	汪元桐	光緒《嘉定縣志》卷二十七

續表

序號	書名	作者	出處
一九八〇	毛詩訓詁考八卷、齊魯韓詩義證六卷	汪　照	光緒《嘉定縣志》卷二十四
一九八一	韓城志二卷、古石琅玕二十卷、東漢石刻二十卷	汪　照	光緒《嘉定縣志》卷二十五
一九八二	陶春館印譜四卷	汪　照	光緒《嘉定縣志》卷二十六
一九八三	陶春館詩文集十二卷	汪　照	光緒《嘉定縣志》卷二十七
一九八四	四六叢説四卷、國朝詞話九卷、續玉臺新詠二十四卷、東海濤音三卷、長笛滄波集二卷	汪　照	光緒《嘉定縣志》卷二十八
一九八五	蚓鳴集二卷	汪之蛟	光緒《嘉定縣志》卷二十七
一九八六	瑣言彙録	汪志毅	光緒《松江府續志》卷三十七
一九八七	童子登	汪志毅	光緒《金山縣志》卷十五
一九八八	陶懷集	汪宗盛	光緒《松江府續志》卷三十七
一九八九	播琴詩鈔五卷	王葆初	光緒《嘉定縣志》卷二十七
一九九〇	紀程詩、百草庭詩文鈔	王寶序	光緒《松江府續志》卷三十七

續表

序號	書名	作者	出處
一九九一	風殖廬稿	王鈵	光緒《嘉定縣志》卷二十七
一九九二	懷玉山人詩集	王步瀛	光緒《嘉定縣志》卷二十七
一九九三	詩經大全注疏合參三十卷、閲古掄珠十二卷、類海搜奇一百二十卷	王昌紀	《明清江蘇文人年表》康熙八年條
一九九四	蜀微紀聞、琴畫樓續選詞鈔二十五家	王昶	嘉慶《松江府志》卷七十二
一九九五	群經楬橥、王氏家譜、西湖志、銅政全書五十卷、天下書院總志二十卷、朝聞録	王昶	光緒《松江府續志》卷三十七
一九九六	慶槐堂三世稿	王宸、王大業、王廷棟	光緒《寶山縣志》卷十二
一九九七	香雪園稿	王誠	嘉慶《松江府志》卷七十二
一九九八	梅花百八詠	王澄	乾隆《婁縣志》卷十二
一九九九	夏小正正訛一卷、開元禮正訛、五經文字九經字樣考證一卷、爾雅鄭注糾謬一卷、五雅蛾術一百六十卷、譯雅六卷	王初桐	光緒《嘉定縣志》卷二十四

續表

序號	書名	作者	出處
二〇〇〇	資治通鑑考證一卷、續資治通鑑長編考證一卷、路史正訛三卷、壽光縣志二十卷、水經注補正一卷、西山紀遊一卷、龍洞佛谷紀遊一卷、西湖紀游一卷、泰山游記七卷、群書經眼録六十卷、著書紀年一卷、京邸校書録四卷	王初桐	光緒《嘉定縣志》卷二十五
二〇〇一	畜養録九卷、開元占經正訛十二卷、蜨譜九卷、金魚譜一卷、説郛正譌五卷、意林考證五卷、歸田雜録三卷	王初桐	光緒《嘉定縣志》卷二十六
二〇〇二	白門集二卷、十二河山集二卷、金臺集一卷、海右集四卷、百花吟一卷、古香堂文藪、考槃詩鈔二卷、柔鄉新詠一卷	王初桐	光緒《嘉定縣志》卷二十七
二〇〇三	東山祝嘏九成曲九卷、紅豆癡儂絶妙詞十卷、選聲集、紅梨翠竹山房詞一卷、新樂府一卷、宋詞紀事四十卷、東華詞社一卷、晏公類要正譌十五卷、秦漢文的十二卷、唐宋文的十二卷、光燄集四卷、十家詩選十卷、王氏詩略二十四卷、樂府四卷、倚聲權輿録二十卷、宋十二家詞十二卷、小長蘆釣魚師詞選三卷、小瑯嬛詞話三卷	王初桐	光緒《嘉定縣志》卷二十八
二〇〇四	兼山詩文稿	王處厚	光緒《嘉定縣志》卷二十七
二〇〇五	延清齋遺稿	王春煦	嘉慶《松江府志》卷七十二

續表

序號	書名	作者	出處
二〇〇六	雪帆詩鈔二卷	王大晉	光緒《嘉定縣志》卷二十七
二〇〇七	南郇小稿一卷	王大儀	光緒《嘉定縣志》卷二十七
二〇〇八	五經源流、尊鼎堂詩稿	王　愴	嘉慶《松江府志》卷七十二
二〇〇九	四書要旨、性理輯要	王　愴	光緒《松江府續志》卷三十七
二〇一〇	念廬詩鈔	王德宣	《青浦續詩傳》卷一
二〇一一	崑山志	王德顒	乾隆《婁縣志》卷十二
二〇一二	宋元法帖評論	王　鼎	光緒《松江府續志》卷三十七
二〇一三	蘭居詩、學圃詩草	王　楝	光緒《松江府續志》卷三十七
二〇一四	覆瓿集六卷、樗園遺詩一卷	王　度	光緒《嘉定縣志》卷二十七
二〇一五	王氏族譜	王端、王興堯	光緒《婁縣續志》卷十
二〇一六	群芳譜拾遺、燕居隨筆	王恩溥	光緒《嘉定縣志》卷二十六

續表

序號	書名	作者	出處
二〇一七	碧蘿山館詩餘	王恩溥	光緒《嘉定縣志》卷二十八
二〇一八	虚亭遺稿、補拙草	王爾達	光緒《嘉定縣志》卷二十七
二〇一九	樸庵遺稿	王爾椒	光緒《松江府續志》卷三十七
二〇二〇	存樸齋詩集	王　芳	光緒《松江府續志》卷三十七
二〇二一	十燕巢閣遺稿	王　芬	《歷代婦女著作考》卷七
二〇二二	詩經疏議輯録	王　逢	光緒《嘉定縣志》卷二十四
二〇二三	南里雜詠四卷	王孚洺	光緒《嘉定縣志》卷二十七
二〇二四	囈語尼民半偈	王輔銘	光緒《嘉定縣志》卷二十七
二〇二五	蓉城詩鈔	王冠英	光緒《寶山縣志》卷十二
二〇二六	偶吟稿、綺雲堂稿	王　觀	光緒《松江府續志》卷三十七
二〇二七	鎌山草堂集二十卷，附録一卷	王光承	同治《上海縣志》卷二十七

續表

序號	書名	作者	出處
二〇二八	地理金丹	王光輔	光緒《松江府續志》卷三十七
二〇二九	王侍御奏疏	王廣心	光緒《松江府續志》卷三十七
二〇三〇	大戴禮劄記、參校夏小正注補一卷	王浩	光緒《嘉定縣志》卷二十四
二〇三一	萬竹園偶言集、濟游草	王灝	光緒《嘉定縣志》卷二十七
二〇三二	吹蓬詞	王灝	光緒《嘉定縣志》卷二十八
二〇三三	學庸撮要、讀杜心知、粤游草	王鶴江	光緒《松江府續志》卷三十七
二〇三四	右竽詩稿	王鶴江	光緒《婁縣續志》卷十
二〇三五	憩松詩稿二卷	王鶴孫	光緒《嘉定縣志》卷二十七
二〇三六	蕙窗草一卷、寫意草一卷	王珩	光緒《嘉定縣志》卷二十七
二〇三七	女科纂要三卷	王衡其	光緒《嘉定縣志》卷二十六
二〇三八	山平指要、合元總論	王宏	光緒《嘉定縣志》卷二十六

續表

序號	書名	作者	出處
二〇三九	水石清華舫詩餘二卷	王鴻業	光緒《重修華亭縣志》卷二十
二〇四〇	簡公雜記	王　侯	光緒《松江府續志》卷三十七
二〇四一	蓼溪詩稿	王會國	嘉慶《松江府志》卷七十二
二〇四二	粹卿遺詩一卷	王慧仁	光緒《松江府續志》卷三十七
二〇四三	槎仙詩草、寒香書屋遺稿	王　繪	光緒《松江府續志》卷三十七
二〇四四	江淮紀行一卷	王　璣	光緒《嘉定縣志》卷二十五
二〇四五	非園詩集六卷文集二十卷、紀遊草二卷、喑鳴集二卷	王　璣	光緒《嘉定縣志》卷二十七
二〇四六	非園詞二卷、草木詞二卷	王　璣	光緒《嘉定縣志》卷二十八
二〇四七	冰庵詩八卷	王吉武	光緒《嘉定縣志》卷二十七
二〇四八	握靈本草九卷、傷寒彙編、雜證元機、萬全備急方	王楫汝	光緒《嘉定縣志》卷二十六
二〇四九	大年堂詩集二卷雜文一卷	王楫汝	光緒《嘉定縣志》卷二十七

續表

序號	書名	作者	出處
二〇五〇	玉雨樓詩文稿	王家亮	光緒《嘉定縣志》卷二十七
二〇五一	爨餘詩稿十卷	王嘉璧	嘉慶《松江府志》卷七十二
二〇五二	聞音室文一卷	王嘉曾	嘉慶《松江府志》卷七十二
二〇五三	四書參宗	王　簡	光緒《嘉定縣志》卷二十四
二〇五四	可菊山房稿二卷	王錦濤	光緒《嘉定縣志》卷二十七
二〇五五	性理大全辨要	王晉陛	光緒《嘉定縣志》卷二十六
二〇五六	王接三集	王晉陳	光緒《嘉定縣志》卷二十七
二〇五七	硯卿拾餘十二卷	王晉升	光緒《嘉定縣志》卷二十六
二〇五八	澮永樓詩二卷、詞一卷、文一卷	王晉錫	光緒《嘉定縣志》卷二十七
二〇五九	蘭谷山房詩稿、趨庭吟稿四卷	王進祖	光緒《嘉定縣志》卷二十七
二〇六〇	采山堂詩文集	王景堂	光緒《松江府續志》卷三十七

續表

序號	書名	作者	出處
二〇六一	味閑漫衍録一卷	王敬銘	光緒《嘉定縣志》卷二十六
二〇六二	蘇嘯軒文集十二卷、未嚴詩録十二卷、曼衍雜存十二卷	王敬銘	光緒《嘉定縣志》卷二十七
二〇六三	女科指要	王敬義	嘉慶《松江府志》卷七十二（同治《上海縣志》卷二十七作《女科選粹》）
二〇六四	瘢診論一卷	王敬義	同治《上海縣志》卷二十七
二〇六五	鍼餘存稿一卷	王静德	光緒《嘉定縣志》卷二十七
二〇六六	艾納山房集	王九齡	嘉慶《松江府志》卷七十二
二〇六七	秦山草堂詩稿	王九齡	光緒《金山縣志》卷十五
二〇六八	香雪集	王局仙真	嘉慶《松江府志》卷七十二
二〇六九	間樓小草八卷、續草三卷	王　鈞	光緒《嘉定縣志》卷二十七
二〇七〇	相莊集	王　筠	嘉慶《松江府志》卷七十二

續表

序號	書名	作者	出處
二〇七一	寒碧齋集	王俊臣	嘉慶《松江府志》卷七十二
二〇七二	琴言館詩稿六卷、梅岑詩文集	王浚	光緒《松江府續志》卷三十七
二〇七三	蕙纕詞一卷	王恪	光緒《嘉定縣志》卷二十八
二〇七四	吳江游草	王揆	光緒《松江府續志》卷三十七
二〇七五	考槃集三卷、賓司軒奈何集	王焜	光緒《嘉定縣志》卷二十七
二〇七六	太極圖訓解、格物閒議、致良知辨證	王廓	嘉慶《松江府志》卷七十二
二〇七七	亦草吟	王麗天	嘉慶《松江府志》卷七十二
二〇七八	九峰秋鳴集	王烈	《青浦詩傳》卷十七
二〇七九	南塘青青草	王霦汝	光緒《嘉定縣志》卷二十七
二〇八〇	周易衷孔十二卷	王愔	光緒《嘉定縣志》卷二十四
二〇八一	雪香齋詩	王令聞	《歷代婦女著作考》卷七

續表

序號	書名	作者	出處
二〇八二	二十一史纂注、通鑑節要	王　鏐	嘉慶《松江府志》卷七十二
二〇八三	四書筆記、四書彙參	王　鏐	光緒《松江府續志》卷三十七
二〇八四	長留集十卷、竚興集二卷	王　洛	光緒《嘉定縣志》卷二十七
二〇八五	樊圃戒言	王懋忠	嘉慶《松江府志》卷七十二
二〇八六	耘堂吟稿六卷、遺春集、消暑集、懷古集、榆蔭集	王夢翀	光緒《嘉定縣志》卷二十七
二〇八七	芯題山房詩集二卷	王夢蘭	光緒《嘉定縣志》卷二十七
二〇八八	静庵詩集	王夢臨	光緒《寶山縣志》卷十二
二〇八九	柳塘吟稿	王　勉	民國《崇明縣志》卷十六
二〇九〇	十三經異義十卷、三傳經文互異考一卷	王鳴韶	光緒《嘉定縣志》卷二十四
二〇九一	祖德述聞一卷、入粤記一卷	王鳴韶	光緒《嘉定縣志》卷二十五
二〇九二	粤東竊聞記四卷	王鳴韶	光緒《嘉定縣志》卷二十六

續表

序號	書名	作者	出處
二〇九三	禮傳堂文集八卷、翠微精廬小稿五卷	王鳴韶	光緒《嘉定縣志》卷二十七
二〇九四	謝橋詞一卷、續宋文鑑八十卷、槎溪四子詩選	王鳴盛	光緒《嘉定縣志》卷二十八
二〇九五	練川雜詠	王鳴盛、錢大昕、王鳴韶等	光緒《嘉定縣志》卷二十八
二〇九六	翥雲堂集四卷、爾雅堂詩集、約分齋續集	王晦	光緒《嘉定縣志》卷二十七
二〇九七	萬緑山莊詩文集	王念昭	光緒《松江府續志》卷三十七
二〇九八	詒安堂稿三集附詩餘	王農勳	光緒《松江府續志》卷三十七
二〇九九	環溪詩文集	王溥	光緒《松江府續志》卷三十七
二一〇〇	焚餘草、對松居稿	王圻	光緒《嘉定縣志》卷二十七
二一〇一	耐寒居詩稿	王棊	光緒《松江府續志》卷三十七
二一〇二	春及堂稿	王慶生	嘉慶《松江府志》卷七十二
二一〇三	可作集八卷、應求集四卷、同人詩録	王慶勳	光緒《松江府續志》卷三十七

續表

序號	書名	作者	出處
二二〇四	詒安堂稿三卷附詩餘一卷	王慶勳	光緒《嘉定縣志》卷二十七
二二〇五	離騷分解	王全持	嘉慶《松江府志》卷七十二
二二〇六	蝨餘草	王仁鎬	光緒《松江府續志》卷三十七
二二〇七	墨狻齋自怡草二卷	王日翔	光緒《嘉定縣志》卷二十七
二二〇八	秦望山莊集	王日藻	嘉慶《松江府志》卷七十二
二二〇九	梁園集	王日藻	《明清江蘇文人年表》康熙三十九年條
二二一〇	環翠樓稿	王如圭	《歷代婦女著作考》卷七
二二一一	醫方切韻二卷	王森澍	同治《上海縣志》卷二十七
二二一二	寒窗閒話	王繩華	光緒《松江府續志》卷三十七
二二一三	半樂軒詩鈔	王時鴻	嘉慶《松江府志》卷七十二
二二一四	百世師録	王士毅	光緒《松江府續志》卷三十七

續表

序號	書名	作者	出處
二一一五	自攜草	王士瀛	嘉慶《松江府志》卷七十二
二一一六	小嫏嬛室詩餘	王氏	光緒《松江府續志》卷三十七
二一一七	保赤心傳	王世禄	光緒《嘉定縣志》卷二十六
二一一八	百花詩二卷、學吟稿	王世樞	光緒《嘉定縣志》卷二十七
二一一九	增删陳檢討四六箋注二十卷、恭注御製七詢一卷	王世樞	光緒《嘉定縣志》卷二十八
二一二〇	忍庵詩文集	王世樞	光緒《寶山縣志》卷十二
二一二一	不遠復齋詩集	王室藩	光緒《松江府續志》卷三十七
二一二二	迂齋學吟二卷	王受恒	光緒《嘉定縣志》卷二十七
二一二三	石竿詩稿	王壽椿	光緒《松江府續志》卷三十七
二一二四	玉瑩草	王淑辰	同治《上海縣志》卷二十七
二一二五	香雪樓吟稿	王淑逑	光緒《寶山縣志》卷十二

續表

序號	書名	作者	出處
二一二六	篆隸源流考八卷	王述祖輯	光緒《嘉定縣志》卷二十四
二一二七	嘉定金石録四卷	王述祖	光緒《嘉定縣志》卷二十五
二一二八	謏聞録二卷	王述祖	光緒《嘉定縣志》卷二十六
二一二九	王玉甫詩文集十二卷	王述祖	光緒《嘉定縣志》卷二十七
二一三〇	玉瑩草一卷	王雙鳳	嘉慶《松江府志》卷七十二
二一三一	惟適齋詩文集、百花吟稿	王思浦	光緒《嘉定縣志》卷二十七
二一三二	製錦豹斑	王思溥	光緒《嘉定縣志》卷二十五
二一三三	齊語一卷	王思永	光緒《嘉定縣志》卷二十七
二一三四	曇香集	王思永	光緒《嘉定縣志》卷二十八
二一三五	實庵漫草	王嗣穫	光緒《嘉定縣志》卷二十七
二一三六	樓山詩鈔三卷、承清堂稿	王嗣祥	光緒《嘉定縣志》卷二十七

序號	書名	作者	出處
二一三七	周易翼注四卷、四書廣古詮八十卷、紫綬花齋詩文存	王泰際	光緒《嘉定縣志》卷二十四
二一三八	冰抱老人集十八卷、壽研室續稿	王泰際	光緒《嘉定縣志》卷二十七
二一三九	歷代詩類鈔	王泰際輯	光緒《嘉定縣志》卷二十八
二一四〇	群經析義	王泰階	光緒《嘉定縣志》卷二十四
二一四一	湖海樓駢體文注	王泰階	光緒《嘉定縣志》卷二十八
二一四二	學吟草二卷	王濤	光緒《嘉定縣志》卷二十七
二一四三	聽雨蓬稿、[艹煒]圃詩稿	王陶	嘉慶《松江府志》卷七十二
二一四四	吉羊館詩餘二卷、雨席園遺稿二卷、冬養齋遺稿二卷	王陶	光緒《松江府續志》卷三十七
二一四五	王孟公詩詞稿	王陶	光緒《重修華亭縣志》卷二十
二一四六	五經文字音讀考異	王體仁	光緒《嘉定縣志》卷二十四
二一四七	綱目書法考、顧亭林先生年譜	王體仁	光緒《嘉定縣志》卷二十五

續表

序號	書名	作者	出處
二一四八	趨庭札記	王體仁	光緒《嘉定縣志》卷二十六
二一四九	夢湘樓詩文集	王體仁	光緒《嘉定縣志》卷二十七
二一五〇	陳檢討四六詳注、漢魏六朝百三家集課虚	王體仁	光緒《嘉定縣志》卷二十八
二一五一	湘游草一卷	王廷椿	光緒《嘉定縣志》卷二十七
二一五二	飄渺樓稿、續松風餘韻	王廷和	嘉慶《松江府志》卷七十二
二一五三	雲間遺事、華亭縣志稿四十二卷、峰泖志、蘇松太山川考	王廷和	光緒《松江府續志》卷三十七
二一五四	水竹居詩	王廷蘭	嘉慶《松江府志》卷七十二
二一五五	陰騭文頌言、延年集説、聽彝録	王廷銓	同治《上海縣志》卷二十七
二一五六	椶香書屋詩	王圖炳	嘉慶《松江府志》卷七十二
二一五七	梅皋集	王　薇	光緒《松江府續志》卷三十七
二一五八	冷香吟榭詩草	王惟德	光緒《嘉定縣志》卷二十七

續表

序號	書名	作者	出處
二一五九	春秋四傳分國提綱	王未央	光緒《松江府續志》卷三十七
二一六〇	王孝子贈言	王渭熊	光緒《寶山縣志》卷十二
二一六一	鷓鴣館文集、端居室集	王蔚宗	光緒《松江府續志》卷三十七
二一六二	平蠻録	王文炳	光緒《松江府續志》卷三十七
二一六三	浸月廬詩鈔	王文炳	光緒《寶山縣志》卷十二
二一六四	舌色指微	王文注	同治《上海縣志》卷二十七
二一六五	無何有鄉記	王無齋	民國《崇明縣志》卷十六
二一六六	荔亭詩草	王錫奎	光緒《松江府續志》卷三十七
二一六七	玉蕖書屋詩稿一卷	王錫廉	《青浦續詩傳》卷三
二一六八	生洲小草	王　璽	光緒《寶山縣志》卷十二
二一六九	桂馨樓吟草二卷	王霞明	光緒《嘉定縣志》卷二十七

續表

序號	書名	作者	出處
二一七〇	詒穀堂尺牘	王暹	光緒《寶山縣志》卷十二
二一七一	西山秝	王顯曾	嘉慶《松江府志》卷七十二
二一七二	傳硯堂集、雙峰草堂詩稿	王顯曾	光緒《金山縣志》卷十五
二一七三	十友樓稿	王心	嘉慶《松江府志》卷七十二
二一七四	經書直指三卷	王心	光緒《松江府續志》卷三十七
二一七五	凝香室詩草、漁溪詩稿	王心水	光緒《嘉定縣志》卷二十七
二一七六	晚晴軒率意稿四卷、自鳴草、病榻雜詠	王新銘	光緒《嘉定縣志》卷二十七
二一七七	淞南草堂詩稿	王炘	光緒《松江府續志》卷三十七
二一七八	松喬老人集、蘭雪堂詞	王頊齡	乾隆《華亭縣志》卷十五
二一七九	周易味義	王學洙	嘉慶《松江府志》卷七十二
二一八〇	玉海珠船六卷	王熠	光緒《嘉定縣志》卷二十六

續表

序號	書名	作者	出處
二一八一	王氏誦芬録、雕篆集	王葉滋	嘉慶《松江府志》卷七十二
二一八二	笈中草、越吟稿	王葉滋	乾隆《婁縣志》卷十二
二一八三	愳齋集	王詒榖	光緒《金山縣志》卷十五
二一八四	醒齋詩稿六卷	王詒木	光緒《嘉定縣志》卷二十七
二一八五	香雪山房詩	王詒燕	光緒《金山縣志》卷十五
二一八六	黔南草、南行草、東還草	王奕仁	嘉慶《松江府志》卷七十二
二一八七	信園詩稿四卷	王英煥	光緒《嘉定縣志》卷二十七
二一八八	敬勝堂集	王　瑛	嘉慶《松江府志》卷七十二
二一八九	敬勝堂詩集	王　瑛	光緒《松江府續志》卷三十七
二一九〇	醫學心裁	王應辰	光緒《寶山縣志》卷十二
二一九一	顧命考辨二卷、康王之誥考辨二卷	王映江	光緒《嘉定縣志》卷二十四

續表

序號	書名	作者	出處
二一九二	黄渡志	王永安	光緒《松江府續志》卷三十七
二一九三	古巢稿、知非稿	王永椿	光緒《松江府續志》卷三十七
二一九四	林藪吟	王永椿	乾隆《婁縣志》卷十二
二一九五	曆學指南三卷	王永芳	光緒《嘉定縣志》卷二十六
二一九六	草香居詩文集	王永祺	嘉慶《松江府志》卷七十二
二一九七	胡靖恪公年譜一卷	王永祺	光緒《重修華亭縣志》卷二十
二一九八	容安堂集二十四卷、偶存稿四卷	王用汲	光緒《松江府續志》卷三十七
二一九九	素史、百物志、北莊清話	王有光	光緒《松江府續志》卷三十七
二二〇〇	宿雲軒稿四卷、鏤冰集二卷	王有香	光緒《嘉定縣志》卷二十七
二二〇一	采山堂集	王玉泫	乾隆《婁縣志》卷十二
二二〇二	芥子軒集、芥子軒續集	王玉蓮	民國《崇明縣志》卷十六

續表

序號	書名	作者	出處
二二〇三	笑竹山房詩草、白沙棹歌	王元灝	光緒《寶山縣志》卷十二
二二〇四	匏閣詩文稿八卷、退庵吟稿	王元合	光緒《嘉定縣志》卷二十七
二二〇五	紅杏山房詩集四卷	王元會	光緒《嘉定縣志》卷二十七
二二〇六	歸田吟稿一卷、攟金叢稿一卷	王元勳	光緒《嘉定縣志》卷二十七
二二〇七	百一草	王元藻	光緒《松江府續志》卷三十七
二二〇八	周易恖闻、春秋恖闻、四書彙參、學庸正譌、論孟釋義、惠陽集、銅仁集、南窗集	王　原	嘉慶《松江府志》卷七十二
二二〇九	深廬劄記、深廬集訓、終志雜説	王　原	光緒《松江府續志》卷三十七
二二一〇	澹香書屋存草	王曰綸	光緒《寶山縣志》卷十二
二二一一	周易纂要	王雲瞻	嘉慶《松江府志》卷七十二
二二一二	桂一山房存稿	王雲瞻	光緒《松江府續志》卷三十七
二二一三	遠遊記略四卷、太和山志、輞川草	王　澐	嘉慶《松江府志》卷七十二

續表

序號	書名	作者	出處
二二一四	粤游草、文無草	王　澐	光緒《金山縣志》卷十五
二二一五	海坍謡唱和集八卷	王檈等	光緒《嘉定縣志》卷二十八
二二一六	問月樓詩稿一卷	王韻梅	光緒《嘉定縣志》卷二十七
二二一七	問月樓詞鈔一卷	王韻梅	光緒《嘉定縣志》卷二十八
二二一八	東洲竹枝辭	王兆熊	民國《崇明縣志》卷十六
二二一九	素巖詩文鈔	王喆生	光緒《松江府續志》卷三十七
二二二〇	重修宋元資治通鑑一百卷	王者圭	光緒《嘉定縣志》卷二十五
二二二一	花隱詩鈔一卷	王者圭	光緒《嘉定縣志》卷二十七
二二二二	注釋楊升庵廿一史彈詞十卷	王者圭	光緒《嘉定縣志》卷二十八
二二二三	大易擬言六卷、四書擬言十卷、孝經擬言一卷	王者佐	民國《崇明縣志》卷十六
二二二四	東籬詩草	王　貞	光緒《嘉定縣志》卷二十七

序號	書名	作者	出處
二三二五	酒顛道人草十卷	王貞爵	光緒《寶山縣志》卷十二
二三二六	太湖水利考	王箴	光緒《嘉定縣志》卷二十五
二三二七	朱陸異同辨、離騷路二卷	王箴	光緒《嘉定縣志》卷二十六
二三二八	醫案	王鎮	光緒《婁縣續志》卷十
二三二九	芳洲詩文集	王正學	光緒《嘉定縣志》卷二十七
二三三〇	蜀遊草	王之綱	光緒《松江府續志》卷三十七
二三三一	水明樓集	王之玖	乾隆《婁縣志》卷十二
二三三二	露香樓集	王之珊	乾隆《婁縣志》卷十二
二三三三	再造樓稿、當山閣詩鈔	王之士	光緒《寶山縣志》卷十二
二三三四	伴蘭書屋吟稿	王之泗	光緒《寶山縣志》卷十二
二三三五	王克生詩文	王之楨	光緒《嘉定縣志》卷二十七

續表

序號	書名	作者	出處
二三三六	李義山詩箋注	王智古	光緒《松江府續志》卷三十七
二三三七	廷暉軒吟稿	王中銘	光緒《嘉定縣志》卷二十七
二三三八	法華鎮志	王　鍾	光緒《松江府續志》卷三十七
二三三九	詩經比興全義一卷、左氏始末	王鍾毅	嘉慶《松江府志》卷七十二
二三四〇	四言脈訣集注二卷	王　珠	光緒《嘉定縣志》卷二十六
二三四一	慎齋詩鈔	王　珠	光緒《嘉定縣志》卷二十七
二三四二	時序詩精選四卷	王珠輯	光緒《嘉定縣志》卷二十八
二三四三	大生二書二卷、達生編補注一卷、種痘書一卷	王珠、錢大治同輯	光緒《嘉定縣志》卷二十六
二三四四	閑存録、慮得集、天賞樓雜著、備忘録、叩囊集	王　鑄	光緒《松江府續志》卷三十七
二三四五	周易玩占二卷、周易管窺二卷	王　梓	光緒《嘉定縣志》卷二十四
二三四六	壘林詩集二卷、二集二卷	王　梓	光緒《嘉定縣志》卷二十七

序號	書名	作者	出處
二二四七	青箱集	王宗鏡	光緒《松江府續志》卷三十七
二二四八	澄懷軒自娱稿	王宗洛	光緒《松江府續志》卷三十七
二二四九	周五禮考辨、考工記輪輿、車考辨八卷、匠人職考辨四卷、説文刊誤四卷、原聲二卷、會通一卷、箋疏二卷、聲系圖説五卷	王宗涑	光緒《嘉定縣志》卷二十四
二二五〇	倉史居雜著一卷	王宗涑	光緒《嘉定縣志》卷二十六
二二五一	蓉墅樓稿	王宗蔚	嘉慶《松江府志》卷七十二
二二五二	碧涵堂詩鈔	王祖晉	光緒《松江府續志》卷三十七
二二五三	雲間王氏族譜	王祖慎	嘉慶《松江府志》卷七十二
二二五四	尚書分類箋釋三卷	衛臣、衛楫	光緒《嘉定縣志》卷二十四
二二五五	西郙集四卷	衛爾穀	光緒《嘉定縣志》卷二十七
二二五六	左國氏族考四卷、戰國策敏求一卷、嘉定志餘四卷	衛楫	光緒《嘉定縣志》卷二十五
二二五七	續泉志	衛楫	光緒《嘉定縣志》卷二十六

續表

序號	書名	作者	出處
二二五八	西疇詩草四卷	衛　洽	光緒《嘉定縣志》卷二十七
二二五九	滋蘭館印譜二卷	衛繩武	光緒《嘉定縣志》卷二十六
二二六〇	妙筠遺草	衛仙來	《歷代婦女著作考》卷十九
二二六一	四書繹旨、傷寒示掌	衛顯民	民國《崇明縣志》卷十六
二二六二	唐詩選	聞人倓	光緒《松江府續志》卷三十七
二二六三	從戎記略	鄔景超	嘉慶《松江府志》卷七十二
二二六四	光霽堂詞四卷	鄔景超	光緒《松江府續志》卷三十七
二二六五	蘭笥山人詩集十卷	吴邦基	光緒《松江府續志》卷三十七
二二六六	清綺閣集	吴茝婞	乾隆《婁縣志》卷十二
二二六七	蘭谷集	吴茝椿	嘉慶《松江府志》卷七十二
二二六八	鳴春草、吟香書屋稿、村居唱和集	吴　澄	嘉慶《松江府志》卷七十二

序號	書名	作者	出處
二三六九	西亭詩稿	吴邨侯	光緒《嘉定縣志》卷二十七
二三七〇	讀易枝辭、易義采珍	吴大勳	光緒《松江府續志》卷三十七
二三七一	張堰志、南湖集、南塘集	吴大復	光緒《松江府續志》卷三十七
二三七二	訒齋詩文集	吴旦霞	光緒《嘉定縣志》卷二十七
二三七三	江左闡儀録	吴鼎位	光緒《嘉定縣志》卷二十五
二三七四	河渠志	吴　定	嘉慶《松江府志》卷七十二
二三七五	忘憂草、采石篇、風蘭獨嘯	吴　朏	嘉慶《松江府志》卷七十二
二三七六	三秀集	吴朏、李玉燕、曹鑑冰	光緒《金山縣志》卷十五
二三七七	香楣小草二卷、紅餘吟	吴鳳儀	光緒《嘉定縣志》卷二十七
二三七八	玩心集	吴　鉤	民國《崇明縣志》卷十六
二三七九	有懷堂稿	吴光裕	光緒《松江府續志》卷三十七

續表

序號	書名	作者	出處
一三一八〇	明史紀事本末補、二十一史金石考異、歷朝名年紀略	吴廣成	光緒《松江府續志》卷三十七
一三一八一	禮記大全一卷、三傳三禮字疑六卷、春秋大全字疑一卷	吴　浩	嘉慶《松江府志》卷七十二
一三一八二	可娱草堂詩鈔	吴　淮	光緒《松江府續志》卷三十七
一三一八三	四眉紙閣稿	吴　蕙	光緒《松江府續志》卷三十七
一三一八四	香雪閣詩草四卷（一名吹蘭詩草）	吴　蕙	光緒《嘉定縣志》卷二十七
一三一八五	彷佛山房吟草	吴基枋	光緒《松江府續志》卷三十七
一三一八六	近聖居詩草	吴家鼎	光緒《松江府續志》卷三十七
一三一八七	地理圭臬	吴家桂	光緒《松江府續志》卷三十七
一三一八八	純孝録一卷、筆耒集十卷	吴金城	民國《崇明縣志》卷十六
一三一八九	獨樹園詩稿、樂府篋中集	吴　鈞	嘉慶《松江府志》卷七十二
一三一九〇	兕桃集	吴鈞輯	光緒《重修華亭縣志》卷二十

續表

序號	書名	作者	出處
二二九一	北行日記一卷、南歸日記一卷	吴康侯	光緒《嘉定縣志》卷二十五
二二九二	鐵庵詩集十二卷、小山近草一卷	吴康侯	光緒《嘉定縣志》卷二十七
二二九三	憫寃録詩二卷，文一卷	吴康侯等	光緒《嘉定縣志》卷二十八
二二九四	吴西崖集	吴崑	嘉慶《松江府志》卷七十二
二二九五	雪鴻廬存稿六卷	吴闓	光緒《嘉定縣志》卷二十七
二二九六	十國宫詞五卷、白雉邨遺愁詞一卷	吴闓	光緒《嘉定縣志》卷二十八
二二九七	墨井道人詩鈔二卷、畫跋二卷	吴歷	光緒《嘉定縣志》卷二十七
二二九八	説文聲類十四卷、假借蠡測	吴林	光緒《嘉定縣志》卷二十四
二二九九	十三經考異十六卷、説文形聲會元、説文解三卷、廣韻解一卷	吴凌雲	光緒《嘉定縣志》卷二十四
二三〇〇	吴氏遺著五卷附録一卷	吴凌雲	《販書偶記》卷三
二三〇一	古文林三百卷	吴懋謙	嘉慶《松江府志》卷七十二

續表

序號	書名	作者	出處
二三〇二	華萍集	吳懋謙	乾隆《華亭縣志》卷十五
二三〇三	溶沼詩鈔十七卷	吳夢桂	光緒《松江府續志》卷三十七
二三〇四	讀書偶見一卷	吳騏	光緒《松江府續志》卷三十七
二三〇五	杜鵑樓詞、芝田集	吳騏	光緒《金山縣志》卷十五
二三〇六	金錢記、藍橋月	吳騏	《明清江蘇文人年表》康熙三十四年條
二三〇七	滸闕石塘録	吳欽章	光緒《重修華亭縣志》卷二十
二三〇八	雁山小稿	吳秋	光緒《嘉定縣志》卷二十七
二三〇九	春翠屏集	吳秋音	《歷代婦女著作考》卷九
二三一〇	麗繡偶吟	吳若雲	光緒《寶山縣志》卷十二
二三一一	香城詞、無皋雜説	吳若雲	《歷代婦女著作考》卷九
二三一二	楚南隨筆、楚崗志略、閣帖注釋	吳省蘭	光緒《松江府續志》卷三十七

續表

序號	書名	作者	出處
二三一三	西疇詩稿	吴士龍	光緒《嘉定縣志》卷二十七
二三一四	香草堂稿	吴世賢	嘉慶《松江府志》卷七十二
二三一五	翰春軒詩鈔	吴式賢	光緒《松江府續志》卷三十七
二三一六	北園小草	吴綬詒	光緒《嘉定縣志》卷二十七
二三一七	清蓉堂集	吴樹本	光緒《松江府續志》卷三十七
二三一八	存初文稿	吴　燧	光緒《松江府續志》卷三十七
二三一九	心印正説二十四卷	吴台碩	光緒《嘉定縣志》卷二十六
二三二〇	成齋文集四卷	吴台碩	光緒《嘉定縣志》卷二十七
二三二一	松南清氣集	吴陶宰	嘉慶《松江府志》卷七十二
二三二二	春鳥集	吴天仁	光緒《松江府續志》卷三十七
二三二三	贅疣集四卷	吴廷選	光緒《嘉定縣志》卷二十七

續表

序號	書名	作者	出處
二三二四	師善堂集	吴王坦	嘉慶《松江府志》卷七十二
二三二五	讀史臆語	吴王坦	乾隆《婁縣志》卷十二
二三二六	摩鴻書屋詩鈔	吴文徽	光緒《松江府續志》卷三十七
二三二七	録引齋稿一卷	吴熙若	光緒《嘉定縣志》卷二十七
二三二八	市簫集	吴　銑	民國《崇明縣志》卷十六
二三二九	偶詩	吴　翔	光緒《嘉定縣志》卷二十七
二三三〇	静巖詩鈔	吴興仁	嘉慶《松江府志》卷七十二
二三三一	超亭詩稿	吴興宗	嘉慶《松江府志》卷七十二
二三三二	地學古經五卷	吴軒翃	光緒《嘉定縣志》卷二十六
二三三三	吴曌水利圖説二卷	吴軒翃、張榮傣	光緒《嘉定縣志》卷二十五
二三三四	蔭緑閣詩草	吴學素	《歷代婦女著作考》卷九

續表

序號	書名	作者	出處
二三三五	侃竹居詩鈔	吴應疇	《青浦續詩傳》卷二
二三三六	雞窗雜録	吴永卿	光緒《嘉定縣志》卷二十六
二三三七	粤游詩草	吴永雯	光緒《松江府續志》卷三十七
二三三八	湛溪綺語	吴永雯	光緒《婁縣續志》卷十
二三三九	嘯瀛駢體文	吴元復	光緒《寶山縣志》卷十二
二三四〇	病餘小草	吴元復	光緒《寶山縣志》卷十二
二三四一	補水經注八卷、屯政要覽二卷、史論十六卷、樂閒館文集二十卷、問月軒詩鈔	吴元龍	嘉慶《松江府志》卷七十二
二三四二	問月堂集	吴元龍	乾隆《婁縣志》卷十二
二三四三	漁盟詩鈔	吴雲鵬	光緒《松江府續志》卷三十七
二三四四	澹懷詩存	吴曾顯	光緒《嘉定縣志》卷二十七
二三四五	稽堂詩草二卷、湘嵋館詩鈔	吴昭禹	光緒《嘉定縣志》卷二十七

續表

序號	書名	作者	出處
二二三四六	吴氏族譜、定齋日記、補拙録	吴之琦	光緒《松江府續志》卷三十七
二二三四七	鸚猩語、生學鈔略	吴之琦	光緒《婁縣續志》卷十
二二三四八	語園吟稿	吴志喜	光緒《松江府續志》卷三十七
二二三四九	捫心録	吴鍾茂	光緒《嘉定縣志》卷二十六
二二三五〇	浄土指要五卷	吴　莊	光緒《嘉定縣志》卷二十六
二二三五一	偶存篇	吴　莊	光緒《嘉定縣志》卷二十七
二二三五二	省厂詩文集	吴自嶅	光緒《嘉定縣志》卷二十七
二二三五三	周易本義觿	吴自惺	光緒《嘉定縣志》卷二十四
二二三五四	逯齋詩鈔五卷、湖山隨筆二卷	吴自煋	光緒《嘉定縣志》卷二十七
二二三五五	秋江詩草	吴珩撰	民國《崇明縣志》卷十六
二二三五六	地學蒙求二卷	武炳文	光緒《嘉定縣志》卷二十六

續表

序號	書名	作者	出處
二三五七	易解易知	武仁傑	光緒《嘉定縣志》卷二十四
二三五八	儕鶴集	兀庵	嘉慶《松江府志》卷七十二
二三五九	夜雨吟一卷	奚昌祚	光緒《嘉定縣志》卷二十七
二三六〇	蘭谷詩鈔	奚烺	光緒《松江府續志》卷三十七
二三六一	淡菊軒集	奚士柱	光緒《嘉定縣志》卷二十七
二三六二	晶溪集	犀照	嘉慶《松江府志》卷七十二
二三六三	傳心摘要録	席本久	光緒《松江府續志》卷三十七
二三六四	橘隱寓言	席鑑	光緒《嘉定縣志》卷二十六
二三六五	傳心摘要録	席可久	嘉慶《松江府志》卷七十二
二三六六	近硯吟、百城樓賡韻集	席希左	光緒《寶山縣志》卷十二
二三六七	在澗草堂詩稿	夏浩	嘉慶《松江府志》卷七十二

續表

序號	書名	作者	出處
二三六八	寄萍草	夏　鳴	光緒《松江府續志》卷三十七
二三六九	晚香堂詩鈔、迂齋詩鈔	夏欽承	光緒《松江府續志》卷三十七
二三七〇	亦云詩草	夏汝諧	光緒《松江府續志》卷三十七
二三七一	萍鄉詩鈔、詠物近體、泥美人詩一卷	夏時中	光緒《嘉定縣志》卷二十七
二三七二	尊賢録	夏世樗	光緒《松江府續志》卷三十七
二三七三	龍隱遺集一卷	夏淑吉	光緒《嘉定縣志》卷二十七
二三七四	蔬香隨筆	夏思椿	光緒《松江府續志》卷三十七
二三七五	虚白齋稿、柘湖草堂稿	夏冶傭	嘉慶《松江府志》卷七十二
二三七六	玩意樓詩文集	夏益萬	嘉慶《松江府志》卷七十二
二三七七	古詩注	夏益萬	光緒《松江府續志》卷三十七
二三七八	菰蘆集	夏　雲	乾隆《婁縣志》卷十二

續表

序號	書名	作者	出處
二三七九	復堂稿	夏之夔	光緒《松江府續志》卷三十七
二三八〇	宗經盧詩鈔	夏祖耀	光緒《松江府續志》卷三十七
二三八一	閱史紀詠二卷	項董桂	光緒《嘉定縣志》卷二十七
二三八二	迦游草一卷	項思尹	光緒《嘉定縣志》卷二十七
二三八三	千文彙音四卷	蕭玠	光緒《嘉定縣志》卷二十四
二三八四	在鷗吟草	蕭琳	光緒《嘉定縣志》卷二十七
二三八五	南村詩稿	蕭詩	光緒《松江府續志》卷三十七
二三八六	北堂詩草	謝鶴	光緒《重修華亭縣志》卷二十
二三八七	春草堂詩	謝景澤	光緒《松江府續志》卷三十七
二三八八	餘霞集	謝培	光緒《松江府續志》卷三十七
二三八九	北堂詩稿	謝鵬	光緒《松江府續志》卷三十七

續表

序號	書名	作者	出處
二三九〇	傷寒摘要	謝　鵬	光緒《婁縣續志》卷十
二三九一	芙蓉館集、短長亭集、渼陂集、西湖百詠	謝　湯	嘉慶《松江府志》卷七十二
二三九二	春草堂集二卷	謝穎元	嘉慶《松江府志》卷七十二
二三九三	山居草木詩	行　津	光緒《嘉定縣志》卷二十七
二三九四	山夫偈語一卷	行　正	光緒《嘉定縣志》卷二十六
二三九五	鐵笛吟	須　鼎	光緒《寶山縣志》卷十二
二三九六	渤海彤徽録	須鳳鳴輯	光緒《寶山縣志》卷十二
二三九七	芝田吟稿、天門遊草	須孔經	光緒《寶山縣志》卷十二
二三九八	袖海書屋詩稿	徐步逵	光緒《寶山縣志》卷十二
二三九九	三餘書屋詩稿	徐昌伊	光緒《寶山縣志》卷十二
二四〇〇	寒玉山房詩鈔、經稼堂詩集、雪嶺集、嚴道集、魚通集	徐長發	光緒《松江府續志》卷三十七

續表

序號	書名	作者	出處
二四〇一	省齋學醫筆記二卷、重定比例對數表	徐春和	光緒《嘉定縣志》卷二十六
二四〇二	省齋文稿二卷、詩稿一卷	徐春和	光緒《嘉定縣志》卷二十七
二四〇三	脈論辨訛、醫宗粹語	徐大楫	同治《上海縣志》卷二十七
二四〇四	潄巖小草	徐大經	光緒《寶山縣志》卷十二
二四〇五	抬是集四卷	徐大容	嘉慶《松江府志》卷七十二
二四〇六	臥漁吟草四卷	徐諤臣	光緒《嘉定縣志》卷二十七
二四〇七	八杉吟草	徐　艮	光緒《寶山縣志》卷十二
二四〇八	嘉會堂詩集	徐光鼎	光緒《嘉定縣志》卷二十七
二四〇九	尊訓樓稿	徐國城	同治《上海縣志》卷二十七
二四一〇	禹貢圖考、禹貢地輿考、十三經同文編、古今名臣世表十卷、宋史獺俎四十卷	徐懷瀚	嘉慶《松江府志》卷七十二
二四一一	古今名人世表十卷	徐懷祖	光緒《重修華亭縣志》卷二十

續表

序號	書名	作者	出處
二四一二	湘霞詩草	徐錦琳	光緒《嘉定縣志》卷二十七
二四一三	樂素詩鈔	徐經文	民國《崇明縣志》卷十六
二四一四	旋庵集	徐開先	光緒《嘉定縣志》卷二十七
二四一五	畫學源流、雲間畫史	徐克潤	光緒《松江府續志》卷三十七
二四一六	蒔玉堂稿、舊雨軒草、公餘小草	徐匡	光緒《嘉定縣志》卷二十七
二四一七	半畝漁莊詩鈔	徐嵐	《青浦續詩傳》卷五
二四一八	賁樂齋雜著	徐麟定	光緒《嘉定縣志》卷二十六
二四一九	薜蘿吟	徐麟定	光緒《嘉定縣志》卷二十七
二四二〇	東巖詩鈔	徐柳堂	光緒《寶山縣志》卷十二
二四二一	綺窗遺詠	徐懋惠	嘉慶《松江府志》卷七十二
二四二二	蒲溪草堂詩集六卷	徐懋勳	光緒《松江府續志》卷三十七

續 表

序號	書名	作者	出處
二四二三	厚泉詩鈔、銀塘詞稿	徐夢橼	民國《崇明縣志》卷十六
二四二四	詹詹集	徐　明	光緒《寶山縣志》卷十二
二四二五	南村詩文集、孤行集	徐慕隆	民國《崇明縣志》卷十六
二四二六	影賡集十卷	徐　磐	光緒《松江府續志》卷三十七
二四二七	拾香詞一卷	徐　磐	光緒《松江府續志》卷三十七
二四二八	芸香閣集	徐齊治	光緒《嘉定縣志》卷二十七
二四二九	建草堂稿	徐　球	嘉慶《松江府志》卷七十二
二四三〇	省庵詩文十二卷、省庵詩餘四卷	徐榮疇	嘉慶《松江府志》卷七十二
二四三一	迎輿草	徐　卲	光緒《嘉定縣志》卷二十八
二四三二	波餘草	徐　升	民國《崇明縣志》卷十六
二四三三	蘧庵集、東歸集	徐時勉	《國朝三槎風雅》卷一

續表

序號	書名	作者	出處
二四三四	檢心録	徐氏	光緒《寶山縣志》卷十二
二四三五	繡餘吟	徐氏	光緒《寶山縣志》卷十二
二四三六	凌雲閣小草	徐氏	《歷代婦女著作考》卷十三
二四三七	易經補注	徐世懋	嘉慶《松江府志》卷七十二
二四三八	詹詹集六卷	徐是傚	光緒《松江府續志》卷三十七
二四三九	四書講義	徐禔命	光緒《松江府續志》卷三十七
二四四〇	凝紫山房詩集	徐述曾	光緒《松江府續志》卷三十七
二四四一	徐布衣詩十八卷	徐聳	光緒《松江府續志》卷三十七
二四四二	秋檀詩鈔	徐棠	光緒《松江府續志》卷三十七
二四四三	徐霞士集	徐天驤	光緒《嘉定縣志》卷二十七
二四四四	鴻雪居稿、西園吟、寓吴草、紀游録	徐廷連	光緒《嘉定縣志》卷二十七

續表

序號	書名	作者	出處
二四四五	廿二史目録異同、歷代州郡表考略十卷、輿圖考略八卷、錢門塘市記一卷、同邑著述序跋十六卷	徐文範	光緒《嘉定縣志》卷二十五
二四四六	菊窗間録八卷、荷田消暑録、杏雨齋日鈔、史外紀聞、吟雲檢篋録	徐文範	光緒《嘉定縣志》卷二十六
二四四七	白門吟草	徐文蔚	光緒《嘉定縣志》卷二十七
二四四八	荒政條議一卷	徐梧	嘉慶《松江府志》卷七十二
二四四九	南州草堂稿	徐熙	嘉慶《松江府志》卷七十二
二四五〇	皡亭詩集	徐熙	乾隆《婁縣志》卷十二
二四五一	續繡餘草	徐賢	光緒《松江府續志》卷三十七
二四五二	古藻堂詩詞集、古藻堂詩話	徐薌坡	嘉慶《松江府志》卷七十二
二四五三	目中録二十四卷	徐星譽	光緒《嘉定縣志》卷二十六
二四五四	漱華書屋實際	徐修疇	光緒《松江府續志》卷三十七

續表

序號	書名	作者	出處
二四五五	徐言汝詩鈔	徐學詩	光緒《嘉定縣志》卷二十七
二四五六	闡易大成	徐　珣	光緒《松江府續志》卷三十七
二四五七	重慶堂詩稿	徐　珣	光緒《松江府續志》卷三十七
二四五八	自怡集	徐　炎	光緒《嘉定縣志》卷二十七
二四五九	海隅詩話	徐一鳴	民國《崇明縣志》卷十六
二四六〇	閒吟草	徐殷輅	光緒《松江府續志》卷三十七
二四六一	二田書屋稿	徐穎梁	嘉慶《松江府志》卷七十二
二四六二	收春亭詩稿四卷	徐　雍	光緒《嘉定縣志》卷二十七
二四六三	松江府志餘議、玉臺小識	徐　鏞	光緒《松江府續志》卷三十七
二四六四	十七史枕中祕	徐永貞	嘉慶《松江府志》卷七十二
二四六五	吴瞜畫雅	徐玉英	光緒《嘉定縣志》卷二十六

續表

序號	書名	作者	出處
二四六六	渭田詩選、和陶詩	徐玉瑛	光緒《嘉定縣志》卷二十七
二四六七	周易嘉會	徐元桓	嘉慶《松江府志》卷七十二
二四六八	經義一得	徐雲捷	光緒《嘉定縣志》卷二十四
二四六九	安雅堂集	徐雲捷	光緒《嘉定縣志》卷二十七
二四七〇	申江集	徐允哲	嘉慶《松江府志》卷七十二
二四七一	諸子粹語	徐　樟	光緒《嘉定縣志》卷二十六
二四七二	南岡詩鈔	徐　照	光緒《嘉定縣志》卷二十七
二四七三	南洲草堂詩	徐　照	光緒《金山縣志》卷十五
二四七四	朱子要語二十八卷	徐趙昱	嘉慶《松江府志》卷七十二
二四七五	五經公穀傳辨正	徐貞永	嘉慶《松江府志》卷七十二
二四七六	山暉堂稿二卷	徐　振	嘉慶《松江府志》卷七十二

續表

序號	書名	作者	出處
二四七七	思誠齋文稿	徐震	光緒《嘉定縣志》卷二十七
二四七八	瘦紅仙館詩稿	徐鍾瀚	光緒《寶山縣志》卷十二
二四七九	紅餘草	徐仲簣	《歷代婦女著作考》卷十三
二四八〇	臨沚詩文鈔	徐宗仁	光緒《松江府續志》卷三十七
二四八一	穆堂詩集	許寶善	嘉慶《松江府志》卷七十二
二四八二	四書便蒙	許寶善	光緒《松江府續志》卷三十七
二四八三	大雅堂稿	許燦	光緒《寶山縣志》卷十二
二四八四	吟薰閣詩草	許辰珠	光緒《松江府續志》卷三十七
二四八五	南史樂府一卷、盟鷗溪館詩鈔	許春	光緒《嘉定縣志》卷二十七
二四八六	四書辨異	許大達	光緒《嘉定縣志》卷二十四
二四八七	懷音集	許大達	光緒《嘉定縣志》卷二十七

序號	書名	作者	出處
二四八八	五經傳火	許大達	光緒《嘉定縣志》卷二十八
二四八九	滇行東還紀程二卷	許繼曾	嘉慶《松江府志》卷七十二
二四九〇	姓氏備考	許汝梅	光緒《松江府續志》卷三十七
二四九一	三餘齋吟草	許　桐	光緒《嘉定縣志》卷二十七
二四九二	芳訊閣詩鈔	許文煜	光緒《嘉定縣志》卷二十七
二四九三	洗秋軒詞稿二卷	許希冲	光緒《嘉定縣志》卷二十八
二四九四	益竹居稿	許巽行	嘉慶《松江府志》卷七十二
二四九五	青岑詩	許　儀	光緒《嘉定縣志》卷二十七
二四九六	琴畫樓詩鈔	許玉農	光緒《松江府續志》卷三十七
二四九七	客嘐草一卷、次杜草一卷	許之漸	光緒《嘉定縣志》卷二十七
二四九八	左氏提綱十二卷	許自俊	光緒《嘉定縣志》卷二十四

續表

序號	書名	作者	出處
二四九九	讀史偶評、歷游山水記	許自俊	光緒《嘉定縣志》卷二十五
二五〇〇	三通要録	許自俊	光緒《嘉定縣志》卷二十六
二五〇一	鐵硯吟一卷、昔昔吟一卷、籌筆小草、韞齋集	許自俊	光緒《嘉定縣志》卷二十七
二五〇二	敝貂録、司計全書、内外編纂、北征録、了公宗旨、樂府指南	許自俊	光緒《嘉定縣志》卷二十八
二五〇三	疁城輿誦一卷、孝善同聲録	許自俊等	光緒《嘉定縣志》卷二十八
二五〇四	日南雜記	許纘曾	乾隆《婁縣志》卷十二
二五〇五	吴穀人四六文注	宣陳奎	光緒《嘉定縣志》卷二十八
二五〇六	臨江集	宣　藎	光緒《嘉定縣志》卷二十七
二五〇七	醫學心解	宣　坦	光緒《嘉定縣志》卷二十六
二五〇八	婁溪詩文拾遺集	宣坦輯	光緒《嘉定縣志》卷二十八
二五〇九	自怡集	宣　昭	光緒《嘉定縣志》卷二十七

序號	書名	作者	出處
二五一〇	明志堂述訓編、桃硯齋詩文稿	薛鼎銘	光緒《松江府續志》卷三十七
二五一一	養蒙編	薛鼎銘	同治《上海縣志》卷二十七
二五一二	薛氏祕傳二卷	薛　鳳	嘉慶《松江府志》卷七十二
二五一三	五經集説	薛龍光	嘉慶《松江府志》卷七十二
二五一四	算學心悟、觀物偶記、知次録	薛乃疇	光緒《松江府續志》卷三十七
二五一五	春秋傳撏秀十二卷、儀禮津逮	薛日熙	光緒《松江府續志》卷三十七
二五一六	聽鶴軒詩集	薛士林	嘉慶《松江府志》卷七十二
二五一七	玉屏山人詩選	薛韜光	嘉慶《松江府志》卷七十二
二五一八	即是廬詩稿四卷	薛渭璜	光緒《松江府續志》卷三十七
二五一九	僅竹草堂集四卷、得筆齋詩集	顔　績	光緒《嘉定縣志》卷二十七
二五二〇	陋巷瑣談二卷	顔向澐	光緒《嘉定縣志》卷二十六

續表

序號	書名	作者	出處
二五二一	采真集、啖蔗集、投瓢集、干青集、獨繭編、沽哉編、夏峰詩草、洗筆吟、捫腹稿	顔向澐	光緒《嘉定縣志》卷二十七
二五二二	紫雲山房集六卷	顔秀洪	光緒《嘉定縣志》卷二十七
二五二三	顔氏事文輯略十卷、續小名録	顔聿津	光緒《嘉定縣志》卷二十六
二五二四	裛繡山人詩稿四卷	顔聿藻	光緒《嘉定縣志》卷二十七
二五二五	光華集	顔朱焯輯	光緒《寶山縣志》卷十二
二五二六	貽續堂詩集十卷、日庵詩選三卷	顔　鑄	光緒《嘉定縣志》卷二十七
二五二七	畫溪書屋稿	嚴　燦	光緒《寶山縣志》卷十二
二五二八	筠亭詩鈔	嚴朝楨	光緒《寶山縣志》卷十二
二五二九	西愚詩鈔	嚴道濟	光緒《嘉定縣志》卷二十七
二五三〇	松屏雜輯	嚴登陛	光緒《寶山縣志》卷十二
二五三一	嚴靄如詩文集	嚴方來	光緒《嘉定縣志》卷二十七

續表

序號	書名	作者	出處
二五三二	一得編一卷	嚴　昉	光緒《嘉定縣志》卷二十六
二五三三	蘧夢軒詩餘一卷	嚴　昉	光緒《嘉定縣志》卷二十八
二五三四	言志集二卷、歷年雜詠八卷	嚴　恒	光緒《嘉定縣志》卷二十七
二五三五	清暉堂詩草	嚴徽典	光緒《嘉定縣志》卷二十七
二五三六	客瞟詩集二卷	嚴　津	光緒《嘉定縣志》卷二十七
二五三七	野鶴軒詩文稿、亦可居小草	嚴九皋	光緒《寶山縣志》卷十二
二五三八	梅花軒詩集	嚴駿雲	光緒《寶山縣志》卷十二
二五三九	桐江印譜二卷	嚴孔仁	光緒《嘉定縣志》卷二十六
二五四〇	河洛圖書説、海粟樓集	嚴　綿	光緒《寶山縣志》卷十二
二五四一	桐江吟草	嚴　岷	光緒《寶山縣志》卷十二
二五四二	惜陰録三卷	嚴　睦	光緒《嘉定縣志》卷二十七

續表

序號	書名	作者	出處
二五四三	腫軒文集二卷	嚴勤	光緒《嘉定縣志》卷二十七
二五四四	敦禮堂稿、雕蟲小草	嚴鎔	光緒《寶山縣志》卷十二
二五四五	玩波軒文稿	嚴式典	光緒《嘉定縣志》卷二十七
二五四六	梅園吟草三卷、長卿文鈔八卷	嚴天福	光緒《嘉定縣志》卷二十七
二五四七	鳳樓遺稿	嚴文杰	光緒《松江府續志》卷三十七
二五四八	漱泉齋詩鈔二卷	嚴錫寶	光緒《嘉定縣志》卷二十七
二五四九	下槎里志	嚴詒鍾	光緒《寶山縣志》卷十二
二五五〇	春暉堂詩集	嚴貽典	光緒《嘉定縣志》卷二十七
二五五一	下槎雜志	嚴貽鍾	光緒《嘉定縣志》卷二十五
二五五二	鴻音集四卷	嚴翼	光緒《嘉定縣志》卷二十七
二五五三	寅谷文集二卷	嚴嵎	光緒《嘉定縣志》卷二十七

續表

序號	書名	作者	出處
二五五四	一硯齋稿、續雪齋草	嚴鈺	光緒《嘉定縣志》卷二十七
二五五五	闇庵吟草二卷	嚴振英	光緒《嘉定縣志》卷二十七
二五五六	紉蘭草二卷	嚴宗	光緒《嘉定縣志》卷二十七
二五五七	印則十卷、印禪四卷	楊褒	光緒《嘉定縣志》卷二十六
二五五八	夏小正注一卷、禮疑集要四卷、關里見聞録一百二十卷、海隅紀盛録二十卷、婁縣均編録、閑庵詩古文集十二卷、排律詩話	楊秉杷	光緒《松江府續志》卷三十七
二五五九	廣蠶桑説、勸農詩鈔	楊朝鼎	民國《崇明縣志》卷十六
二五六〇	未庵集	楊朝藩	光緒《松江府續志》卷三十七
二五六一	滌山詩	楊朝藩	光緒《金山縣志》卷十五
二五六二	廿一史摘録、蟫鄉雜綴、小兔裘詩鈔	楊臣謌	光緒《寶山縣志》卷十二
二五六三	存案彙編十二卷	楊承烈	光緒《嘉定縣志》卷二十六
二五六四	晚香詩鈔	楊承烈	光緒《嘉定縣志》卷二十七

續表

序號	書名	作者	出處
二五六五	衣香園集	楊斗芬	光緒《松江府續志》卷三十七
二五六六	臨江詩草	楊爾繩	民國《崇明縣志》卷十六
二五六七	翠茗集、寶田詩文集	楊　澧	民國《崇明縣志》卷十六
二五六八	父書樓稿一卷	楊恭人	嘉慶《松江府志》卷七十二
二五六九	養恬書屋詩草	楊顧裔	民國《崇明縣志》卷十六
二五七〇	渦瓜編	楊華留	《歷代婦女著作考》卷十七
二五七一	五弗齋文稿	楊　徽	光緒《松江府續志》卷三十七
二五七二	有懷堂集	楊際亨	光緒《松江府續志》卷三十七
二五七三	史論與參五卷、静怡堂適興編	楊家駒	民國《崇明縣志》卷十六
二五七四	鳧溪小草一卷	楊頡遐	光緒《嘉定縣志》卷二十七
二五七五	補琴室詞集	楊　瑾	光緒《寶山縣志》卷十二

續表

序號	書名	作者	出處
二五七六	西湖雪蓬草一卷	楊濬譽	光緒《嘉定縣志》卷二十七
二五七七	朗峰吟稿	楊開榮	民國《崇明縣志》卷十六
二五七八	南屏詩鈔	楊開泰	民國《崇明縣志》卷十六
二五七九	寶田雜著	楊　澧	民國《崇明縣志》卷十六
二五八〇	周易劄記、毛詩劄記二十卷、三禮臆説、春秋四傳辨疑、四書劄記、律吕指掌圖、觀理編、松陽鈔存	楊履基	光緒《松江府續志》卷三十七
二五八一	尚書劄記、口外山川紀略、鐵齋文集、蘭谷詩草	楊履基	光緒《金山縣志》卷十五
二五八二	東漢補、三國晉宋齊諸史談助、管窺集	楊　湄	民國《崇明縣志》卷十六
二五八三	懷兄集	楊　棨	光緒《寶山縣志》卷十二
二五八四	話語齋法帖跋二卷、書畫跋五卷	楊汝諧	光緒《松江府續志》卷三十七
二五八五	偶隨集	楊瑞貞	《歷代婦女著作考》卷十七
二五八六	三餘自娱草	楊若楫	光緒《寶山縣志》卷十二

續表

序號	書名	作者	出處
二五八七	四勿齋稿	楊三俊	光緒《松江府續志》卷三十七
二五八八	學庸要旨五卷、明古編、楊階六詩稿四卷	楊　升	光緒《松江府續志》卷三十七
二五八九	春陽堂小草	楊時中	光緒《寶山縣志》卷十二
二五九〇	蘭芬閣詩稿	楊　氏	光緒《嘉定縣志》卷二十七
二五九一	西來集二卷	楊世清	光緒《嘉定縣志》卷二十七
二五九二	杜詩筏喻一卷	楊世清	光緒《嘉定縣志》卷二十八
二五九三	紫居山房詩	楊淑英	光緒《嘉定縣志》卷二十七
二五九四	養心十誡	楊天楨	民國《崇明縣志》卷十六
二五九五	春秋論斷十卷、史記論斷四十卷、菁華集	楊王猶	光緒《松江府續志》卷三十七
二五九六	國語論斷十卷	楊王猶	光緒《金山縣志》卷十五
二五九七	清樾堂詩稿一卷	楊維熊	光緒《嘉定縣志》卷二十七

序號	書名	作者	出處
二二五九八	拙修小草、詩餘存稿	楊煒	民國《崇明縣志》卷十六
二二五九九	清夜録	楊錫觀	光緒《松江府續志》卷三十七
二二六〇〇	鵝陽詩集	楊錫珪	光緒《寶山縣志》卷十二
二二六〇一	冰天草、聽雨軒詩草	楊錫恒	嘉慶《松江府志》卷七十二
二二六〇二	生還草	楊錫恒	光緒《金山縣志》卷十五
二二六〇三	口外山川紀略、白適齋文稿	楊錫履	光緒《松江府續志》卷三十七
二二六〇四	冰天草、生還草、聽雨軒詩文集	楊錫履	光緒《婁縣續志》卷十
二二六〇五	習醫心録	楊錫祐	嘉慶《松江府志》卷七十二
二二六〇六	楷庵詩草、塞外草	楊瑄	嘉慶《松江府志》卷七十二
二二六〇七	五經解釋	楊英裕	光緒《重修華亭縣志》卷二十
二二六〇八	五經析疑二十卷	楊應星	光緒《松江府續志》卷三十七

續表

序號	書名	作者	出處
二六〇九	羅經説髓	楊于墀	同治《上海縣志》卷二十七
二六一〇	金石字考	楊裕度	嘉慶《松江府志》卷七十二
二六一一	易經補注四卷	楊肇修	光緒《嘉定縣志》卷二十四
二六一二	詠陶山館詩鈔	楊肇修	光緒《嘉定縣志》卷二十七
二六一三	衡茅贅言	楊　徵	光緒《松江府續志》卷三十七
二六一四	槎溪志三卷	楊志達	光緒《嘉定縣志》卷二十五
二六一五	太上感應篇翼訓	楊志達	光緒《嘉定縣志》卷二十六
二六一六	艾深詩鈔、畫餅詩文集	楊志達	光緒《嘉定縣志》卷二十七
二六一七	學庸直解二卷	楊祖健	光緒《松江府續志》卷三十七
二六一八	石瓠詩文稿	楊　樽	民國《崇明縣志》卷十六
二六一九	瀛洲詩鈔	楊樽選	民國《崇明縣志》卷十六

續表

序號	書名	作者	出處
二六二〇	二鐵山莊詩	姚昌銘	光緒《金山縣志》卷十五
二六二一	吴趨訪古録、留耕堂詩集十二卷	姚承緒	光緒《嘉定縣志》卷二十七
二六二二	楚英詩存不分卷	姚楚英	《歷代婦女著作考》卷十一
二六二三	易傳、姚氏家藏書目、茸城筆記、和陶詩三卷、古文辭類纂續	姚　椿	光緒《松江府續志》卷三十七
二六二四	松樵詩稿	姚法祖	光緒《金山縣志》卷十五
二六二五	琳巖詩草	姚光醔	光緒《寶山縣志》卷十二
二六二六	再生餘事一卷	姚　嫣	光緒《嘉定縣志》卷二十七
二六二七	蘭房廣記十卷	姚嫣俞	光緒《嘉定縣志》卷二十六
二六二八	西江游草	姚　海	光緒《松江府續志》卷三十七
二六二九	尚書節解	姚宏度	光緒《松江府續志》卷三十七
二六三〇	文畫齋詩鈔	姚宏琦	乾隆《婁縣志》卷十二

續表

序號	書名	作者	出處
二六三一	雙松草堂詩草	姚宏森	嘉慶《松江府志》卷七十二
二六三二	谷水文勺三十六卷	姚弘緒	嘉慶《松江府志》卷七十二
二六三三	遲就草、胥浦類稿、十如塾雜鈔	姚弘緒	光緒《金山縣志》卷十五
二六三四	逕草	姚弘緒	光緒《婁縣續志》卷十
二六三五	醫方尊聞	姚　泓	嘉慶《松江府志》卷七十二
二六三六	蓉峰詩鈔六卷、詠史詩二卷	姚　江	光緒《嘉定縣志》卷二十七
二六三七	澹安書塾詩稿	姚景垣	光緒《嘉定縣志》卷二十七
二六三八	容與集、樵棲集	姚静閒	《歷代婦女著作考》卷十二
二六三九	秋堂詩鈔	姚蘭泉	嘉慶《松江府志》卷七十二
二六四〇	秋塘遺稿三卷	姚蘭泉	光緒《松江府續志》卷三十七
二六四一	學庸千聞、學庸入門、寤言雜録	姚　烈	光緒《松江府續志》卷三十七

續表

序號	書名	作者	出處
二六四二	墨仙女史詩存	姚墨仙	《歷代婦女著作考》卷十二
二六四三	金石考六卷	姚念曾	光緒《松江府續志》卷三十七
二六四四	斗室調竽集	姚培和	光緒《婁縣續志》卷十
二六四五	通鑑綱目節鈔六卷	姚培謙	光緒《松江府續志》卷三十七
二六四六	朱子年譜六卷	姚培謙、王永祺	光緒《重修華亭縣志》卷二十
二六四七	緣情草	姚培炎	光緒《松江府續志》卷三十七
二六四八	迪惠堂集	姚培益	嘉慶《松江府志》卷七十二
二六四九	玉屏山館詩稿	姚培詠	光緒《松江府續志》卷三十七
二六五〇	金臺集、蓴鄉集	姚培衷	嘉慶《松江府志》卷七十二
二六五一	樹滋堂稿	姚旂常	光緒《寶山縣志》卷十二
二六五二	三時論三卷、春温秋燥論二卷	姚榮爵	光緒《嘉定縣志》卷二十六

續　表

序號	書名	作者	出處
二六五三	清風室詩	姚三聘	光緒《嘉定縣志》卷二十七
二六五四	北窗初稿、緗雲詩鈔、種月詞	姚尚桂	民國《崇明縣志》卷十六
二六五五	德聚堂稿	姚繩祖	光緒《寶山縣志》卷十二
二六五六	翠羅居詩稿一卷	姚　氏	光緒《嘉定縣志》卷二十七
二六五七	橘堂吟稿	姚廷棣	光緒《嘉定縣志》卷二十七
二六五八	甘白樓詩餘	姚廷棣	光緒《嘉定縣志》卷二十八
二六五九	鐵蕉詞	姚廷瓚	光緒《松江府續志》卷三十七
二六六〇	塵瓻草、耄學集	姚廷瓚	光緒《金山縣志》卷十五
二六六一	卧雲草堂集	姚惟邁	光緒《金山縣志》卷十五
二六六二	次巖遺稿	姚維彤	光緒《寶山縣志》卷十二
二六六三	則古堂詩集	姚　熙	光緒《嘉定縣志》卷二十七

續表

序號	書名	作者	出處
二六六四	簡捷桂方	姚先明	嘉慶《松江府志》卷七十二
二六六五	栖雲館詩稿	姚湘	光緒《松江府續志》卷三十七
二六六六	養浩齋詩文稿	姚熊	光緒《松江府續志》卷三十七
二六六七	林於山房印略	姚壥	光緒《嘉定縣志》卷二十六
二六六八	思庭吟草	姚壥	光緒《嘉定縣志》卷二十七
二六六九	金石韻府	姚堉業	光緒《寶山縣志》卷十二
二六七〇	秋琴閣集	姚允迪	嘉慶《松江府志》卷七十二
二六七一	竹坪詩草	姚瞻洛	光緒《金山縣志》卷十五
二六七二	擊壤吟二卷	葉湑	《青浦續詩傳》卷二
二六七三	涵雅堂稿	葉抱崧	嘉慶《松江府志》卷七十二
二六七四	固庵詩草	葉本	光緒《松江府續志》卷三十七

續表

序號	書名	作者	出處
二六七五	飛鴻小草	葉斌	光緒《嘉定縣志》卷二十七
二六七六	邗游小草四卷	葉長春	光緒《嘉定縣志》卷二十七
二六七七	沂川集、松亭詩集	葉承點	嘉慶《松江府志》卷七十二
二六七八	闕里志略	葉誠	光緒《松江府續志》卷三十七
二六七九	葆光堂稿、四時吟草	葉沖	光緒《嘉定縣志》卷二十七
二六八〇	拂硯齋存稿	葉達	光緒《嘉定縣志》卷二十七
二六八一	紀遊詩稿	葉德明	光緒《松江府續志》卷三十七
二六八二	長笛滄波集	葉棟	光緒《松江府續志》卷三十七
二六八三	硜小齋詩集	葉芳	嘉慶《松江府志》卷七十二
二六八四	内閣小記	葉鳳毛	嘉慶《松江府志》卷七十二
二六八五	指月吟	葉鳳威	《歷代婦女著作考》卷十七

續表

序號	書名	作者	出處
二六八六	屏錦集	葉珪	光緒《松江府續志》卷三十七
二六八七	繡餘草二卷	葉弘湘	光緒《嘉定縣志》卷二十七
二六八八	繡餘詞草二卷	葉宏緗	光緒《嘉定縣志》卷二十八
二六八九	懷青樓稿	葉慧光	嘉慶《松江府志》卷七十二
二六九〇	疏蘭詞	葉慧光	《歷代婦女著作考》卷十七
二六九一	效顰集、安神閨房集	葉金支	《歷代婦女著作考》卷十七
二六九二	馥村詩二卷	葉錦	《青浦續詩傳》卷二
二六九三	葉蘭笙紅林擒館賦鈔	葉蘭笙	光緒《婁縣續志》卷十
二六九四	九梅堂詩文稿	葉夢珠	嘉慶《松江府志》卷七十二
二六九五	十三科指要	葉其臻	嘉慶《松江府志》卷七十二
二六九六	紀年詩草、容齋詩稿	葉榮梓	嘉慶《松江府志》卷七十二

續表

序號	書名	作者	出處
二六九七	竹齋雜著一卷	葉如山	光緒《嘉定縣志》卷二十六
二六九八	醉吟初稿、染香樓雜詠	葉如山	光緒《嘉定縣志》卷二十七
二六九九	步高詩草	葉世超	光緒《嘉定縣志》卷二十七
二七〇〇	繡餘小草	葉世順	光緒《嘉定縣志》卷二十七
二七〇一	愚峰詩草一卷	葉　桐	光緒《松江府續志》卷三十七
二七〇二	玉壺詞	葉尋源	嘉慶《松江府志》卷七十二
二七〇三	史鑰	葉映榴	嘉慶《松江府志》卷七十二
二七〇四	玉壺詩稿	葉永年	嘉慶《松江府志》卷七十二
二七〇五	鼓瑟樓詩鈔	葉魚魚	嘉慶《松江府志》卷七十二
二七〇六	讀史論鈔八卷	葉　昱	光緒《嘉定縣志》卷二十五
二七〇七	聞窗志略	葉　昱	光緒《嘉定縣志》卷二十六

續表

序號	書名	作者	出處
二七〇八	嘉樹園詩文集十二卷	葉昱	光緒《嘉定縣志》卷二十七
二七〇九	陔餘吟草	葉韞芳	同治《上海縣志》卷二十七
二七一〇	閒窗八述、古今文選	葉振龍	光緒《松江府續志》卷三十七
二七一一	朱子家訓注釋一卷	葉振榆	光緒《嘉定縣志》卷二十六
二七一二	婁縣均編要略	佚名	嘉慶《松江府志》卷七十二
二七一三	李公均役全書	佚名	嘉慶《松江府志》卷七十二
二七一四	蘇松浮糧考	佚名	嘉慶《松江府志》卷七十二
二七一五	蘇松財賦考圖	佚名	嘉慶《松江府志》卷七十二
二七一六	聲冤録二卷	佚名	光緒《嘉定縣志》卷二十五
二七一七	余邑侯惠政録	佚名	光緒《嘉定縣志》卷二十五
二七一八	無名氏詩稿一卷	佚名	光緒《嘉定縣志》卷二十七

續表

序號	書名	作者	出處
二七一九	病餘草一卷	佚名	光緒《嘉定縣志》卷二十七
二七二〇	戴德録	佚名	光緒《嘉定縣志》卷二十八
二七二一	光孝集	佚名	光緒《嘉定縣志》卷二十八
二七二二	逸庵主人隨筆偶記	佚名	民國《崇明縣志》卷十六
二七二三	自娱詩草	益泰來	光緒《寶山縣志》卷十二
二七二四	嵎賓詩鈔	殷春溶	民國《崇明縣志》卷十六
二七二五	索解軒詩稿	殷塏	光緒《嘉定縣志》卷二十七
二七二六	瞟詩偶刊、白沙詩存三卷	殷銘輯	光緒《嘉定縣志》卷二十八
二七二七	殷氏二十四帖	殷日車	嘉慶《松江府志》卷七十二
二七二八	耿庵詩稿四卷	殷陞	光緒《嘉定縣志》卷二十七
二七二九	有懷堂詩箋六卷、精華録箋注正誤	殷翊	光緒《嘉定縣志》卷二十八

序號	書名	作者	出處
二七三〇	梧岡詩草	尹聘	光緒《嘉定縣志》卷二十七
二七三一	素心集二卷、山居詩、春花詩	尹奇	光緒《嘉定縣志》卷二十七
二七三二	繡餘草一卷	印白蘭	光緒《嘉定縣志》卷二十七
二七三三	皖江吟稿一卷	印德建	光緒《嘉定縣志》卷二十七
二七三四	柳邨詩集四卷	印德藻	光緒《嘉定縣志》卷二十七
二七三五	話雨吟、補庭吟、碎琴集、鐵城唱和吟	印光任	光緒《寶山縣志》卷十二
二七三六	澳門紀略	印光任、張汝霖	光緒《寶山縣志》卷十二
二七三七	頤堂詩文集、頤堂隨筆	印鴻經	光緒《寶山縣志》卷十二
二七三八	石唯詩文集、吴淞雜識	印鴻緯	光緒《寶山縣志》卷十二
二七三九	桃花庵唱和稿一卷	印瞿柟	光緒《嘉定縣志》卷二十七
二七四〇	鷗天閣集	印康祚	光緒《寶山縣志》卷十二

續表

序號	書名	作者	出處
二七四一	安處廬詩文集	印銘祚	光緒《寶山縣志》卷十二
二七四二	瓿餘集	印天庸	光緒《嘉定縣志》卷二十七
二七四三	聽鄉關小草	印同進	光緒《寶山縣志》卷十二
二七四四	勤補齋詩鈔	印同亮	光緒《寶山縣志》卷十二
二七四五	問雲小草	印同文	光緒《寶山縣志》卷十二
二七四六	松汀文草	印憲曾	光緒《寶山縣志》卷十二
二七四七	沙溪雜詠	應　馮	光緒《寶山縣志》卷十二
二七四八	增益軒草	余　榀	光緒《嘉定縣志》卷二十七
二七四九	桂庭詩鈔、藝菊詩	俞大楷	光緒《嘉定縣志》卷二十七
二七五〇	蕙田詩稿四卷	俞大棠	光緒《嘉定縣志》卷二十七
二七五一	野客閒言	俞嘉客	光緒《嘉定縣志》卷二十六

序號	書名	作者	出處
二七五二	三申草堂集六卷、旅窗近草	俞嘉客	光緒《嘉定縣志》卷二十七
二七五三	醫學慎術	俞　堅	光緒《嘉定縣志》卷二十六
二七五四	西堂偶吟草	俞九滋	光緒《嘉定縣志》卷二十七
二七五五	櫟邨詩稿	俞　禄	光緒《嘉定縣志》卷二十七
二七五六	山園消夏吟一卷	俞　梅	光緒《松江府續志》卷三十七
二七五七	依鏡草	俞　敏	光緒《嘉定縣志》卷二十七
二七五八	孝經本旨、論語反求録	俞　倩	嘉慶《松江府志》卷七十二
二七五九	易書詩解義、春秋劄記、四書明辨録、粹精録	俞　倩	光緒《松江府續志》卷三十七
二七六〇	賜衣樓詩草二卷、題畫詩	俞　榕	光緒《嘉定縣志》卷二十七
二七六一	橋滬集、焚餘集、小江東殉難録	俞時亮	光緒《寶山縣志》卷十二
二七六二	繡餘吟賸稿一卷	俞淑貞	光緒《嘉定縣志》卷二十七

續表

序號	書名	作者	出處
二七六三	猗園草	俞淑貞	《歷代婦女著作考》卷十二
二七六四	俞彤友詩一卷	俞煒	光緒《嘉定縣志》卷二十七
二七六五	寒林夕秀詩	俞煒	光緒《寶山縣志》卷十二
二七六六	地理論	俞顯宗	同治《上海縣志》卷二十七
二七六七	吴睝文鈔五十卷、詩鈔五十卷	俞源	光緒《嘉定縣志》卷二十八
二七六八	廣見編四卷	俞鐘	光緒《嘉定縣志》卷二十六
二七六九	吴睝文徵一百卷、詩徵一百卷	俞鑄	光緒《嘉定縣志》卷二十八
二七七〇	山居雜偈四卷	育賢	光緒《嘉定縣志》卷二十六
二七七一	餐霞遺草	育賢	光緒《嘉定縣志》卷二十七
二七七二	周易本義參五卷	郁淳	民國《崇明縣志》卷十六
二七七三	品蘭居草、小蓬萊館草	郁醇	光緒《嘉定縣志》卷二十七

續表

序號	書名	作者	出處
二七七四	鍼砭指掌四卷	郁漢京	光緒《嘉定縣志》卷二十六
二七七五	醫源三卷、名醫通鑑初弇紀聞	郁漢曙	光緒《嘉定縣志》卷二十六
二七七六	撫松草一卷、補遺一卷	郁鴻德撰	民國《崇明縣志》卷十六
二七七七	竹軒草	郁攀麟	民國《崇明縣志》卷十六
二七七八	問心集	郁　溥	民國《崇明縣志》卷十六
二七七九	硜哉遺詩一卷	郁容撰	民國《崇明縣志》卷十六
二七八〇	井墟集	郁如金	光緒《松江府續志》卷三十七
二七八一	外科證治金鏡録	郁士魁	光緒《嘉定縣志》卷二十六
二七八二	加編録	郁所學	光緒《嘉定縣志》卷二十五
二七八三	寫懷集一卷、續集一卷、補遺一卷	郁　臺	民國《崇明縣志》卷十六
二七八四	周正探源、讀經偶解、一輪堂詩文集	郁廷桂	民國《崇明縣志》卷十六

續表

序號	書名	作者	出處
二七八五	洞陽鐵板	郁廷鈞	光緒《嘉定縣志》卷二十六
二七八六	瀛遊草一卷、首齋近稿一卷、與閒堂近草一卷	郁以振	民國《崇明縣志》卷十六
二七八七	樵風晚唱	郁振	光緒《金山縣志》卷十五
二七八八	完玉堂集	元璟	嘉慶《松江府志》卷七十二
二七八九	龍山老人行脚記事一卷	元晳	光緒《嘉定縣志》卷二十五
二七九〇	推拿要訣、診治闢源	袁大坻	光緒《松江府續志》卷三十七
二七九一	奏雲堂詩鈔	袁戴錫	嘉慶《松江府志》卷七十二
二七九二	嘉興府志	袁國梓	光緒《松江府續志》卷三十七
二七九三	奏雲堂駢文	袁涵	光緒《松江府續志》卷三十七
二七九四	周易奥義八卷、春秋傳注三十卷	袁顥	光緒《嘉定縣志》卷二十四
二七九五	袁氏家訓、痘疹全書	袁顥	光緒《嘉定縣志》卷二十六

續表

序號	書名	作者	出處
二七九六	主德録、庭闈雜録一卷	袁　顥	光緒《嘉定縣志》卷二十八
二七九七	永著堂詩文集	袁　和	光緒《松江府續志》卷三十七
二七九八	鷦鷯集、柳枝唱和詞	袁　堅	光緒《寶山縣志》卷十二
二七九九	紉蘭詩集二卷	袁　潔	光緒《嘉定縣志》卷二十七
二八〇〇	延緑軒吟稿	袁夢桂	民國《崇明縣志》卷十六
二八〇一	榕莊詩鈔	袁　鳴	民國《崇明縣志》卷十六
二八〇二	咏香集	袁淑娟	《歷代婦女著作考》卷十三
二八〇三	荆香閣詩	袁王惠	民國《崇明縣志》卷十六
二八〇四	學吟稿七卷	袁以介	光緒《松江府續志》卷三十七
二八〇五	見聞厖記	袁載錫	嘉慶《松江府志》卷七十二
二八〇六	奏雲堂詩鈔	袁載錫	《明清江蘇文人年表》康熙四十八年條

續表

序號	書名	作者	出處
二八〇七	漱瑛樓遺稿	袁之琥	光緒《寶山縣志》卷十二
二八〇八	少漁詩鈔	袁之瓚	光緒《寶山縣志》卷十二
二八〇九	四書要達	袁終彩	民國《崇明縣志》卷十六
二八一〇	續南翔寺文録	筠齋編	光緒《嘉定縣志》卷二十八
二八一一	海隅雜志	曾王孟	光緒《松江府續志》卷三十七
二八一二	乙酉筆記四卷	曾羽王	光緒《松江府續志》卷三十七
二八一三	弢庵詩鈔一卷	曾　煜	光緒《嘉定縣志》卷二十七
二八一四	弢庵詞一卷	曾　煜	光緒《嘉定縣志》卷二十八
二八一五	樂英堂集十卷	張安茂	嘉慶《松江府志》卷七十二
二八一六	尊秋堂詩	張安茂	《青浦詩傳》卷十六
二八一七	洣山堂稿	張寶鎔	嘉慶《松江府志》卷七十二

續表

序號	書名	作者	出處
二八一八	荻涇吟草	張丙麒	光緒《寶山縣志》卷十二
二八一九	中庸精義、西銘圖論	張昺	嘉慶《松江府志》卷七十二
二八二〇	運氣指掌	張伯元	民國《崇明縣志》卷十六
二八二一	太山遺稿一卷	張沼	光緒《嘉定縣志》卷二十七
二八二二	漱芬軒詩鈔	張超	光緒《松江府續志》卷三十七
二八二三	白沙四孝廉存稿	張朝桂	光緒《寶山縣志》卷十二
二八二四	盧浦莊稿	張宸	嘉慶《松江府志》卷七十二
二八二五	使粵草、北征草	張宸	同治《上海縣志》卷二十七
二八二六	燕翼堂集十卷、問窗偶吟一卷、陸舟賸稿	張陳典	光緒《嘉定縣志》卷二十七
二八二七	韓昌黎編年詩集詮釋九卷、年譜一卷	張陳典	光緒《嘉定縣志》卷二十八
二八二八	周易心參、醫學心參、萬竹居集	張成	嘉慶《松江府志》卷七十二

續表

序號	書名	作者	出處
二八二九	直庵偶存草	張承梅	光緒《嘉定縣志》卷二十七
二八三〇	筆麈四卷	張承詩	光緒《嘉定縣志》卷二十六
二八三一	釣珊瑚莊詩文鈔六卷	張承先	光緒《嘉定縣志》卷二十七
二八三二	敦夙堂詩稿	張承頤	光緒《松江府續志》卷三十七
二八三三	花信日記	張　珵	光緒《嘉定縣志》卷二十五
二八三四	未園詩草二卷	張　珵	光緒《嘉定縣志》卷二十七
二八三五	秋水道人草	張誠之	光緒《寶山縣志》卷十二
二八三六	秋崖題畫詩	張崇桂	《歷代婦女著作考》卷十四
二八三七	賑荒事宜一卷、棲流條議一卷	張崇傃	光緒《嘉定縣志》卷二十五
二八三八	醫論	張崇傃	光緒《嘉定縣志》卷二十六
二八三九	覆甕吟、張氏十世詩鈔	張崇懿	光緒《松江府續志》卷三十七

續表

序號	書名	作者	出處
二八四〇	繡餘草	張傳	《歷代婦女著作考》卷十四
二八四一	先進科名考、峰泖入泮録	張從龍	同治《上海縣志》卷二十七
二八四二	採風録一卷	張大純	光緒《嘉定縣志》卷二十七
二八四三	三吴采風類記十卷、百城煙水	張大純	民國《崇明縣志》卷十六
二八四四	南匯張氏世譜	張大經	嘉慶《松江府志》卷七十二
二八四五	清溪集	張大受	光緒《嘉定縣志》卷二十七
二八四六	侣蛩遺音	張大受	光緒《嘉定縣志》卷二十八
二八四七	平蕪館雅集詩二卷	張大有編	光緒《嘉定縣志》卷二十八
二八四八	玉燕巢印萃	張澮	光緒《松江府續志》卷三十七
二八四九	治法删補、東沙詩鈔	張禱	光緒《寶山縣志》卷十二
二八五〇	詩經解頤、周禮箋、儀禮箋、松南詩鈔	張德純	嘉慶《松江府志》卷七十二

續表

序號	書名	作者	出處
二八五一	小西山房吟稿、訥齋吟稿	張德純	光緒《寶山縣志》卷十二
二八五二	訥齋吟稿二卷	張德醇	光緒《嘉定縣志》卷二十七
二八五三	泗濱詩草	張甸英	光緒《寶山縣志》卷十二
二八五四	雙清堂集	張端木	嘉慶《松江府志》卷七十二
二八五五	千字文詁、西林志略、紺珠室隨筆	張端木	光緒《松江府續志》卷三十七
二八五六	芙蓉亭勦說、東湖後筆、陶朱山館詩文集、影香居詩稿	張端木	同治《上海縣志》卷二十七
二八五七	静敬山房古文	張敦宗	光緒《松江府續志》卷三十七
二八五八	葩經心得	張敦宗	光緒《金山縣志》卷十五
二八五九	撫貴録	張鶚翼	光緒《松江府續志》卷三十七
二八六〇	禹貢注疏	張　璠	光緒《寶山縣志》卷十二
二八六一	巽言擬存四卷	張　昉	光緒《嘉定縣志》卷二十七

續表

序號	書名	作者	出處
二八六二	詩最分編	張昉輯	光緒《嘉定縣志》卷二十八
二八六三	寶田詩鈔	張鳳孫	嘉慶《松江府志》卷七十二
二八六四	庚寅雜集一卷	張孚施	光緒《嘉定縣志》卷二十七
二八六五	石壁遺稿	張傅鈺	光緒《松江府續志》卷三十七
二八六六	也吟草一卷	張復初	民國《崇明縣志》卷十六
二八六七	曇影集一卷	張淦	光緒《嘉定縣志》卷二十七
二八六八	南河事宜説略二卷、嘉定濬河條議一卷	張耿光	光緒《嘉定縣志》卷二十五
二八六九	種蓮居詩集四卷	張耿光	光緒《嘉定縣志》卷二十七
二八七〇	檀翟集、檀園稿	張宫	嘉慶《松江府志》卷七十二
二八七一	槃廬雜識	張宫	《國朝松江詩鈔》卷三
二八七二	宿雲軒詞稿一卷	張光	光緒《嘉定縣志》卷二十八

續表

序號	書名	作者	出處
二八七三	見心嘯集	張國藩	光緒《寶山縣志》卷十二
二八七四	四書講義、硯山緒餘録、學游偶記	張涵	光緒《寶山縣志》卷十二
二八七五	珊洲醫案、醫學六經彙粹	張翰	同治《上海縣志》卷二十七
二八七六	養梧書屋詩集七卷、養梧書屋文集五卷	張浩	光緒《嘉定縣志》卷二十七
二八七七	小春水山房稿	張灝	光緒《嘉定縣志》卷二十七
二八七八	續練雅二卷	張灝	光緒《嘉定縣志》卷二十八
二八七九	象川詩稿	張灝	民國《崇明縣志》卷十六
二八八〇	閑存堂詩文集	張禾銓	嘉慶《松江府志》卷七十二
二八八一	紫蓋山房集	張翮	嘉慶《松江府志》卷七十二
二八八二	明儒林録十九卷	張恒	嘉慶《松江府志》卷七十二
二八八三	蜕庵草二卷、心齋集	張宏	光緒《嘉定縣志》卷二十七

續表

序號	書名	作者	出處
二八八四	浦志隨筆	張宏緒	光緒《寶山縣志》卷十二
二八八五	桐花集	張宏祚	光緒《松江府續志》卷三十七
二八八六	鳳嘯軒集	張　鋐	嘉慶《松江府志》卷七十二
二八八七	枕中近體一卷、南州草一卷、彝門草一卷、北征謡一卷、湘遊篇一卷、後湘遊篇一卷、續湘遊篇一卷、西洲合譜一卷、西樓詩稿、一品會疊韻詩、賣鶴詩、雪泥集	張鴻磐	光緒《嘉定縣志》卷二十七
二八八八	宜雨軒稿	張鴻生	光緒《嘉定縣志》卷二十七
二八八九	緑雪館詞稿	張鴻卓	光緒《松江府續志》卷三十七
二八九〇	希姓彙補	張奐曾	嘉慶《松江府志》卷七十二
二八九一	小壺天詩鈔	張輝祖	民國《崇明縣志》卷十六
二八九二	家祭禮儀	張　彙	乾隆《婁縣志》卷十二
二八九三	周易探微三卷、毛詩會意五卷、四書質疑、静敬山齋顧問	張　慧	光緒《松江府續志》卷三十七

續表

序號	書名	作者	出處
二八九四	生香閣詩草	張慧娟	《歷代婦女著作考》卷十四
二八九五	張少司馬奏疏一卷、燕臺集	張　集	嘉慶《松江府志》卷七十二
二八九六	愛日堂詩稿、恩蘆詩集	張　集	乾隆《婁縣志》卷十二
二八九七	存笥稿	張　集	同治《上海縣志》卷二十七
二八九八	概庵詩稿六卷、和程詩	張　紀	光緒《嘉定縣志》卷二十七
二八九九	細林山人吟草	張紀宗	《青浦續詩傳》卷二
二九〇〇	晚香堂稿	張佳緒	光緒《嘉定縣志》卷二十七
二九〇一	延月軒稿	張家榮	光緒《嘉定縣志》卷二十七
二九〇二	蘋花水閣詩鈔	張家焱	光緒《松江府續志》卷三十七
二九〇三	庸行述聞三卷	張家震	光緒《嘉定縣志》卷二十六
二九〇四	曼陀羅館詩詞鈔	張家鼐	光緒《松江府續志》卷三十七

續表

序號	書名	作者	出處
二九〇五	緼真詩草	張簡	光緒《嘉定縣志》卷二十七
二九〇六	三夢草	張簡	光緒《寶山縣志》卷十二
二九〇七	萬花樓詩鈔	張介	嘉慶《松江府志》卷七十二
二九〇八	孔門出妻事辨	張玠	光緒《松江府續志》卷三十七
二九〇九	寶穡堂藏書	張金	光緒《松江府續志》卷三十七
二九一〇	恂齋學吟草	張金鑑	光緒《嘉定縣志》卷二十七
二九一一	雪香書屋吟草	張瑾	《歷代婦女著作考》卷十四
二九一二	蘚石山房詩存	張進	光緒《松江府續志》卷三十七
二九一三	學吟草一卷	張覲光	光緒《嘉定縣志》卷二十七
二九一四	清閨集	張静	嘉慶《松江府志》卷七十二
二九一五	南田山人集	張迥	光緒《嘉定縣志》卷二十七

續表

序號	書名	作者	出處
二九一六	影園近稿	張侃	光緒《嘉定縣志》卷二十八
二九一七	研鈍齋詩稿四卷	張鏗華	光緒《嘉定縣志》卷二十七
二九一八	百花小詠	張揆方	光緒《寶山縣志》卷十二
二九一九	書禮釋要	張立方	光緒《寶山縣志》卷十二
二九二〇	易經臆解、禮記采輯	張立綱	光緒《嘉定縣志》卷二十四
二九二一	明史蠡見	張立綱	光緒《嘉定縣志》卷二十五
二九二二	見聞雜記	張立綱	光緒《嘉定縣志》卷二十六
二九二三	偶存稿、慎終集	張立綱	光緒《嘉定縣志》卷二十七
二九二四	進簣山房詩鈔三卷	張連	光緒《嘉定縣志》卷二十七
二九二五	耦耕堂集	張林鋒	乾隆《婁縣志》卷十二
二九二六	陸舟居詩稿二卷、賦稿二卷、鶴銜堂詩集	張令俣	光緒《嘉定縣志》卷二十七

續表

序號	書名	作者	出處
二九二七	墨莊詩稿	張懋信	光緒《松江府續志》卷三十七
二九二八	寶禊堂詩文集	張夢喈	嘉慶《松江府志》卷七十二
二九二九	竹隱詩稿四卷	張　謚	光緒《嘉定縣志》卷二十七
二九三〇	駃雨閣詩稿五卷、東樂軒詩鈔二卷、紫庭詩草一册、梨花掩門集三卷、題畫詩一卷	張　銘	光緒《嘉定縣志》卷二十七
二九三一	林香居吟草八卷	張南心	光緒《嘉定縣志》卷二十七
二九三二	子静草	張　寧	嘉慶《松江府志》卷七十二
二九三三	穀滋堂詩集五卷	張凝元	光緒《嘉定縣志》卷二十七
二九三四	潭柘寺志六卷	張鵬翀	光緒《嘉定縣志》卷二十五
二九三五	敬齋日録六卷	張鵬翀	光緒《嘉定縣志》卷二十六
二九三六	賜詩賡和集六卷、一斗集一卷、雙清閣文鈔八卷、擬表一卷	張鵬翀	光緒《嘉定縣志》卷二十七
二九三七	二家詩選八卷	張鵬翀編	光緒《嘉定縣志》卷二十八

續表

序號	書名	作者	出處
二九三八	柴門小草、花信録	張鵬翼	光緒《寶山縣志》卷十二
二九三九	容光集	張其煒	光緒《金山縣志》卷十五
二九四〇	張啓先詩集六卷	張奇裔	光緒《嘉定縣志》卷二十七
二九四一	黏窗稿	張　歧	光緒《嘉定縣志》卷二十七
二九四二	覺非集	張祈虞	光緒《寶山縣志》卷十二
二九四三	冠花樓小草	張淇謨	光緒《嘉定縣志》卷二十七
二九四四	存玉堂集、釣灘集	張起麟	嘉慶《松江府志》卷七十二
二九四五	石道人詩卷	張起鵬	光緒《松江府續志》卷三十七
二九四六	懶吟窩詩鈔	張起元撰	民國《崇明縣志》卷十六
二九四七	醉石吟草	張欽明	光緒《嘉定縣志》卷二十七
二九四八	瓿餘詩草二卷	張欽銘	光緒《嘉定縣志》卷二十七

續表

序號	書名	作者	出處
二九四九	尚書集要八卷	張慶孫	光緒《嘉定縣志》卷二十四
二九五〇	侣蛩齋詩稿八卷	張慶孫	光緒《嘉定縣志》卷二十七
二九五一	我鳴草一卷	張慶祖	民國《崇明縣志》卷十六
二九五二	畫論	張衢鑪	光緒《松江府續志》卷三十七
二九五三	益齋集	張　溶	乾隆《婁縣志》卷十二
二九五四	清河家乘	張　榮	光緒《松江府續志》卷三十七
二九五五	吴浙水利一卷、水利論三卷	張榮傣	光緒《嘉定縣志》卷二十五
二九五六	繡餘草	張汝傳	嘉慶《松江府志》卷七十二
二九五七	養和書屋詩草	張汝鈖	光緒《寶山縣志》卷十二
二九五八	雨齋吟草	張汝霖	光緒《嘉定縣志》卷二十七
二九五九	林吟稿	張汝遇	《青浦續詩傳》卷二

續表

序號	書名	作者	出處
二九六〇	醉墨堂集	張三秀	光緒《松江府續志》卷三十七
二九六一	炙香集一卷	張上慧	光緒《嘉定縣志》卷二十七
二九六二	集唐紀年詩一卷	張紹懿	嘉慶《松江府志》卷七十二
二九六三	麗雪軒詩詞	張　深	光緒《松江府續志》卷三十七
二九六四	得真趣齋詩二卷	張聲駿	光緒《松江府續志》卷三十七
二九六五	傳書記	張師顥	光緒《寶山縣志》卷十二
二九六六	孝友堂詩集二卷、文集六卷	張　詩	光緒《嘉定縣志》卷二十七
二九六七	樵雲草	張石民	民國《崇明縣志》卷十六
二九六八	秋山小草一卷近草一卷補遺一卷、春樹唱酬集、繭仙詩、稷存草	張士琦	光緒《嘉定縣志》卷二十七
二九六九	張氏一家言十册	張士琦	民國《崇明縣志》卷十六
二九七〇	繡餘草	張　氏	光緒《嘉定縣志》卷二十七

續表

序號	書名	作者	出處
二九七一	南樓近詠	張世昌	光緒《嘉定縣志》卷二十七
二九七二	招鶴樓稿、秦遊草	張世定	嘉慶《松江府志》卷七十二
二九七三	檀園近稿	張世源	光緒《松江府續志》卷三十七
二九七四	古今文選	張仕遇	光緒《松江府續志》卷三十七
二九七五	春水軒詩草	張式慎	光緒《嘉定縣志》卷二十七
二九七六	離珠集、槐陰草	張　守	嘉慶《松江府志》卷七十二
二九七七	易象略	張受祺	嘉慶《松江府志》卷七十二
二九七八	小窗雜詠	張書紳	光緒《寶山縣志》卷十二
二九七九	鷗閒閣印譜	張思纘	光緒《寶山縣志》卷十二
二九八〇	田間草堂集	張　宿	光緒《松江府續志》卷三十七
二九八一	卜筮舉隅	張綏宗	光緒《松江府續志》卷三十七

續表

序號	書名	作者	出處
二九八二	千秋一覽、藝苑英華	張燧	嘉慶《松江府志》卷七十二
二九八三	雞冠譜、萬竹山居詞	張燧	光緒《松江府續志》卷三十七
二九八四	三影集、梅花詩	張燧	光緒《寶山縣志》卷十二
二九八五	惰農叢稿、隴上吟	張泰	光緒《寶山縣志》卷十二
二九八六	漁隱吟草	張泰源	光緒《松江府續志》卷三十七
二九八七	奕蘭吟草	張泰源	同治《上海縣志》卷二十七
二九八八	自怡集	張濤	光緒《嘉定縣志》卷二十七
二九八九	東田詩稿	張廷榮	光緒《松江府續志》卷三十七
二九九〇	自箴語、小華萼集	張屯	《歷代婦女著作考》卷十四
二九九一	易道入門	張屯	嘉慶《松江府志》卷七十二
二九九二	效顰集	張婉	《歷代婦女著作考》卷十四

續表

序號	書名	作者	出處
二九九三	紅蘭館吟草	張王淮	光緒《寶山縣志》卷十二
二九九四	鳳溪詩稿一卷	張王錫	光緒《松江府續志》卷三十七
二九九五	易辨四卷	張王政	民國《崇明縣志》卷十六
二九九六	文餘吟草	張爲健	光緒《寶山縣志》卷十二
二九九七	㵿畊家言、真如徵、中書燕語、賾隱叢書	張爲金	光緒《寶山縣志》卷十二
二九九八	傳心	張維勳	同治《上海縣志》卷二十七
二九九九	觀我齋古文選、唐詩彙選	張維岳	光緒《松江府續志》卷三十七
三〇〇〇	芝瓢詩草三卷	張　煒	光緒《嘉定縣志》卷二十七
三〇〇一	萬竹軒稿	張位中	嘉慶《松江府志》卷七十二
三〇〇二	覆瓿初刻	張霨錦	光緒《嘉定縣志》卷二十七
三〇〇三	易機	張文燦	光緒《寶山縣志》卷十二

續表

序號	書名	作者	出處
三〇〇四	夢餘草堂詩集四卷	張文鍔	光緒《嘉定縣志》卷二十七
三〇〇五	梅竹吾廬稿	張文浦	光緒《嘉定縣志》卷二十七
三〇〇六	東南水利編四卷	張文洤	光緒《嘉定縣志》卷二十五
三〇〇七	文集八卷、小品四卷、寫心編二十四卷	張文洤	光緒《嘉定縣志》卷二十七
三〇〇八	先世清芬可誦録二卷	張文洤	光緒《嘉定縣志》卷二十八
三〇〇九	百硯樓詩	張文淑	光緒《嘉定縣志》卷二十七
三〇一〇	置筒稿、春帆印存	張文湛	光緒《寶山縣志》卷十二
三〇一一	吟詩草一卷	張務實	民國《崇明縣志》卷十六
三〇一二	轂存草	張　熙	光緒《松江府續志》卷三十七
三〇一三	曇花閣詞	張熙純	光緒《松江府續志》卷三十七
三〇一四	葯洲詩集	張錫德	光緒《松江府續志》卷三十七

續表

序號	書名	作者	出處
三〇二一五	只聞録六卷	張錫爵	光緒《嘉定縣志》卷二十六
三〇二一六	鈍間文鈔二十卷、寒笋集十二卷、晚盥廬文鈔	張錫爵	光緒《嘉定縣志》卷二十七
三〇二一七	唐宋三家詩選、二妙集	張錫爵編	光緒《嘉定縣志》卷二十八
三〇二一八	張子近言、南歸稿、涉江稿、慢遊稿、嘯閣餘聲集	張錫懌	嘉慶《松江府志》卷七十二
三〇二一九	漫游隨筆	張錫懌	光緒《松江府續志》卷三十七
三〇二二〇	麗矚軒詩草	張　憲	嘉慶《松江府志》卷七十二
三〇二二一	傳硯齋集	張　憲	《明清江蘇文人年表》康熙二十年條
三〇二二二	譜游草	張孝昌	乾隆《婁縣志》卷十二
三〇二二三	吟香集	張孝泉	嘉慶《松江府志》卷七十二
三〇二二四	退鋪齋詩文鈔	張孝泉	光緒《婁縣續志》卷十
三〇二二五	恒齋詩鈔	張孝煜	光緒《松江府續志》卷三十七

續表

序號	書名	作者	出處
三〇二六	畏軒詩草	張燮之	光緒《嘉定縣志》卷二十七
三〇二七	肅堂詩鈔	張欣告	光緒《寶山縣志》卷十二
三〇二八	南塘張氏族譜、住春園詩稿	張星會	光緒《松江府續志》卷三十七
三〇二九	寶襖軒詩存	張興載	嘉慶《松江府志》卷七十二
三〇三〇	悔齋日乘、清泉縣志二卷、南嶽游記一卷、陪祀舜陵記一卷、溪州官牘四卷	張修府	光緒《嘉定縣志》卷二十五
三〇三一	悔齋詩存八卷	張修府	光緒《嘉定縣志》卷二十七
三〇三二	傳硯齋麗矚軒詩集	張　軒	同治《上海縣志》卷二十七
三〇三三	百川吟稿三卷、詩餘一卷	張學海	光緒《嘉定縣志》卷二十七
三〇三四	夢花草廬吟、餘偶集	張學裴	光緒《嘉定縣志》卷二十七
三〇三五	邑獻雜志四卷	張彦曾	光緒《嘉定縣志》卷二十五
三〇三六	更名考一卷、更氏考一卷	張彦曾	光緒《嘉定縣志》卷二十六

續表

序號	書名	作者	出處
三〇三七	農間庵詩鈔四卷	張彥曾	光緒《嘉定縣志》卷二十七
三〇三八	野廬集	張一鵠	《明清江蘇文人年表》順治七年條
三〇三九	毛詩釋疑八卷、崇明田賦考一卷、邑乘補正二卷、增修太倉志六十四卷、自訂年譜、海門廳志稿、南園雜綴八卷、觀海樓詩十二卷、觀海樓古文八卷	張詒	民國《崇明縣志》卷十六
三〇四〇	北垞詩集	張詒清	光緒《寶山縣志》卷十二
三〇四一	碁譜	張以嵦	光緒《松江府續志》卷三十七
三〇四二	醫方論解、林蒨醫案	張以愷	同治《上海縣志》卷二十七
三〇四三	學吟草	張易	光緒《嘉定縣志》卷二十七
三〇四四	方瓢詩草	張懿	光緒《嘉定縣志》卷二十七
三〇四五	方瓢小㦸一卷	張懿實輯	光緒《嘉定縣志》卷二十八
三〇四六	晴雪堂文集	張锳	光緒《松江府續志》卷三十七

續表

序號	書名	作者	出處
三〇四七	橫經草堂文集、手花齋詩集	張應時	光緒《松江府續志》卷三十七
三〇四八	麟經解	張　鏞	民國《崇明縣志》卷十六
三〇四九	閑存堂詩文集	張永銓	同治《上海縣志》卷二十七
三〇五〇	芝軒稿	張永言	光緒《松江府續志》卷三十七
三〇五一	燼餘草	張泳撰	民國《崇明縣志》卷十六
三〇五二	天嬾真集	張　用	乾隆《婁縣志》卷十二
三〇五三	繭舫雜詠	張有猷	光緒《嘉定縣志》卷二十七
三〇五四	得樹樓稿	張玉珍	嘉慶《松江府志》卷七十二
三〇五五	晚香居詩稿	張玉珍	光緒《婁縣續志》卷十
三〇五六	有懷堂詩集	張　煜	嘉慶《松江府志》卷七十二
三〇五七	唐詩選句圖、文苑拾香	張　煜	光緒《松江府續志》卷三十七

續表

序號	書名	作者	出處
三〇五八	抒懷集、京洛集	張煜	同治《上海縣志》卷二十七
三〇五九	南帆集	張豫章	嘉慶《松江府志》卷七十二
三〇六〇	燕臺雜録	張淵	光緒《松江府續志》卷三十七
三〇六一	臨流草堂集、雒鷗詞	張淵懿	嘉慶《松江府志》卷七十二
三〇六二	地理指南	張元治	光緒《寶山縣志》卷十二
三〇六三	石香詩草	張月芬	《歷代婦女著作考》卷十四
三〇六四	賜歸錦堂詩草	張昀	嘉慶《松江府志》卷七十二
三〇六五	三餘館稿、記曾録	張雲從	光緒《寶山縣志》卷十二
三〇六六	南化紀聞、慤齋詩鈔	張雲蔚	光緒《寶山縣志》卷十二
三〇六七	南北史摘要二十卷	張雲章	光緒《嘉定縣志》卷二十五
三〇六八	地理辨正、元空大五行真訣	張雲章	光緒《嘉定縣志》卷二十六

續表

序號	書名	作者	出處
三〇六九	詠南北史詩、燕台贈别集	張雲章	光緒《嘉定縣志》卷二十七
三〇七〇	南北史增注、八家文評、文選評釋、五家詩評	張雲章	光緒《寶山縣志》卷十二
三〇七一	北田唱和詩	張雲章、張鵬翀	光緒《嘉定縣志》卷二十八
三〇七二	聽春雨樓詩稿四卷、賦稿一卷	張允武	光緒《嘉定縣志》卷二十七
三〇七三	敬業堂集箋注五十卷	張允武	光緒《嘉定縣志》卷二十八
三〇七四	蔽竹山房詩稿一卷	張在簡	光緒《松江府續志》卷三十七
三〇七五	舟山雜記	張在宥	光緒《松江府續志》卷三十七
三〇七六	遠堂詩鈔	張　藻	嘉慶《松江府志》卷七十二
三〇七七	懷古堂集、天香閣草	張澤瑊	嘉慶《松江府志》卷七十二
三〇七八	喁噞集、滇海從親集、芳草齋集	張澤嫈	嘉慶《松江府志》卷七十二
三〇七九	西山草	張澤緒	嘉慶《松江府志》卷七十二

續表

序號	書名	作者	出處
三〇八〇	尚志居詩文稿	張澤緒	光緒《婁縣續志》卷十
三〇八一	紅餘集	張昭	《歷代婦女著作考》卷十四
三〇八二	史記觀要二十二卷	張兆炎	光緒《松江府續志》卷三十七
三〇八三	瞟士鈔、夢希樓草	張兆育	光緒《寶山縣志》卷十二
三〇八四	張氏一家言	張禎等	光緒《嘉定縣志》卷二十八
三〇八五	大吉祥室遺稿	張振凡	光緒《松江府續志》卷三十七
三〇八六	臨江都小志二卷	張震高	光緒《嘉定縣志》卷二十五
三〇八七	東敷筆記、東敷詩文鈔	張震生	光緒《寶山縣志》卷十二
三〇八八	自澹軒吟稿	張枝	光緒《嘉定縣志》卷二十七
三〇八九	南樓詩稿一卷	張志和	光緒《嘉定縣志》卷二十七
三〇九〇	師石山房詩稿	張致陶	光緒《寶山縣志》卷十二

續表

序號	書名	作者	出處
三〇九一	通山吟稿	張忠當	嘉慶《松江府志》卷七十二
三〇九二	嫩真詩集八卷	張舟天	嘉慶《松江府志》卷七十二
三〇九三	方輿新鈔	張朱梅	光緒《松江府續志》卷三十七
三〇九四	峨嵋仙館詩集三卷、八千里游詩稿一卷、游西山詩一卷、重游西山詩一卷	章實連	光緒《嘉定縣志》卷二十七
三〇九五	賓月樓詞集三卷、和白石詞一卷	章實蓮	光緒《嘉定縣志》卷二十八
三〇九六	閩游日記一卷	章實遵	光緒《嘉定縣志》卷二十五
三〇九七	紹亭詩鈔四卷	章繼緒	光緒《松江府續志》卷三十七
三〇九八	禮安堂集十六卷	章駿菜	光緒《嘉定縣志》卷二十七
三〇九九	石香樓印存	章駿葉	光緒《嘉定縣志》卷二十六
三一〇〇	谷水舊聞	章鳴鶴	光緒《松江府續志》卷三十七
三一〇一	金湄詩草	章秋駕	光緒《松江府續志》卷三十七

續表

序號	書名	作者	出處
三一〇二	春暉堂古泉譜	章盛葉	光緒《嘉定縣志》卷二十六
三一〇三	周易述異五卷、論語鄭氏注疏證一卷	章樹經	光緒《嘉定縣志》卷二十四
三一〇四	半緑軒集	章　旭	乾隆《婁縣志》卷十二
三一〇五	焚餘草	章有泓	《歷代婦女著作考》卷十四
三一〇六	禮説四十卷	章有謨	光緒《松江府續志》卷三十七
三一〇七	禮記説約三十卷	章有謨	《明清江蘇文人年表》康熙三十二年條
三一〇八	淑清遺草一卷	章有渭	光緒《嘉定縣志》卷二十七
三一〇九	淇園集	章有渭	《歷代婦女著作考》卷十四
三一一〇	寒碧詞	章有嫻	《歷代婦女著作考》卷十四
三一一一	澄心堂集、望雲草、再生集	章有湘	嘉慶《松江府志》卷七十二
三一一二	一瓢集	章有豫	光緒《松江府續志》卷三十七

續表

序號	書名	作者	出處
三一一三	課餘叢考	章霑恩	光緒《嘉定縣志》卷二十六
三一一四	寄情草三卷	趙璧	光緒《嘉定縣志》卷二十七
三一一五	卯君初稿	趙秉淵	嘉慶《松江府志》卷七十二
三一一六	太乙命法增注	趙炳融	嘉慶《松江府志》卷七十二
三一一七	小紺寒亭詩草	趙宬	光緒《嘉定縣志》卷二十七
三一一八	橘香詩鈔二卷	趙大樸	光緒《松江府續志》卷三十七
三一一九	松存草一卷	趙蕚	光緒《嘉定縣志》卷二十七
三一二〇	濾月軒初續集四卷、文集一卷	趙棻	光緒《松江府續志》卷三十七
三一二一	印沙詩鈔一卷	趙黼榮	光緒《嘉定縣志》卷二十七
三一二二	鹿樵詩草一卷	趙桂芳	光緒《嘉定縣志》卷二十七
三一二三	古藤軒雜録八卷、虛古詩鈔二卷、小游仙詩一卷、古藤軒詩八卷	趙國榮	光緒《嘉定縣志》卷二十六

續表

序號	書名	作者	出處
三一二四	雲間人文	趙翰	乾隆《婁縣志》卷十二
三一二五	采香詞一卷	趙虹	光緒《嘉定縣志》卷二十八
三一二六	閒窗自寄集、雨樓酬唱集	趙家玉	光緒《嘉定縣志》卷二十七
三一二七	寧遠堂存稿四卷	趙景曾	光緒《嘉定縣志》卷二十七
三一二八	桐軒集二卷	趙鏡	光緒《嘉定縣志》卷二十七
三一二九	栩閣雜録	趙克聲	光緒《嘉定縣志》卷二十六
三一三〇	哲庵詩稿、寶書樓文集	趙克聲	光緒《嘉定縣志》卷二十七
三一三一	商山集六卷	趙録	光緒《嘉定縣志》卷二十七
三一三二	如舟日記三十二卷	趙銘	光緒《嘉定縣志》卷二十五
三一三三	如舟亭文集八卷、詩集十二卷	趙銘	光緒《嘉定縣志》卷二十七
三一三四	念慈西瑶草堂合鈔	趙念祖	乾隆《婁縣志》卷十二

續表

序號	書名	作者	出處
三一三五	周易精解六卷	趙丕烈	光緒《嘉定縣志》卷二十四
三一三六	雪擕齋詩集六卷、江上吟一卷、詠物詩八卷、悼雨吟一卷、雪擕文集、水桃集一卷	趙丕烈	光緒《嘉定縣志》卷二十七
三一三七	晴川詩選	趙紳	光緒《松江府續志》卷三十七
三一三八	虞庵雜吟	趙士弢	光緒《松江府續志》卷三十七
三一三九	甜老詩文稿	趙世鼎	光緒《嘉定縣志》卷二十七
三一四〇	魚?莊吟稿四卷	趙書	光緒《嘉定縣志》卷二十七
三一四一	緘齋遺稿四卷	趙天延	嘉慶《松江府志》卷七十二
三一四二	三元地理真傳	趙文鳴	同治《上海縣志》卷二十七
三一四三	群經識小録四卷	趙文哲	光緒《松江府續志》卷三十七
三一四四	嫏雅堂詞集	趙文喆	嘉慶《松江府志》卷七十二
三一四五	雍正乙巳嘉定縣志補編五卷	趙向奎、秦立	光緒《嘉定縣志》卷二十五

續表

序號	書名	作者	出處
三一四六	夏小正輯注	趙曉榮	光緒《嘉定縣志》卷二十四
三一四七	三國闡微二卷、南北史宰相表二卷、宋史宰相表二卷、歷代帝王紀略二卷、疁城獻録、石岡文獻録二卷	趙曉榮	光緒《嘉定縣志》卷二十五
三一四八	經史摘訛十八卷、甲子紀元二卷二卷、巢讙録見四十卷、古今同姓名録四卷	趙曉榮	光緒《嘉定縣志》卷二十六
三一四九	劚古詩鈔十二卷、雪攜齋駢體文八卷、苕岑集二卷、木瓜集二卷	趙曉榮	光緒《嘉定縣志》卷二十七
三一五〇	郇雲詞一卷	趙曉榮	光緒《嘉定縣志》卷二十八
三一五一	愛日堂詩鈔	趙應驤	光緒《寶山縣志》卷十二
三一五二	月庵集	趙　永	光緒《嘉定縣志》卷二十七
三一五三	治陶紀實一卷	趙　俞	光緒《嘉定縣志》卷二十五
三一五四	寓疁詩鈔一卷	趙　澐	光緒《嘉定縣志》卷二十七
三一五五	春秋分類編	趙曾裕	光緒《松江府續志》卷三十七

續表

序號	書名	作者	出處
三一五六	半眉詩	趙子瞻	嘉慶《松江府志》卷七十二
三一五七	趙半眉詞一卷	趙子瞻	光緒《松江府續志》卷三十七
三一五八	撫春閣集	鄭燦	光緒《嘉定縣志》卷二十七
三一五九	瀼西詩草八卷	鄭道寧	光緒《嘉定縣志》卷二十七
三一六〇	古人詩選十四卷、今人詩選十八卷	鄭道寧輯	光緒《嘉定縣志》卷二十八
三一六一	凝翠閣文稿二卷、滇游紀略、燕游雜稿、采蘭堂詩稿	鄭覲袞	光緒《嘉定縣志》卷二十七
三一六二	丁辛閣草	鄭瑛	光緒《松江府續志》卷三十七
三一六三	日涉園小稿	支氏	嘉慶《松江府志》卷七十二
三一六四	邵陽小草	支氏	同治《上海縣志》卷二十七
三一六五	拈來草、九峰草、驪珠詩、持梵雅集	智操	光緒《嘉定縣志》卷二十七
三一六六	方外英華	智操編	光緒《嘉定縣志》卷二十八

續表

序號	書名	作者	出處
三一六七	慧香林稿	智選	光緒《嘉定縣志》卷二十七
三一六八	觀香堂詩鈔	鍾晉	嘉慶《松江府志》卷七十二
三一六九	古香室詩稿	鍾其慶	光緒《寶山縣志》卷十二
三一七〇	窨花書屋遺稿	鍾泰	光緒《寶山縣志》卷十二
三一七一	餐霞詩稿	鍾文標	光緒《寶山縣志》卷十二
三一七二	紅蘭草堂詩草	鍾文明	嘉慶《松江府志》卷七十二
三一七三	戴溪存稿	鍾翼雲	光緒《嘉定縣志》卷二十七
三一七四	梅閣詩草	鐘期賚	嘉慶《松江府志》卷七十二
三一七五	黔陬雜志、竺國紀游、頌詩堂筆記二卷	周靄聯	光緒《松江府續志》卷三十七
三一七六	竺國紀游	周靄聯	光緒《金山縣志》卷十五
三一七七	冰蠶集	周寶田	光緒《寶山縣志》卷十二

續表

序號	書名	作者	出處
三一七八	平園詩稿二卷	周陳俶	光緒《嘉定縣志》卷二十七
三一七九	谷懷詩鈔	周大受	民國《崇明縣志》卷十六
三一八〇	醫學大全	周大勳	光緒《嘉定縣志》卷二十六
三一八一	禹貢簡注一卷	周　岱	光緒《嘉定縣志》卷二十四
三一八二	茗菴詩草	周　鼎	《國朝海上詩鈔》卷五
三一八三	住春園詩	周　鐸	光緒《松江府續志》卷三十七
三一八四	負骨歸葬記	周芳容	光緒《重修華亭縣志》卷二十
三一八五	金澤志六卷	周鳳池	光緒《松江府續志》卷三十七
三一八六	西樵古今體詩	周　翰	光緒《松江府續志》卷三十七
三一八七	芝巖詩鈔二卷	周　顥	光緒《嘉定縣志》卷二十七
三一八八	漁山稿	周吉士	嘉慶《松江府志》卷七十二

續表

序號	書名	作者	出處
三一八九	南堂學詩鈔	周吉士	光緒《松江府續志》卷三十七
三一九〇	周氏族譜	周金然	光緒《松江府續志》卷三十七
三一九一	華蕚堂詩草	周楷	光緒《松江府續志》卷三十七
三一九二	静觀樓印言	周魯	光緒《松江府續志》卷三十七
三一九三	守章日志、瑣言、芝石堂文稿	周綸	光緒《松江府續志》卷三十七
三一九四	周鷹垂詩集	周綸	乾隆《華亭縣志》卷十五
三一九五	環山集	周綸	光緒《婁縣續志》卷十
三一九六	其慎集	周南	民國《崇明縣志》卷十六
三一九七	旌節里周氏世譜	周泮	同治《上海縣志》卷二十七
三一九八	還讀書堂稿	周其楙	光緒《嘉定縣志》卷二十七
三一九九	友硯齋學吟稿	周其慤	光緒《嘉定縣志》卷二十七

續表

序號	書名	作者	出處
三三〇〇	二雲山人稿	周其永	光緒《松江府續志》卷三十七
三三〇一	紀耕編、東茭詩鈔	周起	光緒《嘉定縣志》卷二十七
三三〇二	拾遺寄蝸草、藕絲集、歸與集、燕游日記	周起	光緒《寶山縣志》卷十二
三三〇三	竹岡詩鈔	周洽	嘉慶《松江府志》卷七十二
三三〇四	擁書閣集	周洽	《明清江蘇文人年表》康熙二十三年條
三三〇五	蘭祕草堂集、椒圃新詞、白石山人詞稿	周銓	嘉慶《松江府志》卷七十二
三三〇六	映古堂小稿、梧臺閏集、繡竹山房草、淮南秋風辭、漫興草、晚崧夢語、春帆吟	周銓	同治《上海縣志》卷二十七
三三〇七	藿園吟草	周人玉	光緒《嘉定縣志》卷二十七
三三〇八	薝香小草一卷、梅顛一卷草、蝸廬詩鈔十卷	周若霖	光緒《嘉定縣志》卷二十七
三三〇九	春也堂詩餘四卷	周若霖	光緒《嘉定縣志》卷二十八

續表

序號	書名	作者	出處
三三一〇	山舟堂集十二卷	周士彬	嘉慶《松江府志》卷七十二
三三一一	春秋述志録、巽風詩草	周士堂	光緒《松江府續志》卷三十七
三三一二	樵唱軒稿	周望	嘉慶《松江府志》卷七十二
三三一三	有秋堂前後集	周渭	嘉慶《松江府志》卷七十二
三三一四	百幻詩一卷	周渭	光緒《松江府續志》卷三十七
三三一五	汝南畫稿	周蔚山	光緒《松江府續志》卷三十七
三三一六	心逸居詩文稿一卷	周文黎	光緒《嘉定縣志》卷二十七
三三一七	小月巖齋詩集三卷	周文棨	光緒《嘉定縣志》卷二十七
三三一八	四書斷	周心屺	嘉慶《松江府志》卷七十二
三三一九	讀易斷疑	周心屺	光緒《松江府續志》卷三十七
三三二〇	遥集齋集	周纁	光緒《松江府續志》卷三十七

續表

序號	書名	作者	出處
三二二一	蓼蟲吟草二卷	周巽儀	光緒《嘉定縣志》卷二十七
三二二二	大方醫案	周堯載	同治《上海縣志》卷二十七
三二二三	澹庵醫測十二卷	周儀鳳	光緒《嘉定縣志》卷二十六
三二二四	且蘭集四卷四卷、鳴玉溪集	周彝	同治《上海縣志》卷二十七
三二二五	藝蘭齋雜録	周庸	光緒《嘉定縣志》卷二十七
三二二六	養珠語録	周詠昭	嘉慶《松江府志》卷七十二
三二二七	讀禮考略、金史紀事本末、六朝事跡增補、歷代官制沿革考、蕢洲館集	周郁濱	光緒《松江府續志》卷三十七
三二二八	賓雲仙館詩鈔	周兆魚	光緒《寶山縣志》卷十二
三二二九	寄邨草一卷、客游草一卷	周正	光緒《嘉定縣志》卷二十七
三二三〇	金石類考	周之錦	光緒《嘉定縣志》卷二十五
三二三一	素侯詩稿一卷	周芝	光緒《嘉定縣志》卷二十七

序號	書名	作者	出處
三一三二	容居堂詩詞四六	周稚廉	嘉慶《松江府志》卷七十二
三一三三	蜀漢書	周篆	嘉慶《松江府志》卷七十二
三一三四	草亭集	周篆	光緒《松江府續志》卷三十七
三一三五	草亭詩説一卷	周篆	《明清江蘇文人年表》康熙三十年條
三一三六	恥亭遺書十卷	周宗濂	嘉慶《松江府志》卷七十二
三一三七	周禮節要	周宗濂	光緒《松江府續志》卷三十七
三一三八	困勉録	周宗濂	光緒《金山縣志》卷十五
三一三九	四書參解二十卷	周宗泰	光緒《嘉定縣志》卷二十四
三一四〇	含一齋稿	周宗泰	光緒《嘉定縣志》卷二十七
三一四一	少厓偶存稿	周祖庚	光緒《嘉定縣志》卷二十七
三一四二	尋聲詩鈔	朱班	光緒《寶山縣志》卷十二

續表

序號	書名	作者	出處
三二四三	課餘雜志	朱昌基	光緒《嘉定縣志》卷二十六
三二四四	朱氏族譜六卷	朱朝棟	同治《上海縣志》卷二十七
三二四五	寄條吟	朱承禧	光緒《寶山縣志》卷十二
三二四六	蕙堂詩鈔	朱春生	光緒《嘉定縣志》卷二十七
三二四七	讀書堂詩文集、古華樓吟草	朱春生	光緒《嘉定縣志》卷二十七
三二四八	江南風雅三卷	朱春生、趙曉榮同輯	光緒《嘉定縣志》卷二十八
三二四九	韓詩存、三家詩拾遺、經字異同集證四卷、國語賈注輯、堯典中星考、月令中星考	朱大韶	光緒《松江府續志》卷三十七
三二五〇	地理郡邑志	朱大韶	光緒《婁縣續志》卷十
三二五一	實事求是之齋雜著	朱大韶	光緒《婁縣續志》卷十
三二五二	于岡詩鈔	朱丹彩	光緒《嘉定縣志》卷二十七

續表

序號	書名	作者	出處
三三五三	樸崖集	朱道載	光緒《寶山縣志》卷十二
三三五四	洗鏡室詩集、東溪漁唱、北窗囈語	朱燾	光緒《寶山縣志》卷十二
三三五五	凝齋囈概	朱鼎	光緒《寶山縣志》卷十二
三三五六	自怡集	朱鼎玉	光緒《松江府續志》卷三十七
三三五七	二白詞	朱棟	光緒《松江府續志》卷三十七
三三五八	金石書畫題跋	朱蕃	光緒《寶山縣志》卷十二
三三五九	四書集解見心録	朱璠	光緒《嘉定縣志》卷二十四
三三六〇	瘍醫探源論	朱費元	光緒《松江府續志》卷三十七
三三六一	晚甘堂詩鈔	朱甘澍	光緒《松江府續志》卷三十七
三三六二	愛秋詩稿	朱庚	光緒《松江府續志》卷三十七
三三六三	周易玩辭十二卷、周易觀象二卷、毛詩箋注二卷、春秋四傳纂要、四書發明四卷	朱瀚	光緒《嘉定縣志》卷二十四

續表

序號	書名	作者	出處
三二六四	左史發明四卷	朱瀚	光緒《嘉定縣志》卷二十五
三二六五	性理發明二卷、語録四卷、小學章義、道德經注一卷、感應略解	朱瀚	光緒《嘉定縣志》卷二十六
三二六六	莊騷合評一卷、韓柳歐蘇箋注四卷、詩話二卷	朱瀚	光緒《嘉定縣志》卷二十八
三二六七	中庸懸談、頌古一卷、雜語一卷	朱瀚	光緒《嘉定縣志》卷二十八
三二六八	竹中吟稿	朱珩	光緒《嘉定縣志》卷二十七
三二六九	朱宣平遺詩一卷	朱泓	光緒《嘉定縣志》卷二十七
三二七〇	閑存堂集	朱厚生	光緒《嘉定縣志》卷二十七
三二七一	五經疏略	朱厚章	光緒《嘉定縣志》卷二十四
三二七二	考古圖説	朱厚章	光緒《嘉定縣志》卷二十六
三二七三	藻庭集、閑存堂集	朱厚章	光緒《嘉定縣志》卷二十七
三二七四	義山詩注	朱厚章	光緒《嘉定縣志》卷二十八

續表

序號	書名	作者	出處
三三一七五	岡西吟草五卷	朱桓	光緒《嘉定縣志》卷二十七
三三一七六	四書啓蒙、岡西古文	朱桓	光緒《寶山縣志》卷十二
三三一七七	青霞堂集	朱際	嘉慶《松江府志》卷七十二
三三一七八	玉山詩稿	朱繼翀	光緒《寶山縣志》卷十二
三三一七九	芝圃詩鈔	朱繼歐	光緒《寶山縣志》卷十二
三三一八〇	孝義贈言	朱漸儀	光緒《寶山縣志》卷十二
三三一八一	静觀樓稿	朱鑑	嘉慶《松江府志》卷七十二
三三一八二	古文評注遍覽	朱鑒	光緒《松江府續志》卷三十七
三三一八三	日槎吟稿	朱江霞	光緒《寶山縣志》卷十二
三三一八四	古榴山房詩鈔	朱玠	光緒《嘉定縣志》卷二十七
三三一八五	藜照堂集	朱錦	嘉慶《松江府志》卷七十二

續表

序號	書名	作者	出處
三三一八六	梅圃詩鈔十卷、吟香堂稿、韻勝齋稿	朱錦生	光緒《嘉定縣志》卷二十七
三三一八七	淡琴吟草	朱坤溥	光緒《嘉定縣志》卷二十七
三三一八八	朱里志	朱履升	光緒《松江府續志》卷三十七
三三一八九	樵隱稿、蘧廬稿	朱履升	光緒《金山縣志》卷十五
三三一九〇	省庵吟草	朱履泰	光緒《嘉定縣志》卷二十七
三三一九一	紉蘭書屋文集二卷、紀恩詩一卷	朱掄英	光緒《嘉定縣志》卷二十七
三三一九二	鹿樵生稿三卷	朱　昴	光緒《嘉定縣志》卷二十七
三三一九三	歷朝詩選十二卷	朱　昴	光緒《嘉定縣志》卷二十八
三三一九四	蕉窗詩草三卷	朱　湄	光緒《嘉定縣志》卷二十七
三三一九五	面浦樓遺稿	朱　穆	嘉慶《松江府志》卷七十二
三三一九六	九章算術細草、測圓海鏡細草	朱培榮	光緒《嘉定縣志》卷二十六

續表

序號	書名	作者	出處
三二九七	天翼堂集、解陶録一卷	朱奇穎	光緒《嘉定縣志》卷二十七
三二九八	歲寒行樂詩一卷一卷	朱奇穎輯	光緒《嘉定縣志》卷二十八
三二九九	聽雪廬詩稿	朱淇	嘉慶《松江府志》卷七十二
三三〇〇	夢圃雜稿四卷、東岡草堂詩稿	朱樵	光緒《嘉定縣志》卷二十七
三三〇一	地理通説	朱清榮	嘉慶《松江府志》卷七十二
三三〇二	補注袪疑説、祖洲詩稿	朱清榮	光緒《松江府續志》卷三十七
三三〇三	茹古集、映雪齋詩鈔	朱慶昌	光緒《寶山縣志》卷十二
三三〇四	鶴沙稿、魯遊稿、南華稿	朱慶長	嘉慶《松江府志》卷七十二
三三〇五	天球遺稿一卷	朱球	《歷代婦女著作考》卷八
三三〇六	蘧廬集	朱溶	嘉慶《松江府志》卷七十二
三三〇七	漢詩解、隱逸録、忠義録	朱溶	《明清江蘇文人年表》康熙二十五年條

續表

序號	書名	作者	出處
三三〇八	竺香吟稿	朱　榮	光緒《寶山縣志》卷十二
三三〇九	浣花窩詩稿	朱紹鳳	嘉慶《松江府志》卷七十二
三三一〇	朱御史疏議	朱紹鳳	光緒《松江府續志》卷三十七
三三一一	卧雪廬吟草、浣花吟草	朱時中	光緒《嘉定縣志》卷二十七
三三一二	傷寒一得四卷	朱世銓	光緒《嘉定縣志》卷二十六
三三一三	硯華堂詩草	朱樹基	光緒《嘉定縣志》卷二十七
三三一四	邁庵詩稿十七卷	朱　碩	光緒《嘉定縣志》卷二十七
三三一五	寄間齋雜志	朱　淞	光緒《嘉定縣志》卷二十六
三三一六	壽芝堂詩文鈔	朱　淞	光緒《嘉定縣志》卷二十七
三三一七	漢上吟稿	朱天翔	光緒《松江府續志》卷三十七
三三一八	貽穀堂詩稿	朱天瑛	光緒《松江府續志》卷三十七

續表

序號	書名	作者	出處
三三一九	學庸闡微録五卷	朱廷	光緒《嘉定縣志》卷二十四
三三二〇	唾餘集	朱廷鑑	光緒《松江府續志》卷三十七
三三二一	四書參愚三十卷	朱廷琦	光緒《松江府續志》卷三十七
三三二二	邵廬詩鈔	朱廷選	光緒《嘉定縣志》卷二十七
三三二三	筠陽小草	朱廷瑜	民國《崇明縣志》卷十六
三三二四	樂耕草堂詩稿	朱廷芝	光緒《金山縣志》卷十五
三三二五	存仁草	朱同穎	光緒《松江府續志》卷三十七
三三二六	春秋萃要四卷	朱瑋	光緒《嘉定縣志》卷二十四
三三二七	歷代史論	朱偉	光緒《嘉定縣志》卷二十五
三三二八	因寄山房印存二卷、近瑟齋雜鈔四卷、拾燼録	朱瑋	光緒《嘉定縣志》卷二十六
三三二九	寄軒吟稿二卷、洞庭游草一卷、槎上吟一卷、焚餘集一卷、拾燼録一卷	朱瑋	光緒《嘉定縣志》卷二十七

續表

序號	書名	作者	出處
三三三〇	蒔香書塾詩文鈔	朱位行	嘉慶《松江府志》卷七十二
三三三一	錦池吟稿	朱文洽	光緒《嘉定縣志》卷二十七
三三三二	旦華樓草	朱文毓	光緒《松江府續志》卷三十七
三三三三	釀花居詩餘	朱希紱	光緒《松江府續志》卷三十七
三三三四	鶴墅堂集、詠史詩三百首	朱霞	嘉慶《松江府志》卷七十二
三三三五	敬亭詩草二卷	朱祥發	光緒《嘉定縣志》卷二十七
三三三六	游記	朱旭	光緒《嘉定縣志》卷二十五
三三三七	美堂吟稿、越吟草	朱勳	光緒《嘉定縣志》卷二十七
三三三八	蕉蔭山房集	朱延寶	光緒《寶山縣志》卷十二
三三三九	交山堂集	朱衍	嘉慶《松江府志》卷七十二
三三四〇	四泉詩草	朱掞	光緒《嘉定縣志》卷二十七

續表

序號	書名	作者	出處
三三四一	藜閣侍者稿	朱詒禄	光緒《寶山縣志》卷十二
三三四二	聽蕉山館詩鈔、洗心居詩	朱　英	光緒《松江府續志》卷三十七
三三四三	播遷日記、倒鴛鴦、醉揚州、鬧烏江	朱　英	《明清江蘇文人年表》順治七年條
三三四四	若吶齋詩稿	朱用章	光緒《嘉定縣志》卷二十七
三三四五	春秋左傳地理徵二十卷、左氏傳解誼三十卷	朱右曾	光緒《嘉定縣志》卷二十四
三三四六	漢書郡國志補充校	朱右曾	光緒《嘉定縣志》卷二十五
三三四七	穆行堂隨筆三卷、春暉軒古文四卷、吟草附詩餘八卷	朱右曾	光緒《嘉定縣志》卷二十六
三三四八	歷代遺民録七卷、東塘日劄一卷、吴謬文獻、哀貞記略一卷	朱于素	光緒《嘉定縣志》卷二十五
三三四九	雪岩集、百尺樓遺草	朱與琮	光緒《松江府續志》卷三十七
三三五〇	梅亭草	朱與謙	光緒《松江府續志》卷三十七

續表

序號	書名	作者	出處
三三五一	古詩源注、敦復堂詩稿	朱堉	光緒《寶山縣志》卷十二
三三五二	適情集、梅花詩	朱煜文	光緒《嘉定縣志》卷二十七
三三五三	醉餘吟草	朱垣	光緒《嘉定縣志》卷二十七
三三五四	毛詩補義、春秋職官略十六卷、四書舊文考證三十六卷、孝經舊文考證二卷、説文解字捷法一卷	朱曰佩	光緒《嘉定縣志》卷二十四
三三五五	越絶書二卷、古刻叢鈔文字考略二卷	朱曰佩	光緒《嘉定縣志》卷二十五
三三五六	元包文字考略一卷、碧雲居叢説十六卷續六卷、甕牖間評正誤二卷	朱曰佩	光緒《嘉定縣志》卷二十六
三三五七	錢門初集十卷續集十二卷、碧雲居詩稿	朱曰佩	光緒《嘉定縣志》卷二十七
三三五八	幽香書屋吟草	朱岳	光緒《嘉定縣志》卷二十七
三三五九	僅存草	朱韞	光緒《嘉定縣志》卷二十七
三三六〇	西江雜述、岑峒瑣言、西江雜述	朱在鎬	嘉慶《松江府志》卷七十二

續表

序號	書名	作者	出處
三三六一	西江雜草、岑洞瑣言	朱在鎬	光緒《松江府續志》卷三十七
三三六二	拜石老人集、師柳堂雜録	朱在鎬	《明清江蘇文人年表》康熙二十九年條
三三六三	洛浦齋集	朱在廷	嘉慶《松江府志》卷七十二
三三六四	細論集、皋蘭集	朱　鎮	嘉慶《松江府志》卷七十二
三三六五	二仲居詩草	朱　錚	嘉慶《松江府志》卷七十二
三三六六	東岡唱和集	朱之稼	光緒《嘉定縣志》卷二十七
三三六七	東村詩略六卷	朱之樸	嘉慶《松江府志》卷七十二
三三六八	朱魯玉稿	朱之璵	光緒《嘉定縣志》卷二十七
三三六九	醫方採粹四卷	朱　柱	光緒《嘉定縣志》卷二十六
三三七〇	封禺集一卷、銀陽集一卷	朱子素	光緒《嘉定縣志》卷二十七

續表

序號	書名	作者	出處
三三七一	和陶詩稿	朱宇魚	光緒《嘉定縣志》卷二十七
三三七二	跗庵詩文稿	朱組纓	光緒《嘉定縣志》卷二十七
三三七三	遺山先生年譜二卷、溉亭先生年譜二卷	諸成璧	光緒《嘉定縣志》卷二十五
三三七四	味閒老人詩文存一卷	諸成璧	光緒《嘉定縣志》卷二十七
三三七五	元遺山詩注三十卷	諸成璧	光緒《嘉定縣志》卷二十八
三三七六	桑梓見聞録四卷	諸成琮	光緒《嘉定縣志》卷二十五
三三七七	詩序彙説十二卷	諸成璋	光緒《嘉定縣志》卷二十四
三三七八	重校淮南子天文訓補注彙記一卷	諸成璋	光緒《嘉定縣志》卷二十六
三三七九	長寶齋集	諸　聯	光緒《松江府續志》卷三十七
三三八〇	北枝堂詩稿	諸慶源	乾隆《婁縣志》卷十二
三三八一	春秋釋地五卷	諸人勳	光緒《嘉定縣志》卷二十四

續表

序號	書名	作者	出處
三三八二	尚書異文二卷	諸仁燾	光緒《嘉定縣志》卷二十四
三三八三	論語述二十卷	諸仁煦	光緒《嘉定縣志》卷二十四
三三八四	慎齋詩草六卷	諸仁煦	光緒《嘉定縣志》卷二十七
三三八五	後漢書三公補表一卷、後漢書諸侯王世系補表三卷	諸仁勳	光緒《嘉定縣志》卷二十五
三三八六	嘯雪齋稿一卷、海上集一卷	諸仁勳	光緒《嘉定縣志》卷二十七
三三八七	孔宅志六卷	諸紹禹	嘉慶《松江府志》卷七十二
三三八八	勤齊考道録一卷、遷改圖説三卷、制行篇一卷、一簣録一卷	諸士儼	光緒《嘉定縣志》卷二十六
三三八九	勤齋詩鈔三卷	諸士儼	光緒《嘉定縣志》卷二十七
三三九〇	東岡詩集四卷	諸士儼	光緒《嘉定縣志》卷二十八
三三九一	九峰志、九峰集、谿上吟	諸嗣郢	嘉慶《松江府志》卷七十二
三三九二	唐節度使表補八卷	諸廷槐	光緒《嘉定縣志》卷二十五

續表

序號	書名	作者	出處
三三九三	嘯雪齋詩集六卷、文集四卷	諸廷槐	光緒《嘉定縣志》卷二十七
三三九四	周易講義	諸雪	光緒《松江府續志》卷三十七
三三九五	四書廣義、説文述略	諸王衡	光緒《嘉定縣志》卷二十四
三三九六	國朝盛異録二卷、前輩風流習察編四卷	諸玉衡	光緒《嘉定縣志》卷二十五
三三九七	西廬浪墨、經史劄記十六卷	諸玉衡	光緒《嘉定縣志》卷二十六
三三九八	四書纂要	諸原仁	光緒《松江府續志》卷三十七
三三九九	頓邱詩稿	諸雲	光緒《松江府續志》卷三十七
三四〇〇	瑯嬛室詩稿	諸章	光緒《松江府續志》卷三十七
三四〇一	固堂詩稿	諸自穀	嘉慶《松江府志》卷七十二
三四〇二	琴溪詩稿	諸祖均	光緒《松江府續志》卷三十七
三四〇三	毅庵集	祝愷	光緒《嘉定縣志》卷二十七

序號	書名	作者	出處
三四〇四	禹貢水道考二卷、詩經通解二十八卷、詩經附録一卷、詩經授受一卷、孝經疏四卷、聖績彙函二卷、聖門弟子考二卷、傳經諸子考一卷、省身輯要、錢譜二卷、衛生鴻寶四卷、玉函廣義二十八卷、地理匯參四十卷、蒙養詩鈔十卷、韻語鐸詩林模範八卷	祝　勤	民國《崇明縣志》卷十六
三四〇五	詠絮閣紅餘草	祝希湛	《歷代婦女著作考》卷十三
三四〇六	積小齋詩草	祝湘珩	民國《崇明縣志》卷十六
三四〇七	翦水山房詩鈔	莊　燾	嘉慶《松江府志》卷七十二
三四〇八	藥裹偶賸稿	莊東來	光緒《嘉定縣志》卷二十七
三四〇九	叢悔齋詩文稿十二卷	莊東暘	光緒《嘉定縣志》卷二十七
三四一〇	叢悔齋倚聲稿	莊東暘	光緒《嘉定縣志》卷二十八
三四一一	曼衍集十卷、覺人古文稿三卷、大衍集一卷、倚櫂吟二卷	莊爾保	光緒《嘉定縣志》卷二十七

續表

序號	書名	作者	出處
三四一二	逍遥子倚聲草二卷、金華詩鈔	莊爾保	光緒《嘉定縣志》卷二十八
三四一三	丈石軒學吟稿二卷	莊爾昌	光緒《嘉定縣志》卷二十七
三四一四	西郙詩鈔	莊　莅	光緒《嘉定縣志》卷二十七
三四一五	讀史偶吟四卷、融羅竹枝詞二卷、伊犂雜詠一卷	莊　銓	光緒《嘉定縣志》卷二十七
三四一六	斯亦軒詩鈔	莊　伸	光緒《松江府續志》卷三十七
三四一七	吴詩集覽刊誤、唐賢三味集補注、宋詩集評、增輯陳黄門集、夏考公集	莊師洛	光緒《婁縣續志》卷十
三四一八	澹仙吟	莊　氏	《歷代婦女著作考》卷十五
三四一九	醇香草堂小草二卷	莊　威	光緒《嘉定縣志》卷二十七
三四二〇	秋水山館吟稿	莊　曦	光緒《嘉定縣志》卷二十七
三四二一	過庵詩	莊　雅	光緒《嘉定縣志》卷二十七
三四二二	澹遠樓題畫詩一卷	莊伊齡	光緒《嘉定縣志》卷二十七

續表

序號	書名	作者	出處
三四二三	知無録、集桐集、西湖遊草	莊以臨	光緒《寶山縣志》卷十二
三四二四	澮園詩草	莊永言	嘉慶《松江府志》卷七十二
三四二五	西堂詩稿二十篇	莊永祚	嘉慶《松江府志》卷七十二
三四二六	醫案	莊永祚	光緒《松江府續志》卷三十七
三四二七	莊貞女遺詩一卷	莊玉清	光緒《嘉定縣志》卷二十七
三四二八	漱塘詩稿一卷一卷	裝式夏	光緒《嘉定縣志》卷二十七
三四二九	雪萌草	宗安	光緒《嘉定縣志》卷二十七
三四三〇	載之遺詩一卷一卷	宗乘	光緒《嘉定縣志》卷二十七
三四三一	西林小草	宗道	光緒《嘉定縣志》卷二十七
三四三二	南軒小草	宗潢	光緒《寶山縣志》卷十二
三四三三	歸詠軒稿	宗其儀	光緒《嘉定縣志》卷二十七

續表

序號	書名	作者	出處
三四三四	挑燈賸語	鄒大鎔	光緒《松江府續志》卷三十七
三四三五	字備二十四卷	鄒華藻	光緒《松江府續志》卷三十七
三四三六	樂來堂詩	鄒澐颸	光緒《松江府續志》卷三十七
三四三七	鶴巢詩稿	鄒忠榮	光緒《松江府續志》卷三十七
三四三八	翥南集、豔秋室詩稿	左師相	光緒《寶山縣志》卷十二

附録

一、叢書版本

編號	叢書名	輯撰者	版本	館藏地
一	八家詩選	吴之振	清康熙十一年州錢吴氏鑑古堂刻本	國圖　北大　中科院　復旦　天津
二	八史經籍志	[日]口口	清光緒九年鎮海張壽榮刻本	國圖　首都　北大　上圖　復旦
三	百名家詞鈔	聶先、曾王孫	清金閶緑蔭堂刻本（存五十八種五十八卷）	國圖
四	百名家詩鈔	聶　先	清康熙間刻本	國圖
五	百一廬金石叢書	陳乃乾	民國十年海寧陳氏景印本	國圖　首都　北大　上圖　復旦
六	拜梅山房几上書		清道光十六年刻本	國圖　首都　北大　遼寧　甘肅
七	丙子叢編	趙詒琛、王大隆	民國二十五年排印本	國圖　首都　北大　上圖　復旦

續表

編號	叢書名	輯撰者	版本	館藏地
八	藏修堂叢書	劉晚榮	清光緒十六年新會劉氏藏修書屋刻本	國圖　中科院　北大　清華　南圖
九	茶書七種		清抄本	山東
一〇	孱守齋所編年譜五種	錢大昕	清嘉慶中嘉興郡齋刻本	國圖　清華　上圖　上海師大　蘇州
一一	倡和詩餘		清順治刻本	國圖
一二	陳修園醫書二十八種	陳念祖	清光緒二十九年錦章書局石印本	南京中醫大
			清光緒三十年日新書局石印本	揚州　廣東
			清末石印本	南圖
一三	陳修園醫書七十種	陳念祖	清宣統元年上海廣雅啓新書局石印本	哈爾濱*　齊齊哈爾
一四	陳修園醫書三十種	陳念祖	清光緒十八年上海圖書集成印書局石印本	雲南
			清光緒二十九年文寶琳記石印本	江西中醫

續表

編號	叢書名	輯撰者	版本	館藏地
一四	陳修園醫書三十種	陳念祖	清光緒二十九年上海書局石印本	黑龍江中醫大　湖南中醫
			清光緒三十一年商務書局鉛印本	廣西　成都中醫大
			清末上海經香閣書莊石印本	内蒙古＊　中蒙醫研究所
一五	陳修園醫書三十二種	陳念祖	清光緒二十一年宏道堂刻本	重慶
			清光緒三十一年上海醉六堂書局石印本	浙江中醫大　華西醫大
			清光緒三十三年至宣統元年四川善成堂刻本	首都　中華醫學會上海分會　天津中醫大　黑龍江中醫大　河南
			清光緒三十四年重慶漢文書局刻本	陝西中醫＊
			清同心書記刻本	重慶
一六	陳修園醫書十六種	陳念祖	清光緒十五年江左書林刻本	河南中醫大
			清光緒十九年校經堂刻本	上海中醫大

續表

編號	叢書名	輯撰者	版本	館藏地
一七	陳修園醫書四十八種	陳念祖	清光緒三十一年上海文盛堂書局石印本	國圖　首都　河南　廣州中醫大＊
			清光緒三十二年吴閩醫學書會石印本	遼寧　山東中醫大　江西　湖北中醫
			清光緒三十三年善成堂刻本	貴州＊
			清光緒三十四年上海商務印書館鉛印本	四川　成都中醫大
			清光緒三十四年上海章福記石印本	北京中醫大　甘肅　山東　瀘州
一八	陳修園醫書五十種	陳念祖	清光緒三十一年上海商務印書館鉛印本	首都　上圖　天津中醫大　山東　南圖
一九	崇文書局彙刻書	崇文書局	清光緒元年湖北崇文書局刻本	國圖　首都　北大　上圖　遼寧
二〇	春暉堂叢書	徐渭仁	清道光咸豐間上海徐氏刊同治中補刻本	國圖　首都　北大　上圖　復旦
二一	春融堂集	王昶	清嘉慶中青浦王氏塾南書舍刻本	國圖　中科院　清華　上圖　復旦

續表

編號	叢書名	輯撰者	版本	館藏地
二一	春融堂集	王　昶	清光緒十八年刻本	首都　北師大　上圖　上海師大　遼寧
二二	詞話叢編	唐圭璋	民國二十三年排印本	國圖　首都　北大　上圖　復旦
二三	此木軒全集	焦袁熹	稿本	上圖
二四	貸園叢書初集	周永年	清乾隆五十四年歷城周氏竹西書屋據益都李文藻刊版重編印本	國圖　首都　北大　上圖　華東師大
二五	道藏續編	閔一得	民國間上海醫學書局鉛印本	國圖　上圖　華東師大　復旦*　重慶
二六	丁丑叢編	趙詒琛、王大隆	民國二十六年鉛印本	國圖　中科院　北大　上圖　復旦
二七	丁酉圃叢書	丁　顯	清光緒中刻本	北大　北師大　清華　上圖　吉大
二八	讀易樓合刻	倪元坦	清嘉慶道光間刻本	國圖　北大　清華　上圖　上海師大

續表

編號	叢書名	輯撰者	版本	館藏地
二九	端溪叢書	梁鼎芬	清光緒二十五年番禺端溪書院刻本	北大　北師大　上圖　安徽　浙江
三〇	遯盦印學叢書	吴隱	民國十四年西泠印社木活字排印本	國圖　北師大　清華　南圖
三一	二十五史補編	二十五史刊行委員會	民國二十五年至二十六年上海開明書店景印本	國圖　首都　北大　上圖　復旦
三二	二十四史		清同治光緒間五省官書局據汲古閣本合刊光緒五年湖北書局彙印本	國圖　首都　北大　復旦　華東師大
三三	二餘詩集	李心耕	清乾隆五十六年上海李氏刻本	國圖　上圖
三四	房山山房叢書	陳洙	清宣統至民國間江浦陳氏刊民國九年彙印本	國圖　首都　北大　上圖　華東師大
三五	婦嬰三書		清同治元年醉六堂刻本	國圖　上海中醫大　山東中醫大
三六	庚辰叢編	趙詒琛、王大隆	民國二十九年排印本	國圖　首都　北大　上圖　復旦
三七	古今説部叢書	國學扶輪社	清宣統至民國間上海國學扶輪社排印本	國圖　首都　清華　上圖　復旦

編號	叢書名	輯撰者	版本	館藏地
三八	古今遊記叢鈔	莫釐涵青氏	民國三年涵青山房石印本	北師大 上圖 内蒙古 甘肅 山大
三九	古書隱樓藏書	閔一得	清光緒三十年刻本	上圖 遼寧 吉林 甘肅 四川
四〇	古香堂六種	王初桐	清乾隆五十八年刻本	清華 中科院
四一	古香堂叢書	王初桐	清乾隆嘉慶間刻本	國圖 河南
四二	古學彙刊	鄧實等	民國元年上海國粹學報社排印本	國圖 首都 北大 上圖 復旦
四三	廣倉學宭叢書甲類	姬佛陀	民國五年上海倉聖民智大學排印本	國圖 中科院 清華 上圖 復旦
四四	廣雅書局叢書	廣雅書局	清光緒中廣雅書局刊民國九年番禺徐紹棨彙編衡印本	國圖 中科院 北師大 上圖 華東師大
四五	國朝閨閣詩鈔	蔡殿齊	清道光二十四年序嫏嬛別館刻本	國圖 首都 北師大 上圖 華東師大
四六	國朝名家詩餘	孫默	清康熙中休寧孫氏留松閣刻本	上圖

續表

編號	叢書名	輯撰者	版本	館藏地
四七	國朝文録	李祖陶	清道光十九年瑞州府鳳儀書院刻本	首都　北師大　上圖　復旦　華東師大
			清咸豐元年終南山館刻本	首都　上圖
			清光緒二十六年上海掃葉山房石印本	首都　上圖
四八	國難叢書第一輯		民國二十六年排印本	北師大　吉大　南大　青海
四九	涵芬樓祕笈	孫毓修燈	民國上海商務印書館景印排印本	國圖　首都　北大　上圖　復旦
五〇	汗筠齋叢書第一集	秦　鑑	清嘉慶三年至四年嘉定秦氏刻本	國圖　首都　北大　上圖　復旦
五一	洪氏晦木齋叢書	洪汝奎	清同治至宣統間刻本	國圖　吉大　杭大
五二	後知不足齋叢書	鮑廷爵	清光緒中常熟鮑氏刻本	國圖　首都　北大　上圖　復旦
五三	湖海樓叢書	陳　春	清嘉慶中蕭山陳氏刻本	國圖　首都　北大　上圖　復旦
五四	華亭二家詩詞		清抄本	復旦

續表

編號	叢書名	輯撰者	版本	館藏地
五五	槐廬叢書	朱記榮	清光緒三至十五年吳縣朱氏槐廬家塾刻本	國圖　中科院　北大　上圖　復旦
五六	皇清百名家詩	魏　憲	清康熙中福清魏氏枕江堂刻本	上圖　華東師大　天津
五七	皇清經解	阮　元	清道光九年廣東學海堂刻本	國圖　首都　北大　上圖
			清道光九年廣東學海堂刻咸豐十一年補刻本	國圖　首都　清華　北師大　上圖
			清光緒十七年上海鴻寶齋石印本	國圖　上圖
			清光緒間上海點石齋石印本	國圖　上圖
五八	皇清經解續編	王先謙	清光緒十四年南菁書院刻本	國圖　首都　北大　中科院　上圖
			清光緒十五年上海蜚英館石印本	國圖　首都　上圖
五九	集梅花詩	張吳曼、張山農	清光緒中張汝翼刻本	上圖

續表

編號	叢書名	輯撰者	版本	館藏地
六〇	稷香館叢書	吴　甌	民國二十四年遼陽吴氏據稿本景印	國圖　首都　北大　上圖　復旦
六一	嘉定錢氏潛研堂全書	錢大昕	清光緒十年長沙龍氏家塾刻本	國圖　首都　北師大　上圖　復旦
六二	嘉草軒叢書	羅振玉	民國七年上虞羅氏日本景印本	國圖　中科院　北大　上圖　上海師大
六三	嘉業堂叢書	劉承幹	民國七年吴興劉氏序刻本	國圖　首都　北師大　上圖　復旦
六四	嘉業堂金石叢書	劉承幹	民國吴興劉氏序刻本	國圖　上圖　復旦　山大　安徽
六五	甲申野史紀事彙鈔	彭孫貽	抄本	上圖
六六	漸學廬叢書第一集	胡祥鑅	清光緒中元和胡氏石印本	國圖　清華　上圖　復旦　華東師大
六七	江氏聚珍版叢書	江興溪	民國十三年蘇州文學山房木活字排印本	上圖　復旦　華東師大　遼寧　南圖
六八	江左十五子詩選	宋　犖	清康熙四十二年商邱宋氏宛委堂刻本	國圖

續表

編號	叢書名	輯撰者	版本	館藏地
六九	校經山房叢書	朱記榮	清光緒三十年孫溪朱氏槐廬家塾據式訓堂叢書版重編本	國圖　首都　北大　上圖　復旦
七〇	借月山房彙鈔	張海鵬	清嘉慶中虞山張氏刻本	中科院　浙江
			民國十年上海博古齋據張氏刻本景印	國圖　首都　北大　上圖　復旦
七一	金峨山館叢書	郭傳璞	清光緒中鄞郭氏刻本	中科院　北師大　清華　上圖　遼寧
七二	晉石廠叢書	姚慰祖	清光緒七年歸安姚氏粵東藩署刊民國二十三年海虞瞿氏鐵琴銅劍樓重修印本	國圖　中科院　北大　上圖　復旦
七三	荆駝逸史	陳湖逸士	清道光中古槐山房木活字排印本	國圖　中科院　北師大　上圖　復旦
			清宣統三年中國圖書館石印本	首都　北師大　上圖　甘肅　山東
七四	聚學軒叢書	劉世珩	清光緒中貴池劉氏刻本	國圖　首都　北大　上圖　復旦

續表

編號	叢書名	輯撰者	版本	館藏地
七五	空明子全集	張榮	清康熙中刻本	國圖　北大　復旦
七六	荔牆叢刻	汪曰楨	清同治光緒間烏程汪氏刻本	國圖　首都　北大　上圖　復旦
七七	歷朝紀事本末	朱如升　朱記榮　捷記主人	清光緒十四年上海書業公所排印本	國圖　上圖　華東師大　吉林　甘肅
			清光緒二十五年上海慎記書莊石印本	首都　山大　福建　河南
			清宣統二年上海文盛書局石印本	復旦　華東師大　吉林　山大　江西
七八	歷代地理志彙編	嚴汝南	清光緒二十四年廣東集古書屋刻本	國圖　南大
七九	歷代名人年譜大成	劉師培	稿本	臺圖
八〇	練川五家詞	王昶	清嘉慶中刻本	上圖
八一	玲瓏山館叢書		清光緒十五年文選樓刻本	國圖　首都　北大　上圖　遼寧

續表

編號	叢書名	輯撰者	版本	館藏地
八二	龍威祕書	馬俊良	清乾隆五十九年石門馬氏大酉山房刻本	國圖 首都 北大 上圖 復旦
八三	陸沈叢書		清光緒二十九年石印本	上圖
八四	陸子全書	陸隴其	清光緒十九年宗培等刻本	首都 清華 上圖 復旦 吉林
八五	美術叢書	鄧實	民國二十五年上海神州國光社排印本	國圖 北大 清華 上圖 華東師大
八六	名家詞鈔六十種	孔傳鐸	清抄本	國圖
八七	明季稗史彙編	留雲居士	清都城琉璃廠刻本	國圖 首都 北大 上圖 復旦
			清光緒二十二年上海圖書集成局排印本	北師大 復旦 遼寧 吉林 甘肅
八八	明季十家集		清抄本	中山大學 大連 湖北
八九	明季史料叢書	鄭振鐸	民國二十三年聖澤園景印本	國圖 北大 清華 上圖 華東師大

續表

編號	叢書名	輯撰者	版本	館藏地
九〇	明季野史彙編		清抄本	國圖　吉大
九一	明季野史三十四種		清抄本	國圖
九二	明末十家集		清抄本	國圖
九三	明末野史十一種		清抄本	北大
九四	明末野史五種		民國元年中華書局石印本	北大
九五	木犀軒叢書	李盛鐸	清光緒中德化李氏木犀軒刻本	國圖　首都　北大　上圖　復旦
九六	南菁書院叢書	王先謙、繆荃孫	清光緒十四年江陰南菁書院刻本	國圖　首都　北大　上圖　復旦
九七	輦下和鳴集	蔣景祁	清康熙三十一年刻本	中科院　上圖
九八	藕香零拾	繆荃孫	清光緒宣統間刻本	國圖　首都　北大　上圖　復旦
九九	滂喜齋叢書	潘祖蔭	清同治光緒間吴縣潘氏京師刻本	國圖　首都　北大　上圖　復旦
一〇〇	七子詩選	沈德潛	清乾隆十八年序刻本	首都　北大　清華　上圖　復旦

編號	叢書名	輯撰者	版本	館藏地
一〇一	錢氏四種	錢坫	清嘉慶七年擁萬堂刻本	國圖　中科院　上圖　華東師大　吉大
			民國中國書店據清嘉慶擁萬堂本景印	首都　北大　清華　上圖　華東師大
一〇二	黔南叢書	任可澄等	民國貴陽文通書局排印本	國圖　首都　清華　上圖　復旦
一〇三	潛研堂全書	錢大昕	清乾隆嘉慶間刊道光二十年錢師光重修印本	國圖　首都　北師大　上圖　復旦
一〇四	琴書樓詞鈔	王昶	清乾隆四十三年刻本	國圖　清華　上圖　華東師大　南圖
一〇五	清風室叢刊	錢保塘	清同治至民國間海寧錢氏清風室刻本	北大　上圖　遼寧
一〇六	清人説薈	雷瑨	民國上海掃葉山房石印本	國圖　首都　北師大　上圖　復旦
一〇七	湫漻齋叢書	陳準	民國瑞安陳氏刻本	首都　中科院　北大　上圖　遼寧

續表

編號	叢書名	輯撰者	版本	館藏地
一〇八	求己堂八種	施彦士	清嘉慶道光間崇明施氏求己堂刻本	國圖　首都　北大　上圖　復旦
一〇九	求實齋叢書	蔣德鈞	清光緒中湘鄉蔣氏龍安郡署刻本	國圖　首都　北大　上圖　復旦
一一〇	三家絶句選	江　昱	清乾隆中刻本	清華
一一一	三三醫書	裘慶元	民國十三年杭州三三醫社鉛印本	中醫科學院　上海中醫大　中華醫學會上海分會　内蒙古
一一二	三異詞録		清抄本	國圖
一一三	掃葉山房叢鈔	席　威	清同治光緒間刻光緒九年彙印本	中科院　上圖　江西
一一四	上海李氏易園三代清芬集	李味青	民國二十九年排印本	國圖　首都　上圖　復旦　華東師大
一一五	上海掌故叢書第一集	上海通社	民國二十五年上海通社排印本	國圖　首都　北大　上圖　復旦
一一六	申報館叢書	尊閣主人	清光緒中申報館排印本	國圖　山大　浙江
一一七	十三經讀本		清同治中金陵書局刻本	上圖　安徽

續表

編號	叢書名	輯撰者	版本	館藏地
一一八	石倉世纂	曹錫黼	清乾隆十四年曹氏五畝園刻本	國圖　清華
一一九	石經彙函	王秉恩	清光緒十六年四川尊經書局刻本	國圖　首都　清華　上圖　華東師大
一二〇	蒔古齋輯著	楊城書	清道光二十三年上海楊氏刻本	清華　上圖　天津　吉大
一二一	實事求是之齋叢著	朱大韶	稿本	上圖
一二二	史論彙函甲編	述古齋主人	稿本	上圖
			清末石印本	國圖
			清光緒二十九年申江開文書局石印本	國圖
一二三	史學叢書		清光緒二十五年文瀾書局石印本	國圖　北師大　清華　上圖　華東師大
			清光緒二十八年上海煥文書局石印本	復旦　華東師大　山大　河南　廣東
			清光緒中上海點石齋石印本	北師大　杭大

續表

編號	叢書名	輯撰者	版本	館藏地
一一二四	式古居彙鈔	錢熙祚	清道光二十六年金山錢氏據借月山房彙鈔刊版重編本	上圖
一一二五	式訓堂叢書	章壽康	清光緒中會稽章氏刻本	國圖　首都　北大　上圖　復旦
一一二六	適園叢書	張鈞衡	民國烏程張氏刻本	國圖　首都　北大　上圖　復旦
一一二七	説文鑰六種	丁福保	民國二十二年石印本	國圖
一一二八	書鈔閣鈔書		清周氏書鈔閣抄本	國圖
一一二九	書三味樓叢書	張應時	清嘉慶二十四年華亭張氏書三味樓刻本	上圖　吉大
一一三〇	説庫	王文濡	民國四年上海文明書局石印本	國圖　首都　清華　上圖　復旦
一一三一	説鈴	吴震方	清康熙四十一年續集五十一年刻本	國圖　北大　清華　上圖　復旦
			清道光五年聚秀堂刻本	上圖　遼寧　甘肅　山大　南大
一一三二	四家詩鈔		清邵氏青門草堂刻本	清華
			清心遠齋刻本	國圖

續表

編號	叢書名	輯撰者	版本	館藏地
一三三	四家詩餘	孫　默	清康熙七年孫氏留松閣刻本	國圖　南圖
一三四	天壤閣叢書	王懿榮	清同治光緒間福山王氏刻本	國圖　首都　北大　上圖　復旦
一三五	天蘇閣叢刊	徐新六	民國杭縣徐氏排印本	國圖　首都　北大　上圖　華東師大
一三六	痛史	樂天居士	清宣統三年商務印書館排印本	國圖　北師大　上圖　華東師大　上海師大
			民國六年商務印書館排印本	國圖　首都　上圖　復旦
一三七	緯書	殷元正、陸明睿	清觀我生齋抄本	上圖
一三八	文選樓叢書	阮　亨	清嘉慶道光間儀徵阮氏刻本	國圖　中科院　北大　上圖　華東師大
一三九	我友合稿	蔣登陛	清康熙間刻本	復旦
一四〇	吳中女士詩鈔	任兆麟	清康熙五十四年刻本	國圖　首都　清華　上圖　華東師大

續表

編號	叢書名	輯撰者	版本	館藏地
一四一	吴苧菴遺稿	吴懋謙	清康熙二十七年刻本	上圖
一四二	喜詠軒叢書	陶　湘	民國武進陶氏涉園石印本	國圖　北大　清華　上圖　復旦
一四三	先澤殘存	王元增	民國十五年排印本	國圖　首都　清華　上圖　天津
一四四	嚮國紀變	胡慕椿	清抄本	國圖
一四五	小重山房叢書	張祥河	清刻本	國圖　北大　甘肅
一四六	小方壺齋輿地叢鈔	王錫祺	清光緒十七年補編二十年再補編二十三年上海著易堂排印本	國圖　北大　清華　上圖　復旦
一四七	小石山房叢書	顧　湘	清同治十三年虞山顧氏刻本	國圖　首都　北大　上圖　復旦
一四八	小學類編	李祖望	清咸豐至光緒間江都李氏半畝園刻本	首都　中科院　北大　上圖　復旦
一四九	心矩齋叢書	蔣鳳藻	清光緒九至十四年長洲蔣氏刻民國十四年蘇州文學山房重刻本	國圖　中科院　北大　上圖　復旦

續表

編號	叢書名	輯撰者	版本	館藏地
一五〇	袖海樓雜著	黃汝成	清道光十八年嘉定黃氏西溪草廬刻本	國圖 上圖 復旦 天津 吉大
			民國二十九年北京燕京大學圖書館據清道光本景印	國圖 首都 北大 上圖 復旦
一五一	許學叢刻	許頌鼎、許溎祥	清光緒十三年海寧許氏古均閣刻本	國圖 首都 北師大 上圖 復旦
一五二	許學叢書	張炳翔	清光緒中常州張氏儀鄦廬刻本	國圖 首都 北大 上圖 華東師大
一五三	學菴類稿	王　原	清康熙間刻本	國圖 中科院 上圖 復旦 南圖
一五四	學海類編	曹溶、陶越	清道光十一年六安曹氏木活字排印本	國圖 中科院 上圖 遼寧 福建
			民國九年上海涵芬樓據清晁氏本景印	國圖 首都 北大 上圖 復旦
一五五	煙畫東堂小品	繆荃孫	民國九年江陰繆氏刻本	國圖 首都 北大 上圖 復旦

續表

編號	叢書名	輯撰者	版本	館藏地
一五六	延陵合璧	許自俊	清康熙二十六年刻本	國圖　南圖*
			清康熙李振裕刻本	國圖*　上圖　南圖
一五七	楊潭西先生遺書	楊陸榮	清康熙乾隆間刻本	國圖
一五八	仰視千七百二十九鶴齋叢書	趙之謙	清光緒中會稽趙氏刻本	國圖　北大　北師大　上圖　復旦
一五九	野史愴見録		民國十八年紹興墨潤堂書苑據清趙氏刻本景印	國圖　首都　北師大　上圖　復旦
一六〇	詒安堂全集	王慶勳	清道光咸豐間上海王氏刻本	國圖
一六一	乙亥叢編	趙詒深、王保譿、王大隆	民國二十四年鉛印本	國圖　中科院　北大　上圖　復旦
一六二	奕潛齋集譜	鄧　元	清光緒二十六年刻本	國圖　上圖
一六三	藝海一勺	趙詒深	民國二十二年排印本	國圖　首都　中科院　上圖　華東師大
一六四	藝海珠塵	吴省蘭	清嘉慶中南匯吴氏聽彝堂刻本	國圖　首都　北大　上圖　復旦

續表

編號	叢書名	輯撰者	版本	館藏地
一六六五	音韻學叢書	嚴式誨	民國渭南嚴氏成都刊一九五七年四川人民出版社彙印本	國圖　北大　清華　上圖　復旦
一六六六	芋園叢書	黄肇沂	民國二十四年南海黄氏據舊版彙印本	北大　北師大　清華　河南　廣東
一六六七	玉簡齋叢書	羅振玉	清宣統二年上虞羅氏刻本	國圖　首都　北師大　上圖　復旦
一六六八	玉雨堂叢書第一集	韓泰華	清咸豐中仁和韓氏刻本	中科院　吉大　南圖
一六六九	御纂七經		清康熙至乾隆間内府刻本	上圖
			清同治六年浙江書局刻本	上圖
			清同治十一年江西書局刻本	上圖
			清光緒十四年户部刻本	上圖
			清光緒間湖北崇文書局刻本	上圖
			清光緒間江南書局刻本	上圖
			清光緒間上海鴻文書局石印本	上圖

續表

編號	叢書名	輯撰者	版本	館藏地
一七〇	袁氏家集	袁鎮嵩	清光緒中邃懷堂刊十六年彙印本	上圖　吉大　南圖　河南　廣東
一七一	粤雅堂叢書	伍崇曜	清道光二十九年南海伍氏刻彙印本	國圖　首都　北大　上圖　復旦
一七二	雲間詩草	劉慈孚	清光緒二十三年木活字印本	天一閣
一七三	韻學叢書	丁　顯	稿本	北大
一七四	韻學叢書四十一鍾	丁　顯	稿本	復旦
一七五	澤古齋重鈔	陳　璜	清道光三年上海陳氏據借月山房彙鈔刊版重編本	國圖　中科院　南圖　河南
一七六	昭代叢書（康熙本）	張　潮	清康熙中刻本	清華　復旦　天津　吉大　哈爾濱
一七七	昭代叢書（道光本）	張潮、張漸、楊復吉、沈楙悳	清道光中吳江沈氏世楷堂刻本	國圖　首都　北大　上圖　復旦
一七八	珍本醫書集成	裘慶元	民國二十五年世界書局鉛印本	國圖　中國醫科院　中醫科學院　上圖　遼寧

編號	叢書名	輯撰者	版本	館藏地
一七九	知不足齋叢書	鮑廷博、鮑志祖	清乾隆道光間長塘鮑氏刻本	國圖　首都　中科院　上圖　復旦
一八〇	咫進齋叢書	姚覲元	清光緒九年歸安姚氏刻本	國圖　首都　北師大　上圖　復旦
			民國十年上海古書流通處據鮑氏刻本景印	國圖　中科院　北大　上圖　復旦
一八一	指海	錢熙祚、錢培讓、錢培杰	清道光二十六年金山錢氏據借月山房彙鈔刊版重編本	國圖　清華　上圖
			民國二十四年上海大東書局據清錢氏重編借月山房彙鈔本景印	國圖　中科院　北大　上圖　復旦
一八二	中國内亂外禍歷史叢書	中國歷史研究社	民國三十六年上海神州國光社排印本	北大　清華　上圖　復旦　華東師大
一八三	中國醫學大成	曹炳章	民國二十五年至二十六年上海大東書局排印本	中醫
一八四	仲軒群書雜著	焦廷琥	稿本	湖南省社會科學院

續表

編號	叢書名	輯撰者	版本	館藏地
一八五	苧城三子詩合存		清道光二十五年潁上學舍刻本	上圖
一八六	篆學瑣著	顧湘	清道光二十年海虞顧氏刻本	國圖　首都　北師大　上圖　復旦
一八七	子書百家	崇文書局	清光緒元年湖北崇文書局刻本	國圖　北大　清華　復旦　華東師大

二、出處全、簡稱對照表

出處全稱	出處簡稱
中國古籍總目	古籍總目
中國古籍善本書目	善本書目
中國叢書綜録	叢書綜録
中國叢書綜録補編	叢書綜録補編
中國國家圖書館書目（網絡版）	國圖古籍目録
上海圖書館古籍目録（網絡版）	上圖古籍目録
復旦大學圖書館善本書目	復旦書目

續表

出處全稱	出處簡稱
南京圖書館書目（網絡版）	南圖書目
浙江圖書館書目（網絡版）	浙圖目録
清人詩文集總目提要	詩文集總目提要
清人别集總目	别集總目
文字音韻訓詁知見書目	知見書目
上海方志通考	方志通考

三、藏館全、簡稱對照表

藏書單位全稱	藏書單位簡稱
中國國家圖書館	國圖
首都圖書館	首都
中國國家博物館	國博
北京故宫博物院	故宫
中國科學研究院圖書館	中科院
中國社會科學院文學研究所	社科院文學所
中國社會科學院歷史研究所	社科院歷史所
中國社會科學院近代史研究所	社科院近代史所

續表

藏書單位全稱	藏書單位簡稱
中國科學院考古研究所	中科院考古所
北京大學圖書館	北大
清華大學圖書館	清華
中國人民大學圖書館	人大
首都師範大學圖書館	首都師大
北京師範大學圖書館	北師大
中共中央黨校圖書館	中央黨校
中央民族大學圖書館	民族大學
中國醫學科學院圖書館	中國醫科院
中國中醫科學院圖書館	中醫科學院
北京中醫藥大學圖書館	北京中醫大

續表

藏書單位全稱	藏書單位簡稱
上海圖書館	上圖
復旦大學圖書館	復旦
華東師範大學圖書館	華東師大
上海師範大學圖書館	上海師大
上海博物館	上海博
上海市松江區圖書館	松江
上海市松江區博物館	松江博
上海市嘉定區博物館	嘉定博
上海中醫藥大學圖書館	上海中醫大
上海交通大學醫學院圖書館	上海交大醫學院
中華醫學會上海分會圖書館	中華醫學會上海分會

續表

藏書單位全稱	藏書單位簡稱
天津圖書館	天津
南開大學圖書館	南開
天津中醫藥大學圖書館	天津中醫大
内蒙古自治區圖書館	内蒙古
内蒙古師範大學圖書館	内蒙古師大
山西省圖書館	山西
山西大學圖書館	山西大學
遼寧圖書館	遼寧
瀋陽市圖書館	瀋陽
遼寧大學圖書館	遼大
瀋陽師範大學圖書館	瀋陽師大

續　表

藏書單位全稱	藏書單位簡稱
大連市圖書館	大連
撫順市圖書館	撫順
錦州市圖書館	錦州
鞍山市圖書館	鞍山
丹東市圖書館	丹東
遼寧中醫藥大學圖書館	遼寧中醫大
吉林省圖書館	吉林
吉林市圖書館	吉林市
長春市圖書館	長春
吉林大學圖書館	吉大
東北師範大學圖書館	東北師大

續　表

藏書單位全稱	藏書單位簡稱
吉林省社會科學院圖書館	吉林社科院
黑龍江省圖書館	黑龍江
哈爾濱市圖書館	哈爾濱
哈爾濱師範大學圖書館	哈爾濱師大
齊齊哈爾市圖書館	齊齊哈爾
黑龍江中醫藥大學圖書館	黑龍江中醫大
南京圖書館	南圖
南京大學圖書館	南大
南京博物院圖書館	南京博
南京中醫藥大學圖書館	南京中醫大
中科院南京地理所圖書館	南京地理所

續表

藏書單位全稱	藏書單位簡稱
蘇州市圖書館	蘇州
蘇州大學圖書館	蘇州大學
蘇州博物館	蘇州博
蘇州中醫醫院	蘇州中醫院
無錫市圖書館	無錫
常州市圖書館	常州
鎮江市圖書館	鎮江
泰州市圖書館	泰州
常熟市圖書館	常熟
浙江圖書館	浙江
杭州圖書館	杭州

續表

藏書單位全稱	藏書單位簡稱
杭州市餘杭區圖書館	餘杭
杭州大學圖書館	杭大
寧波市天一閣博物院	天一閣
浙江中醫藥大學圖書館	浙江中醫藥院
温州市圖書館	温州
安徽圖書館	安徽
安徽師範大學圖書館	安徽師大
河南省圖書館	河南
河南中醫藥大學圖書館	河南中醫大
山東省圖書館	山東
山東大學圖書館	山大

續表

藏書單位全稱	藏書單位簡稱
山東師範大學圖書館	山東師範
山東省博物館	山東博
山東中醫藥大學圖書館	山東中醫大
江西省圖書館	江西
湖北省圖書館	湖北
武漢市圖書館	武漢
湖北中醫藥大學圖書館	湖北中醫
湖南省圖書館	湖南
湖南師範大學圖書館	湖南師大
湖南中醫藥大學圖書館	湖南中醫
福建省圖書館	福建

續表

藏書單位全稱	藏書單位簡稱
四川省圖書館	四川
成都中醫藥大學圖書館	成都中醫大
華西醫科大學圖書館	華西醫大
西華師範大學圖書館	西華師大
富順縣圖書館	富順
重慶圖書館	重慶
西南大學圖書館	西南大學
陝西省圖書館	陝西
陝西中醫學院圖書館	陝西中醫
甘肅省圖書館	甘肅
青海省圖書館	青海

續表

藏書單位全稱	藏書單位簡稱
青海民族大學圖書館	青海民族
雲南省圖書館	雲南
雲南中醫學院圖書館	雲南中醫
柳州市圖書館	柳州
桂林市圖書館	桂林
廣東省立中山圖書館	廣東
中山大學圖書館	中山大學
華南師範大學圖書館	華南師大
廣州中醫藥大學圖書館	廣州中醫大
香港大學圖書館	香港大學
香港中文大學圖書館	香港中大

續表

藏書單位全稱	藏書單位簡稱
香港中山圖書館	香港中山
臺灣圖書館	臺圖
臺灣大學圖書館	臺大
臺灣師範大學圖書館	臺灣師大
臺北傅斯年圖書館	傅斯年圖
日本内閣文庫（國立公文書館）	日本内閣
日本宫内省圖書寮	日本宫内
日本國會圖書館	日本國會
日本静嘉堂文庫	日本静嘉堂
日本大阪府立圖書館	日本大阪
日本京都大學人文科學研究所	京都大學
美國哈佛大學燕京圖書館	美國哈佛燕京

參考文獻

一、古代部分（已撰寫經眼録者不再贅列）

經義考　清朱彝尊撰　清乾隆刻本
明史　清張廷玉等纂　中華書局一九七四年
清碑傳合集　清錢儀吉等撰　上海書店一九八八年
焦南浦先生年譜　清焦以敬、焦以恕編　清光緒二十三年木活字本
周甲録　甲餘録　清姚培謙撰　清乾隆間刻本
正德松江府志　明喻時等纂　顧清等修　天一閣藏明代方志選刊續編本
嘉慶松江府志　清宋如林修　清孫星衍、莫晉纂　清嘉慶二十四年府學明倫堂刻本
光緒松江府續志　清博潤修　清姚光發等纂　清光緒十年松江郡齋刻本

乾隆華亭縣志　清馮鼎高修　清王顯曾等纂　清乾隆五十六年刻本
光緒重修華亭縣志　清楊開第修　清姚光發等纂　清光緒五年刻本
同治上海縣志　清應寶時等修　清俞樾等纂　清同治十一年刻本
乾隆婁縣志　清謝庭薰修　清陸錫熊纂　清乾隆五十三年刻本
光緒婁縣續志　清汪坤厚、程其珏修　清張雲望等纂　清光緒五年刻本
光緒南匯縣志　清金福曾、顧思賢修　清張文虎等纂　清光緒五年刻本
光緒青浦縣志　清汪祖綬等修　清熊其英、邱式金等纂　清光緒五年青浦尊經閣刻本
光緒嘉定縣志　清程其珏修　清楊震福等纂　清光緒八年尊經閣刻本
咸豐黄渡鎮志　清章樹福纂　清咸豐三年刻本
光緒寶山縣志　清梁蒲貴、吴康壽修　清朱延射、潘履祥纂　清光緒八年學海書院刻本
光緒重修奉賢縣志　清韓佩金修　清張文虎等纂　清光緒四年刻本
乾隆金山縣志　清常琬修　清焦以敬等纂　清乾隆十八年刻本
光緒金山縣志　清龔寶琦、崔廷鏞修　清黄厚本等纂　清光緒四年刻本
康熙崇明縣志　清樊耀邦等纂　清康熙二十三年刻本
光緒川沙廳志　陳方瀛修　俞樾等纂　清光緒五年刻本
乾隆元和縣志　清許治修　清沈德潛等纂　清乾隆二十六年刻本

光緒上虞縣志　清唐煦春修　清朱士黼纂　清光緒十七年刻本
光緒常山縣志　清李瑞鍾修　清邱瑞龍協修　清光緒間刻本
乾隆盩厔縣志　清楊儀修　清王開沃等纂　清乾隆五十八年刻本
光緒蒲城縣志　清王學禮等纂　清光緒三十一年印本
乾隆唐縣志　清吴泰來修　清黄文蓮纂　清乾隆五十二年刻本
道光鉅野縣志　清黄維翰纂修　清袁傳裘續纂修　清道光二十六年續修刻本
光緒嘉善縣志　清江峰青修　清顧福仁纂　清光緒十八年刻本
廿二史劄記　清趙翼撰　清嘉慶五年湛貽堂刻本
四庫全書總目　清永瑢等撰　中華書局一九六五年
增訂四庫簡明目録標注　清邵懿辰撰　邵章續録　上海古籍出版社一九七九年
續四庫提要三種　胡玉縉撰　上海書店出版社二〇〇二年
鄭堂讀書記　清周中孚撰　上海書店出版社二〇〇九年
上海曹氏書存目録　清曹驤編　上海掌故叢書本
越縵堂讀書簡端記　清李慈銘撰　天津人民出版社一九八〇年
越縵堂讀書簡端記續編　清李慈銘撰　天津古籍出版社一九九三年
越縵堂讀書記　清李慈銘撰　中華書局二〇〇六年

潛研堂金石文跋尾　清錢大昕撰　上海古籍出版社《續修四庫全書》影印清嘉慶十年刻本
天瓶齋書畫題跋　清張照撰　小重山館叢書本
閱世編　清葉夢珠撰　中華書局二〇〇七年
陶廬雜録　清法式善撰　上海古籍出版社《續修四庫全書》影印清嘉慶二十二年陳預刻本
蛾術編　清王鳴盛撰　上海古籍出版社《續修四庫全書》影印清道光二十一年刻本
藝舟雙楫　清包世臣撰　上海古籍出版社《續修四庫全書》影印清道光二十六年白門倦遊閣木活字印安吴四種本
思益堂日札　清周壽昌撰　上海古籍出版社《續修四庫全書》影印清光緒十四年刻本

陳忠裕公文集　明陳子龍撰　清嘉慶八年刻本
集古梅花詩　清張吴曼撰　齊魯書社《四庫存目叢書》影印清光緒間張汝翼刻本
苧庵遺稿　清吴懋謙撰　清康熙二十九年刻本
確庵文稿　清陳瑚撰　上海古籍出版社《續修四庫全書》影印清康熙間毛氏汲古閣刻本
憺園文集　清徐乾學撰　齊魯書社《四庫存目叢書》影印清康熙間冠山堂刻本
方望溪先生全集　清方苞撰　四部叢刊影印咸豐元年戴鈞衡刻本

曝書亭集　清朱彝尊撰　四部叢刊影印康熙五十三年刻本
采山堂遺文　清周篔撰　民國二十五年嘉興金氏刻本
艸亭先生集　清周篆撰　上海古籍出版社《續修四庫全書》影印清嘉慶二十五年晚香亭刻本
不礙雲山樓稿　清周綸撰　上海古籍出版社《清人詩文集彙編》影印康熙千山艸堂刻本
西亭文鈔　清王原撰　清光緒十七年劉汝錫不遠復齋刻本
歸愚文鈔　清沈德潛撰　清乾隆間教忠堂彙印《沈歸愚詩文全集》本
松桂讀書堂集　清姚培謙撰　齊魯書社《四庫存目叢書》影印清乾隆刻本
鮚埼亭集　清全祖望撰　上海古籍出版社《續修四庫全書》影印清嘉慶九年史夢蛟刻本
居敬堂詩稿　清施潤撰　清乾隆間刻本
戴東原集　清戴震撰　上海古籍出版社《續修四庫全書》影印清乾隆五十七年刻本
知足齋文集　清朱珪撰　上海古籍出版社《續修四庫全書》影印清嘉慶九年刻本
潛研堂文集　清錢大昕撰　上海古籍出版社《續修四庫全書》影印清嘉慶十一年刻本
春融堂集　清王昶撰　上海古籍出版社《續修四庫全書》影印清嘉慶十二年塾南書舍刻本
小峴山人文集　清秦瀛撰　上海古籍出版社《續修四庫全書》影印清嘉慶間刻增修本
淵雅堂全集　清王芑孫撰　上海古籍出版社《續修四庫全書》影印清嘉慶間刻本
鑑止水齋集　清許宗彦撰　上海古籍出版社《續修四庫全書》影印清嘉慶二十四年德清許氏刻本

王文簡公遺集　清王引之撰　上海古籍出版社《續修四庫全書》影印民國十四年鉛印本
揅經室集　清阮元撰　上海古籍出版社《續修四庫全書》影印清道光間阮氏文選樓刻本
因軒文初集　清管同撰　上海古籍出版社《續修四庫全書》影印清道光十三年管氏刻本
晚學齋文集　清姚椿撰　清咸豐二年刻本
樗寮文續稿　清姚椿撰　抄本
百柱堂全集　清王柏心撰　上海古籍出版社《續修四庫全書》影印清光緒十九年刻本
受恒受漸齋集　清沈曰富撰　清光緒十三年刻本
舒藝室雜著　清張文虎撰　上海古籍出版社《續修四庫全書》影印清光緒間刻本
明詩別裁集　清沈德潛編　清乾隆四年刻本
國朝詩別裁集　清沈德潛、周準編　清乾隆二十五年校忠堂刻本
湖海詩傳　清王昶輯　上海古籍出版社《續修四庫全書》影印清嘉慶八年三泖漁莊刻本
素心集　清孫鋐等輯　清康熙三十二年王世紀孫鋐刻本
國朝松江詩鈔　清姜兆翀編　清嘉慶十三年敬和堂刻本
青浦詩傳　清王昶輯　清乾隆五十九年刻本
青浦續詩傳　清何其超輯　清光緒三十一年木活字印本
湖海文傳　清王昶輯　上海古籍出版社《續修四庫全書》影印清道光十九年經訓堂刻本

國朝詞綜二集　清王昶輯　上海古籍出版社《續修四庫全書》影印清嘉慶八年三泖漁莊刻本
國朝詞綜補　清丁紹儀輯　上海古籍出版社《續修四庫全書》影印清光緒間刻本
詞林正韻發凡　清戈載撰　上海古籍出版社《續修四庫全書》影印清道光翠薇花館刻本
北江詩話　清洪亮吉撰　清光緒間授經堂刻洪北江全集本

二、現當代著述（按出版時間爲序）

（一）著作

民國崇明縣志　曹炳麟等纂　民國十九年刻本
皇清書史　李放撰　民國二十至二十三年遼海書社排印遼海叢書本
上海掌故叢書　上海通社輯刊　民國二十四年鉛印本
上海文獻展覽會概要　上海文獻展覽會一九三七年
歷代婦女著作考　胡文楷著　商務印書館一九五七年
復旦大學圖書館善本書目　復旦大學圖書館編　油印本　一九五九年
清史稿　趙爾巽等纂　中華書局一九七七年
南京大學圖書館館藏古籍善本書目録　南京大學圖書館編　一九八〇年

清代雜劇全目　傅惜華著　人民文學出版社一九八一年
清史稿藝文志及其補編　中華書局一九八二年
中國叢書綜録補編　上海圖書館一九八三年
近三百年人物年譜知見録　來新夏著　上海人民出版社一九八三年
清人傳記叢刊　周駿富編　明文書局一九八五年
中國地方志聯合目録　中華書局一九八五年
杜集書録　周采泉著　上海古籍出版社一九八六年
清史列傳　中華書局一九八七年
北京圖書館古籍善本書目　書目文獻出版社一九八七年
北京圖書館藏普通古籍目録　書目文獻出版社一九八七年
上海方志資料考録　上海書店一九八七年
中國古籍善本書目・經部　上海古籍出版社一九八九年
中國古籍善本書目・史部　上海古籍出版社一九九三年
清人詩集叙録　袁行雲著　文化藝術出版社一九九四年
中國古籍善本書目・子部　上海古籍出版社一九九六年
續修四庫全書總目提要稿本　中國科學院圖書館整理　齊魯書社一九九六年

中國文言小説總目提要　寧稼雨主編　齊魯書社一九九六年
嘉定錢大昕全集　陳文和主編　江蘇古籍出版社一九九七年
明清時期上海地區的著姓望族　吴仁安著　上海人民出版社一九九七年
中國古籍善本書目·集部　上海古籍出版社一九九八年
販書偶記（附續編）　孫殿起撰　上海古籍出版社一九九九年
廣清碑傳集　錢仲聯編　蘇州大學出版社一九九九年
上海通史　熊月之主編　上海人民出版社一九九九年
上海歷史地圖集　周振鶴編　上海人民出版社一九九九年
北京大學圖書館藏善本書目　北京大學圖書館編　北京大學出版社一九九九年
清史稿藝文志拾遺　王紹曾主編　中華書局二〇〇〇年
清人别集總目　李靈年等編　安徽教育出版社二〇〇〇年
上海歷代竹枝詞　顧炳權編　上海書店出版社二〇〇一年
蛾術軒篋存善本書録　王欣夫著　上海古籍出版社二〇〇二年
文字音韻訓詁知見書目　陽海清、褚佩瑜、蘭秀英編　湖北人民出版社二〇〇二年
清人詩文集總目提要　柯愈春著　北京古籍出版社二〇〇二年
稿本中國古籍善本書目書名索引　天津圖書館編　齊魯書社二〇〇三年

清華大學圖書館藏善本書目　清華大學圖書館編　清華大學出版社二〇〇三年
山東師範大學圖書館館藏善本書目　張字茹、王恒柱編纂　齊魯書社二〇〇三年
清人文集别録　張舜徽著　華中師範大學出版社二〇〇四年
清人筆記條録　張舜徽著　華中師範大學出版社二〇〇四年
清代人物生卒年表　江慶柏著　人民文學出版社二〇〇五年
伯克萊加州大學東亞圖書館中文古籍善本書志　伯克萊加州大學東亞圖書館編　上海古籍出版社二〇〇五年
中國古代小説總目提要　朱一玄等著　人民文學出版社二〇〇五年
唐詩選本提要　孫琴安著　上海書店出版社二〇〇五年
上海文學通史　邱明正主編　復旦大學出版社二〇〇五年
漢學師承記箋釋　清江藩撰　漆永祥箋注　上海古籍出版社二〇〇六年
心史叢刊　孟森著　中華書局二〇〇六年
錢大昕評傳　張濤、鄧聲國著　南京大學出版社二〇〇六年
清代松江府望族與文學研究　朱麗霞著　上海古籍出版社二〇〇六年
明清上海稀見文獻五種　人民文學出版社二〇〇六年
上海鄉鎮舊志叢書　上海社會科學院出版社二〇〇四—二〇〇六年

中國叢書綜録　上海古籍出版社二〇〇七年
四庫存目標注　杜澤遜著　上海古籍出版社二〇〇七年
上海方志通考　陳金林、徐恭時著　上海辭書出版社二〇〇七年
清朝文字獄檔　上海書店出版社二〇〇七年
清代杜詩學文獻考　孫微著　鳳凰出版社二〇〇七年
姚光全集　姚昆群、姚昆田、姚昆遺編　社會科學文獻出版社二〇〇七年
清儒學案　徐世昌等編纂　中華書局二〇〇八年
明清江蘇文人年表　張慧劍著　上海古籍出版社二〇〇八年
雲間派文學研究　劉勇剛著　中華書局二〇〇八年
清初清詞選本考論　閔豐著　上海古籍出版社二〇〇八年
王鳴盛學術研究　施建雄著　中國社會科學出版社二〇〇九年
中國古籍善本書目索引　南京圖書館編纂　上海古籍出版社二〇〇九年
中國古籍總目・叢書部　中華書局　上海古籍出版社二〇〇九年
中國古籍總目・史部　中華書局　上海古籍出版社二〇〇九年
明清戲劇家考略全編　鄧長風著　上海古籍出版社二〇〇九年
松江歷史文化概述　張汝皋主編　上海古籍出版社二〇〇九年

中國古籍稿鈔校本圖録　陳先行等編　上海書店出版社二〇〇九年

嘉定王鳴盛全集　陳文和主編　中華書局二〇一〇年

中國古籍總目·子部　中華書局　上海古籍出版社二〇一〇年

中國古籍總目·經部　中華書局　上海古籍出版社二〇一二年

中國古籍總目·集部　中華書局　上海古籍出版社二〇一二年

中國行政區劃通史·清代卷　周振鶴主編　傅林祥、林涓、任玉雪、王衛東著　復旦大學出版社二〇一七年

（二）論文

關於《閲世編》作者葉夢珠的生卒年問題——兼與來新夏同志商榷　江功舉　成都大學學報（社會科學版）一九八三年第二期

關於《閲世編》作者葉夢珠生平　顧承甫　史林一九八七年第二期

周篆和他的《杜工部詩集集解》　王學太　學林漫録第十二集　一九八八年

《十駕齋養新録》與《日知録》學術傾向的異同　吴元釗　史學史研究一九九一年第三期

王昶和他的《金石萃編》　顧吉辰　固原師專學報（社會科學版）一九九九年第一期

從十駕齋説到錢大昕及其《全集》　虞萬里　中國典籍與文化一九九九年第三期

從《蛾術編》與《十駕齋養新録》看王鳴盛與錢大昕的文獻學成就　王純　圖書與情報二〇〇二年第四期
略論錢大昕的文字學研究　李計偉　古籍整理研究學刊二〇〇四年第一期
王昶著作年表　張家欣　古典文獻研究二〇〇六年
《宋詩別裁集》主編張景星籍貫考　高磊　遼東學院學報第十卷第五期　二〇〇八年十月
《宋詩別裁集》編者姚培謙交游考　高磊　咸陽師範學院學報第二十四卷第一期二〇〇九年一月
復旦大學圖書館藏上海黄氏三代著述考　楊光輝　版本目録學研究第二輯
試論王昶詞論對浙派的發展——以稿本《西崦山人詞話》爲論　彭國忠　蘭州大學學報（社會科學版）二〇一一年第三期
錢坫事蹟考證　陳鴻森　潘妍艷　中國典籍與文化二〇一一年第四期
《曲臺叢稿》初探　杜怡順　《理論界》二〇一一年第十一期
王昶的文學文獻學研究　王慧華著　徐德明指導　華東師範大學二〇〇六年碩士學位論文
王昶詩歌及其詩學研究　肖士娟著　朱惠國指導　華東師範大學二〇一一年碩士學位論文